学校誕生

大舘右喜

さきたま出版会

まえがき

教育を語る人も、語る著書も多い。教育は理想と希望によってなりたち、また卑近な目的が存在するからである。しかしその一端を担う学校を語るものは少ない。一般的に、学校は教育を実現するための、全能をもつ世界であると錯覚され、なおかつ学校はその責めを負う戦場だからである。

それは、戦争は語られるが、戦場を語ることができないのと同じである。

本書は、第一部　近代初等教育の展開。第二部　近代中等女子教育の展開。第三部　近代中等実業教育の展開。以上三部によって構成する学校誕生譚である。

第一部は幕末維新期に武蔵国入間郡北野村において、澤田泉山が開設した「北廣堂」という青蓮院門下の入木道書塾・寺子屋より出発し、小学校へと展開する過程について、村内の経済的・文化的動向をふまえながら叙述したものである。

周知のようにわが国の近代教育は「学制」とその理念である「学事奨励ニ関スル被仰出書」の、《学問は身を立るの根本ともいうべきもの》をもって出発したのである。すなわち、学問（学校教育）は大衆庶民にとって処世の第一歩であった。しかし、国民皆学によって近代化の展開をはかる国家の教育要求は、国家の政治的要求でもあった。このような矛盾を内包しつつ展開する学校を、「善良な国民」＝地域社会を構成する伝統的な人々＝は、それを肯定しながら学校の実現に心身を砕いて行動した。その過程を具体的に解明したものである。

第二部は埼玉県における女子中等教育の魁となった、浦和高等女学校の成立と展開について分析したものである。国民皆学の実現は第一部で縷説したように、各地域住民の苦闘によるものであった。近代社会において諸先進国家が「国家有用の人」を特別に教育する傾向にあった。わが国においてもこれらに倣い、小学校のうえに中学校をおく制度を明治三年（一八七〇）「大学規則並中小学規則」を定めたが一般化しなかった。しかし、同十四年（一八八一）の「中学校教則大綱」、続いて同十九年（一八八六）の「中学校令」、さらに同二十四年（一八九一）、および、同三十二年（一八九九）の改正中学校令によって、高等普通教育と実業教育に分化して完成することになった。

中学校は国民皆学の小学校と異なり、地域の多元的要求に基づく設立が多かった。浦和高等女学校もその一つである。良妻賢母育成を掲げて、埼玉県下最初の女子中等教育が開始されたのである。しかし勇気あるものは大学へ進学し、あるいは後進の指導者としてただちに現場へ進むなど、県下女子教育の中核的存在となったのである。

第三部は埼玉県における中等実業学校のうち、国内最初ともみられる農業・商業併設中学校となる豊岡実業学校の設立動向を検討したものである。豊岡町長はじめ強力な地域的要求の成果として学校は設立され、草創期の経営危機を克服し、地域発展に資する中核的実業者を広汎に育成することになるのである。かような農・商併設の実業学校誕生の由来を略述したものである。

第一部は現埼玉県所沢市立小手指小学校。第二部は現埼玉県立浦和第一女子高等学校。第三部は現埼玉県立豊岡高等学校である。

目　次

第一部　近代初等教育の展開

第二部　近代中等女子教育の展開

第三部　近代中等実業教育の展開

表目次

目　次

目次

写真・図版目次

第一部　近代初等教育の展開

大正８年　小手指尋常小学校卒業記念写真（北野天神社）

一　地域教育の先駆

1　塾・寺子屋の展開

　近代日本の教育は国策として欧米文化の摂取を中心に展開したが、受容の基礎は江戸時代に発展した私塾や寺子屋教育の盛行にあったといわれている。私塾や寺子屋の師匠は、僧侶を中心として、村役人、農民など多様であった。地方の師匠たちは、或る者は京都・大坂・江戸などの、いわゆる三都に学んだが、その多くは各地において先学の門を叩き、研鑽を重ねた者たちであった。

　埼玉県では享保年間以降、各地で寺子屋が出現し、寛政改革を経て急増する。しかし、爆発的な増加現象をみるのは、ペリー来航に端を発した外圧と、異国文化の衝撃を体験する維新寸前のことである。

　本稿でとりあげる所沢市域における塾・寺子屋の存在は、市内の社寺境内や墓地を調査すると、門弟や筆子たちが建立した多数の寺子屋師匠の寿碑や墓石をみいだすことができる。それらの一覧表を掲示すれば次の通りである（表1）。このように寿碑建立の増加は化政・天保期よりはじまり、嘉永年間以降急増するが、流行的現象を起こすのは明治年間である。近代教育の実効性を日常的に感じるようになったからであろう。埼玉県下の寺子屋調査結果も同様の傾向を示している（表2）。なお「埼玉県教育史」（第一巻）は所沢市内の寺子屋の代表例九か所を紹介している（表3）。

　本節では所沢市の旧小手指地区において塾・寺子屋の師匠として活躍した、神官栗原茂景・澤田泉山・画僧雲溪について紹介し、前近代の教育状況の諸相にふれておきたい。

表１　寺子屋師匠墓碑・顕彰碑一覧　（所沢市）

没　年	戒名・法名	俗　名	享年	所在旧村名	記　事
享保20．7．8	一葉知□信士	（栗原）		中富	台石「弟子」次右衛門ほか８名
寛保 3．7.15	権大僧都法印寛充和尚	（天当寺24世）		所沢	台石「筆子中」
明和 6．3．5	浄入持衣子	（市川）		南永井	正面「手習第中」
明和 9．7.11	孤嶽鱗峯居士	（新井）		三ケ島	台石「筆子中」
安永 7．6．2	真窓道寿信士	近藤仙右衛門		北野	側面「筆子中」
安永 8．3.26	明光院即応円心居士	神谷玄碩義宣	87	神谷新田	側面「医道門人」3名、「筆道門第百弐人」とあり
天明 2.11.19	百艸観衡学玄秀信士	小沢玄秀	45	所沢	台石「門人中」、「当所（所沢）同新田、上新井、下新井八十四人」とあり、辞世の句
天明 4.10.18	月照葉紅禅定門	（大舘）		北野	側面「筆子中建之」
天明 5．8.12	権大僧都法印円栄	（清照院）		堀口	側面「筆子中」
天明 5．8.14	秋光院貞円庭照居士	（岩岡）	32	町谷	側面「町谷村筆子中」
寛政 5．9.18	岩岡氏女栄養	（源重景妻）		北野	側面「源重景筆道門人中」
寛政 6．2．8	北田智覚慧灯居士	北田半蔵	72	所沢	台石「門人中」所沢村ほか6か村（田無、江戸高輪、江戸四ツ谷など）、辞世の句
寛政 9．1.29	好文明神松翁	源重景（北野天神社大宮司）		北野	側面「源重景筆道門人中」、辞世の句
寛政11．9.29	伝授大阿闍梨法印密音	（天当寺か）	41	所沢	台石「門人中」
文化 3．1.29	証満院秀行直道居士	糟谷権兵衛秀直	47	勝楽寺	台石側面「門弟□四拾□」、側面に事績銘あり
文化 4．9．2	霊寿顕光居士	（三上）		所沢	台石「門人」
文化 4．	円舜禅海沙弥			南永井	正面下「施主筆子中」
文化 5．1．8	円寂祐学自観沙弥	（尾崎）		上安松	台石「筆子中」、村名あるも見えない
文化10．7.24	権大僧都法印成満	（密厳院）		菩提木	側面「現住円明弁筆弟中」
文化14．4.19	観嶺永寿信士	（黒田）		岩崎	側面「筆子中」
文政 2．6.23	武野明神生忠	（北野天神社）		北野	側面「尊霊筆道門人」、辞世の句
文政 2．6.26	歌治明神花月	源忠景（北野天神社）		北野	側面「源朝臣忠景筆子中」
文政 2．9		鈴木抱斎		三ケ島	医者、大森村岩田氏出身、「抱斎先生墓記」あり
文政 7．3.18	比丘信淳大和尚	（密厳院）	63	菩提木	側面「檀家中、筆子中」、事績銘あり

文政 7. 7.25		鈴木一貫（宗観）		三ケ島	医者」「弌貫翁碑」あり
文政 7. 8.16	伝灯大阿闍梨法印実天			勝楽寺	側面「遺弟檀越敬白」、側面に事績銘あり、越後国高田出身
文政 8. 3. 5	田中歓道法子			南永井	台石「筆子中」、南永井村ほか8か村
文政 8. 7. 晦	槐屋清安居士	藤野政右衛門	99	下富	側面「筆子門弟五十九人」とあり
文政 9. 9. 1	大誘益州	（来迎寺13世）		山口堀之内	台石「筆子中」
文政12. 9.17	大安忍光居士	近藤藤吉		北野	台石「弟子中」
文政13. 4. 6	円寂戒心了道和尚	（宝泉寺）		北田新田	台石「門人中」
天保 5. 2.11	泰雲源庭信士	（尾崎）		上安松	台石「筆子中」、南永井ほか21か村
天保14. 1.27	達道義忠信士	糟谷定右衛門		勝楽寺	側面「筆子中」
天保14. 閏 9.26	権大僧都法印盛秀	（金子）		城	台石「筆子中」、亀ケ谷村ほか6か村
（天保カ）	義翁仙峯禅定門	高山佐吉		南永井	側面「筆子中」
弘化 4. 7. 2	栢間寿昌信士	黒田七兵衛		岩崎	側面「算筆門弟中」24名、門弟4名、奈良橋村出身
弘化 4. 9. 7	権大僧都法印賢意	（仏眼寺23世）		久米	台石「筆子中」「荒畑村・久米村」
嘉永元 .10. 7	還阿本意信士	木下藤助	63	三ケ島	台石「筆子中」
嘉永 2. 7.20	笛声良音信士	（中）		三ケ島	台石「筆子中」
嘉永 2. 7.28	通学智哲居士	中伊右衛門	80	三ケ島	側面「筆子中」
嘉永 3.10.19	真酋院敬心道歓居士	平塚彦四郎忠重		久米	台石「筆子中」
嘉永 6.10. 7	秀衛瑞雲居士	村上瑞雲		所沢	台石「門人中」、事績銘あり、辞世の句
嘉永 7. 2. 5	円応□心信士	（小高）		久米新田	台石「筆子中」、辞世の句
嘉永 7. 4.16	嘉翁恵蓴居士	俳名素徳（杉本）	65	糀谷	台石「筆子中」
安政 2.10.27		日歌輪翁（三介島義信）		三ケ島	中氷川神社境内に「日歌輪翁之碑」あり
安政 4. 2. 3	松山栄寿居士	（飯田）		下安松	台石「筆子中」、南秋津ほか12か村
安政 4. 9.20	転輪院実巌法性居士	倉片助右衛門孝道	47	所沢	灯籠台石に「筆子」11名
安政 4.11.12	炳現院殿貞浄道運居士	（9世鈴木道運か）		三ケ島	灯籠「筆子中」
安政 5. 8.28	瑞運社赫誉上人明阿普遍霊光老和尚	（長久寺31世）	64	久米	台石「筆子中」、台石左右に「上新井邑・久米邑・秋津邑・所沢邑」
安政 5. 9. 6	法印好円	（宝泉寺仮名明蓮房）	54	北田新田	台石「筆子中」、生国常陸国土浦、事績銘あり
安政 6. 1. 8	玄忠貴孝居士	平塚源十郎	69	久米	台石「筆子中」

安政 6. 5.23	桃寿良瑞居士	(新井)		三ケ島	側面「新井治良右衛門父外筆子中」とあり、辞世の句
万延元 .12. 9	神司前榊舎明神頼明	三上兵部太夫源朝臣頼明		下新井	台石「筆子中」、「所沢駅・牛沼村・下新井筆子中建之」とあり
文久元 . 3.17	実智覚翁信士	中村長右衛門	45	堀口	台石「筆子中」
文久 2. 2.17	宏哲薫阿道慶信士	(荻野)		糀谷	台石「筆子中」
慶応 2. 9.29	権大僧都法印秀温	(本覚院)		荒幡	台石「筆子」金200疋5名(女性)、金100疋3名(下荒幡村・中荒幡村)
慶応 2.12. 3	寿巌道光信士	野沢紋右衛門	83	南永井	台石「筆子中」、「南永井上組・牛沼新田・日比田村・亀ケ谷村」
慶応 2.12.14	三部都法三僧祇大僧都法印義鳳	(中)		糀谷	台石「筆子中」
慶応 3. 2. 7	権大僧都法印覚賢	(多聞院)		中富	台石「筆子中」(明治2年建立)
慶応 4. 3. 6	南山春月信士	粕谷竹治郎	57	所沢	側面「弟子中」、粕谷市五郎(明治3.8.25没)と同じ墓石
年代不詳		(東光寺21世)		坂之下	台石「筆恩連中」
年代不詳		(東光寺23世)		坂之下	台石「弟子中」
明治元 . 1.10	道山昌一信士	(小峰)		山口堀之内	側面に「筆子」荒幡村ほか8か村
明治 3. 1.27	春暁庵泰運現英清大徳	中野泰輔	43	下安松	台石「筆子中」
明治 3. 8.25	得法有□禅定門	粕谷市五郎	56	所沢	側面「弟子中」、粕谷竹治郎(慶応4.3.6没)と同じ墓石
明治 4. 7.18	露光転阿居士	藤宮太七義知	61	久米	台石「筆弟中」事績銘、辞世の句
明治 8.12.12	浄山道伯居士	木村銀蔵		南永井	側面「弟子連名」水子村斎藤平吉ほか13か村14名、職人の墓か
明治 9. 5.15	水蓮清香信士			上安松	台石「筆子中」、側面「上下安松生徒中」
明治10. 6. 3	栄節道現信士	木下栄左衛門	67	勝楽寺	台石「筆学翫物徒弟」、峰村村野徳治郎ほか16名辞世の句
明治11.10. 6		岸		荒幡	「門人」20名、辞世の句、北越司馬門人
明治13.11.21	高学元英信士			上安松	台石「筆子中」、側面「上下安松生徒中」、明治9.5.15没水蓮清香信士と同じ墓石
明治13.11	□算精博信士	河埜善蔵		三ケ島	台石「算学中」
明治14. 2.25	法印勝盛	(仏眼寺)	83	久米	台石「筆子中」、明治8年9月建之、多聞院の筆子中墓石と同一人物か?

明治14. 2.26	法印勝盛	(多聞院)		中富	台石「筆子中」、事績銘あり、仏眼寺の筆子中墓石と同一人物か(両寺とも新義真言宗)
明治14. 5.28	寛英詳空信士	沢田金蔵	45	(三ケ島新田)	台石「筆子中」
明治14.12. 8	広量院佳邦魁翁居士	(石井)		三ケ島堀之内	台石「筆子中」
明治15. 6.21		栗原梅翁茂景	84	北野	墓誌に事績銘あり
明治15. 7.25	法印隆寛	(長栄寺住職)		牛沼	台石「筆子中」
明治15.10.10		木下忠信	40	本郷	「忠信君之墓誌」に「戸長兼学務委員黽勉奉職起小学令子弟有所学」とあり
明治16. 7. 4		北条亮牛(東光寺24世)	62	坂之下	台石「筆子中」
明治17. 4.16	寿徳岳栄信士	(吉沢)		新堀	側に「筆弟中」
明治18. 8. 1	清誉泰量居士	(志村)		三ケ島堀之内	台石「□弟連」
明治20.12.15	丹心以田信士	(竹内)		北野	台石「弟子中」石川村岩品藤蔵ほか5名、紺屋職人の墓
明治23.12. 8	大阿遮私比丘元生和尚	(仏蔵院20世)		勝楽寺	台石「筆子」台石側面に勝楽寺村木下亀五郎ほか20名、辞世の句
明治25. 1. □	俊哲覚□□□	志村兵左衛門真芳		三ケ島村堀之内	台石「筆□□」、辞世の句、事績銘あり
明治27. 7.31	医学院敏達道運居士	(10世鈴木道運)		三ケ島	灯籠「筆子中」
明治28. 6.12	寿学莨山居士	内野朝五郎		上安松	台石「筆子中」、野塩村嶋田滝次郎など9か村136名・世話人10名、明治6年墓石建立
明治32. 5.19	慈光院弘学定誉居士	高松理兵衛定矩	49	北田新田	台石「生徒中」、側面に事績銘あり、川越藩士、武蔵野学校教員
明治34. 2.19	前総持十三世天外嶺明大和尚禅師	雲溪		北野	北野全徳寺に「雲渓師紀徳碑」(明治32年建立)あり
(明治39カ)		大芝和尚(長源寺)	72	下安松	長源寺境内明治31年建立「大芝和尚寿碑」(台石に筆子中とあり)
明治41. 1.19	臨華道春信士	神山権右衛門		岩岡新田	台石「筆子中」、辞世の句、事績銘、筆子所在村16か村283名
明治43.12.29	宝寿院泉山智清居士	沢田泉山		北野	北野天神社に「泉山沢田翁碑」(明治19年建立)あり
年代不詳	愛染良範信士	(内田)		堀口	側面「弟子中・親類中」
昭和 3. 7.28	毫法玄達信士	増田角治郎	78	本郷	墓碑裏面事績銘に「本郷学校開設前私塾於而生徒教授ス」とあり

(1990年10月～1991年7月市史編さん室調査)

表2　年代別寺子屋師匠内訳一覧

時代＼身分	武士	村吏	医者	僧侶	修験	神官	農民	商人	女性	不明	合計
寛永				1							2
正保											
慶安				1							1
承応				1							1
明暦				1							1
万治				1							1
寛文				3							3
延宝				6							6
天和				5							5
貞享				4							4
元禄				8							8
宝永				9							9
正徳				7							7
享保				21							21
元文		1		13				1			15
寛保		2		12				1			15
延享		2		13				1			16
寛延		1		13							14
宝暦	1	1		34			1			1	38
明和	1	1		25	1		1			1	30
安永		1		26	1					1	29
天明		2	1	28	1					1	33
寛政	1	6	4	34	4	1	3			1	54
享和	1	6	5	19	4	2	5			2	44
文化	3	11	6	42	8	5	10			6	91
文政	4	17	10	52	11	5	11	1		16	127
天保	9	36	19	61	19	11	27	4		18	204
弘化	9	34	19	43	17	13	29	2		18	184
嘉永	7	42	24	61	16	13	34	2		27	226
安政	11	51	25	67	16	13	46	3	3	30	265
万延	8	38	20	53	9	12	44	3	3	21	211
文久	21	130	42	127	42	30	117	8	11	66	594
元治	19	125	41	119	42	30	110	7	11	62	566
慶応	21	125	41	117	40	31	112	7	10	66	570
明治	27	125	41	125	45	28	119	7	10	68	595

（埼玉県教育史　第一巻による）

2　栗原梅翁茂景の歌塾

狭山丘陵の僻村に学問の息吹きをもたらしたのは栗原茂景である。北野天神社大宮司栗原茂景は寛政十一年（一七九九）五月二十二日、武州大宮氷川神社の神官角井（西角井）主膳茂臣の二男として生まれ、雄助と称したが二十二歳のとき社領五十石余の北野天神社大宮司を嗣いだ。文政三年（一八二〇）十月二十五日のことと思われる。

茂景は栗原家を嗣いで左衛門を襲名した。なお諱の茂景は安政五年（一八五八）紀州家から家茂が将軍になるにおよんで、忌諱して維新まで成景と改め、のち再び茂景にもどしている。茂景は晩年、梅翁と号し、またほかに桂の舎とも金桂館ともいった。

栗原氏は代々大宮司であるが教養としての歌道をたしなみ、正晶の記した「先祖綱景事蹟及和歌」が残されている。綱景は慶長六年（一六〇一）、前例に倣って武州神職司を命ぜられ、伊勢守を受領したことが全阿弥の書状により知られるのである。徳川幕府成立期より大宮司家が歌道にも造詣をもつものであり、その伝統が受け継がれて

表３　所沢市内の代表的寺子屋一覧

所在地	地名	名称	師匠氏名	異称	身分	生年	没年	行年	開始	廃止	寺子数	備考
所沢町	所沢	棲鳳堂	村上瑞雲	耕伯 真日子	不明	天明七	嘉永六	六十七	文化七	嘉永六	三〇〇	江戸で長雄東雲・耕民に師事
所沢町	所沢	棲鳳堂	村上カク	耕覚	不明		明治十三		嘉永六			父を継承
所沢町	本町	（倉片氏）	倉方助右衛門		村吏	文化六	安政四	四十七				
所沢町	所沢	（半田氏）	半田民之助		医者		明治十八					
中富村	中富	（田中氏）	田中宇兵衛	昌山	農民	文政二	明治十三	六十二				
岩岡新田	北岩岡	岩広堂	神山利八	権右衛門	農民	文政九	明治四十一	八十三				沢田泉山に師事
北野村	北野	北広堂	沢田正勝	新五郎 泉山	農民	文政六	明治四十三	八十九	弘化三	明治五	明治五年迄七〇九	入曽村常泉寺の釈亮賢に師事
坂ノ下村	坂ノ下	（金子氏）	金子学		神官	天保十	明治三十六	六十三				
三ヶ島村	三ヶ島	（三介島氏）	三介島義信	日歌輪	神官	寛政四	安政	六十四	文化	安政	一〇〇余	社会教育家

（埼玉県教育史　第一巻による）

いることを窺い知ることができる。近世中後期に至るまで栗原氏は武州神職司のかたわら代々歌道・筆道の師匠でもあった。詳細は不明であるが、寛政九年、同家の威勢回復に力をなした重景が没したとき、嫡子忠景が筆をとり好文明神松翁霊社と記し、重景の筆道門人が墓碑を建立している。同家では重景に先立ち寛政五年にその妻が没したと思われ、同様に筆道門人が岩岡氏女栄養霊社の碑を建立しているのである。また文政二年（一八一九）六月二十三日、忠景と推定される武野明神生忠霊社の碑を筆道門人が建立している。この碑には辞世の歌が「元よりもあしたの露を身になして吹く風をまつゆふべぞかなし」と刻まれている。三日後の同年同月二十六日には歌治明神花月霊社の碑を、忠景筆子中が建立しているのである。

茂景も大宮時代にひととき清水浜臣に和歌を学び、なお国学の造詣も深かった。浜臣の師は村田春海であり、その師は賀茂真淵である。茂景は西角井家の数多の家蔵文献に囲まれた学問的環境の中で、独学研鑽に励み歌人としての地位を築いたといわれている。北野天神社においても、国学に関する記述や和歌の詠草、短冊など多くの資料を残している。

大宮司家を嗣いだ茂景にとって本来のつとめは入間・多摩両郡のうち山之根地方の諸神社の神職を、古来からの武州神職司の伝統により統括することであった。近世中期以降、配下の神職が北野大宮司、すなわち武州神職司からの離脱を求める動きもあり、それらへの対応が迫られていたのである。すでに先代の左衛門時代の寛政三年、多摩郡千ケ瀬村神明社・稲荷神社神主高野主水らが寺社奉行に出訴し済口証文で拾収してはいるが、大宮司家の衰運がみられた。この背景には、京都の吉田家や白川家の全国的な神職組織強化が各地に波及していたからである。茂景は両面の動向に対処しつつ、大宮司家の旧倍の勢威回復をはからねばならなかったのである。

茂景は文政三年十月、家督相続の件を寺社奉行所に届け許可を求めた。この頃より吉田家支配が大宮司家に種々の問題を投げかけてくるのである。吉田家からの圧力は以後断続的に波及し、ついに天保二年（一八三一）、北野・吉田家神職支配出入りに発展する。茂景はたびたび江戸出府をくり返し、寺社奉行の吟味に際し、大宮司家がもつ武州神職司支配の伝統を主張し、現状の維持につとめたのである。この動向を茂景は「天保三年正月十七日吉田家一件ノ節天保二卯年脇坂中務大輔殿江差上候御吟味下願書并御請証文之写」に書き留めている。継嗣以来、苦難の連続であった。

天保八年四月、十一代将軍家斉が退き、同年九月家慶が十二代将軍につくと、茂景は十一月、将軍代替り御目見願いおよび代替り御目見紋服拝領願いを、社の由緒書・栗原家の由緒書とともに提出し、武州神職司としての意欲を示した。

また同十二年、坂東北野宮の布教と経済の確立のために神器再造を試み、町中寺社、在町祈禱の配札（配布）許可願いを寺社奉行に出している。さらに嘉永六年（一八五三）には内外不安な情勢を鑑み、大筒用材の献上を寺社奉行所に伺うなど積極的に行動したのである。

茂景は多忙な武州神職司のつとめのかたわら数多くの和歌を詠み続けた。渡辺刀水「大宮司栗原茂景」（『埼玉史談』九巻五号、一九三八年五月）によれば、明治維新で東京遷都がおこなわれると「むさし野はみやことなりて初みゆき　仰ぐ人さへはてなかりけり」。「みくるまを仰ぐもうれし老が身も　七十めぐるとしをむかへて」。「神無月行幸まつまのきのふけふ　しぐれかねたる空もめづらし」などと詠んでいる。また最晩年の歌に「果てもなく開けゆく世の武蔵野を　みちもせに来るよもの国人」。「むさしのの霞に沈む月かげは　狭山のいけの底かあらぬか」。「梓弓八十路へし身も若がへり　はるけき千代を猶やかさねん」などがある。

なお明治初年に東京の歌人網野延平が編集した『現今自筆百人一首』の中に、茂景の「ねられねば月にうかれて

出し夜に　雁も常世を離れ来て鳴く」が収載されているという。渡辺刀水は茂景の歌を評して、歌風は「平易率直、飾らず誇張せず、有りのままを述べて淡白水の如くである。しかも其の中に自ら捨て難き味を存する」とのべている。

茂景が親しく交わった歌人に本居豊頴・鈴木重嶺・秋山光条・池原香稺・小原燕子・猿渡容盛・猿渡盛愛などがいた。また茂景八十歳の賀に歌を贈った人々の中には明治維新のおりに活躍した、大原重徳・綾小路有長・三条西季知・福羽美静・細川潤次郎・小河一敏などがみられ、歌人茂景の幅広い交流を窺うことができるのである。

なお茂景の門人について全容は明らかでないが、北野村の寺子屋北廣堂澤田泉山は、和歌の門人であった。現在北野天神社境内に、泉山の書いた茂景の歌碑が残されている。

茂景がこの地域にあたえたカルチャーショックは、計り知れない、偉大なものであった。

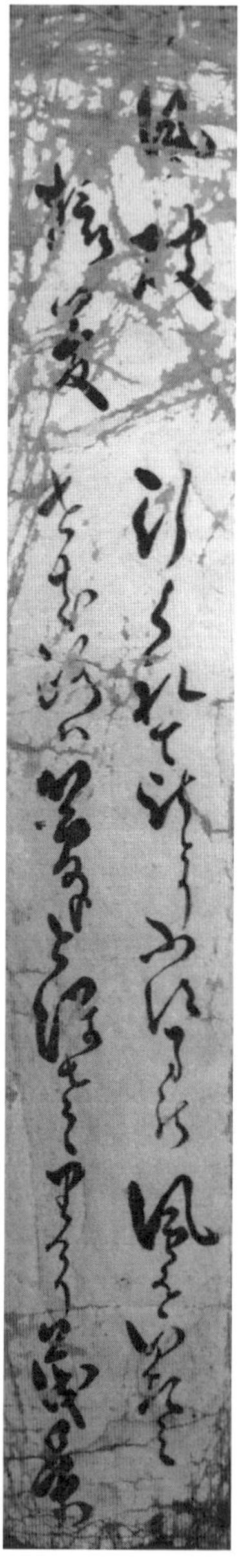

右に掲げた栗原茂景の和歌（短冊）

「行くれて　ひとりふすまの　風をいたみ　さむきは夢に　とほさかりけり　茂景」

明治十五年六月、茂景は八十四歳で没した。墓石には子息の筆で「先考栗原梅翁之墓・先妣武笠薫子之墓」とあり、墓誌は細川潤次郎が記し、正三位白川資訓の書で茂景夫妻の歌が刻まれている。

桜咲かけに千代もといはふかな　おいもわかきの花一にと　茂景

おもしろや待こし春のしるしとて　きゝ（木々）に花吹雪のあけほの　薫子

3　澤田泉山の寺子屋北廣堂・書塾北廣堂

次に澤田泉山とその寺子屋北廣堂についてて簡単にふれておこう。履歴書によれば、泉山は文政六年（一八二三）十一月十五日、入間郡北入曾村本橋吉右衛門の二男として生まれ、新五郎正勝と称し二十四歳にして、同郡北野村廣谷の澤田家を嗣いだ。泉山は生地入曾村において、天保三年二月より同八年一月まで、常泉寺の釈亮賢に漢学を学び、ついで同八年二月より十一年冬まで、塙保己一の高弟といわれた田口正明に従って和学を学び、また詩と漢文は大沼某に教えを乞い、天保十二年一月より宮野助左衛門に就いて数学を学び、和算の開平・開立・天元・点竄を研究し、弘化三年（一八四六）四月、澤田家を嗣ぐまで郷土の子女に教えていたのである。ついで同年五月より安政二年八月まで、北入曾村の関口玄益に従い、医学を習得したが、同年八月朔日より正式に筆子に学を講じることになった。

泉山は澤田家を嗣いだ直後より、農業のかたわら医道を志したが、近隣より筆子となり教えを乞うものが多く、医学の道を達成することができなかった。そこで寺子屋を開くことになったといわれている。

「安政二年八月朔日始筆学生名署」及び「明治六年八月より同十五年十月迄都合九百八人陝山学校生徒人員」という二冊の資料により、泉山に学んだ筆子及び生徒の全容を知ることができる。同文書によれば、安政二年（一八五五）八月朔日、最初の筆子は北野村神明ヶ谷戸の鈴木藤五郎八歳であった。ついで九月朔日、同村広谷の川村藤吉八歳が門をたたき、同年十二月七日、同村神明ヶ谷戸鈴木平八の娘はつ女十三歳が学び、同年は合計三名の筆子があった。翌三年は五名の入門者があり、上新井村から北田直右衛門の二人の子供、仙蔵・重蔵が筆子となっている。

記

安政二乙卯年

［八月朔日］
一、北野神明ヶ谷戸　［平八倅］鈴木藤五郎　八歳
［九月朔日］
一、北野広谷　［孫右衛門倅］川村　藤吉　八歳
［十二月七日］
一、北野神明ヶ谷戸　［平八娘］鈴木はつ女　十三歳
安政三辰年
［二月六日］
一、北野広谷　［三郎右衛門娘］沢田りき女　九歳
［二月十三日］
一、上新井　［直右衛門倅］北田　仙蔵　十四歳
一、上新井　［直右衛門倅］北田　重蔵　十二歳
［三月六日］
一、北野指ヶ谷戸　［弥右衛門倅］大舘増五郎　九歳
（以下略）

次の表4は前掲二冊を整理し、年次別に入門者数を統計したものである。安政三年以降近村より、泉山の寺子屋に学ぶものが漸増し、安政七年には二十九名の入門者があった。前掲資料よりこれらの入門者が筆子であるか門弟か区別をすることはできない。しかし入門者の分布は通学できる範囲をはるかに越えており、古老の話によれば、

その門弟たちは内弟子と称し、泉山の家に起居して共に農に従い、学業に励んだといわれている。あるいは門弟には北野村に縁故を求めて寄宿して通学する場合もあった。したがって泉山は寺子屋と塾を兼ねた教育形式をとっていたとみられる。元治・慶応年間には筆学生も年々四十名〜六十名以上となり、出身村落も、入間郡・多摩郡・高麗郡・江戸等々に拡大している。彼らの出自は、村内にあっては小作農民の子弟も含まれ、各階層にわたっているが、近村からの入門者は中層以上の農業経営を行う農民の子弟が多い。

なお近村からの入門者を明治八年までに限定して掲げると表5の通りである。当然のことながら、徒歩で通える周辺村落が多い。

入門者少数のため表より除外した村々を示せば、下富村・上赤坂村・林新田・殿ヶ谷村・坊村・久米川村・野塩村・上清戸村・館村・内堀村・赤堀村・下新井村・大岱村・野中新田・大沼田新田・砂川村・中藤村・三ツ木村・野口

表4　北廣堂及び陝山学校　年次別入学者数

年代＼人数	生徒の内訳		合計
	男	女	計
安政2年	2	1	3
安政3年	4	1	5
安政4年	12	4	16
安政5年	10	6	16
安政6年	13	6	19
安政7年	23	6	29
文久元年	21	3	24
文久2年	35	4	39
文久3年	21	10	31
元治元年	34	14	48
慶応元年	36	22	58
慶応2年	46	19	65
慶応3年	34	13	37
明治元年	27	10	37
明治2年	46	11	57
明治3年	34	14	48
明治4年	61	15	76
明治5年	89	12	101
明治6年	145	25	170
明治7年	83	14	97
明治8年	54	25	79
明治9年	62	12	74
明治10年	65	26	91
明治11年 明治12年	99	30	129
明治13年	51	16	67
明治14年	49	29	78
明治15年	55	27	82
合計	1201	375	1576

（注）年次在学生徒数ではない。

勝楽寺村			荒幡村 菩提樹村			三ヶ島村			北野村			上新井村			岩崎村			打越村			氷川村		
男	女	計	男	女	計	男	女	計	男	女	計	男	女	計	男	女	計	男	女	計	男	女	計
									2	1	3												
									2	1	3	2		2									
									3	2	5	4		4	3		3		1	1			
									6	3	9	4		4		3	3						
									4	3	7	3	1	4	3		3		2	2			
									4	4	8	3		3	6		6	1		1			
									9	2	11	5		5	4		4		1	1			
3		3							11	2	13	11	1	12	1		1				1		1
2		2							10	6	16	4	2	6				1	1	2			
1		1							19	5	24	2	5	7		2		2	1		1		
4		4					1	1	8	9	17	5	3	8	2	1	3					1	1
4		4	2		2				5	6	11	8	9	17	3		3	1		1			
5	4	9	1		1				3	6	9	1		1	1	1	2						
2	1	3	2		2				9	5	14	1	1	2	2	1	3						
2		2	1		1				9	7	16	1	1	2	8	1	9	2		2			
	2	2	2	2	4	1		1	7	5	12	3	2	5	4		4						
6	1	7	3	1	4		1	1	11	5	16	15	2	17	3	2	5	2		2			
10	2	12	10		10	1		1	12	3	15	22	2	24									
2		2	10	2	12	3	1	4	47	10	57		1	1	17	6	23	3	1	4	5		5
13	2	15	1	4	5	5		5	20	5	25				5		5					1	1
5	1	6	2	2	4	3		3	20	9	29				2		2	4	1	5	3		3

表５　北廣堂村別・年代別入門者一覧表

地域／時代	宅部村 芋久保村			所沢村			堀之内村 町屋村			大鐘村 新堀村			川辺村 岩岡新田村			久米村			堀口村		
	男	女	計	男	女	計	男	女	計	男	女	計	男	女	計	男	女	計	男	女	計
安政２年																					
安政３年																					
安政４年													1	1	2						
安政５年																					
安政６年	1		1										1		1						
安政７年	1		1										1	1	2				1	1	2
文久元年				3		3				1		1									
文久２年							1	1	2										2		2
文久３年							1		1	1		1		1	1				1		1
元治元年				7	3	10					1	1									
慶応元年				9	3	12		2	2		3	3							3	3	
慶応２年	2		2	8	1	9	1	2	3	2		2	1		1				3	1	4
慶応３年				3	1	4	1		1	2		2									
明治元年	1	1					1		1	1		1									
明治２年	9		9	1		1	2	1	3										5		5
明治３年	2		2		2	2	2		2	4		4									
明治４年				9	2	11				1		1							1		1
明治５年	2		2	10	2	12	2		2	2		2		1	1	4		4			
明治６年				8		8	9	2	11	14		14	1	1	2	6	1	7	6		6
明治７年							3	1	4	2		2	3		3	1		1	10		10
明治８年								1	1	2	3	5	1	1	2	1	1	2	1	2	3

村・箱根ヶ崎村・平塚新田・岩岡村・奈良橋村・岸村・蔵敷村・廻り田村・安松新田・上山口村・亀ヶ谷村・小谷田村・北入曾村・根岸村・横田村・牛沼村・芝崎村・根ヶ布村・小比企村・小川村・仏子村・新久村・上下藤沢村・下沼袋村・八王子村・広瀬村・雨間村・梅原村・栗坪村・高麗村・二本木村・保谷村・江戸青山町・越後頸城郡玄僧村・川越町・北野新田・林村・糀谷村など遠方の村々をあげることができる。

表6　寺子の属する家の所有反別（村内所有反別）

1反以下	2人
1反	2人
2反	2人
3反	1人
4反	3人
5反	1人
6反	1人
7反	2人
8反	1人
9反	1人
1町歩	1人
1町3反	1人
1町6反	1人
1丁7反	1人
2町以上	3人

（注）安政二年から元治元年まで、北野村98名のうち

泉山が寺子屋を開くと村内の就学熱は急速にたかまり、次々と入門するものがあらわれた。幕末期の北野村は木綿織稼が発展し、金銭収入の融通も良好であったから、小規模耕作の農家の子女も入門したほどであった。知識が処世に不可欠であるとの認識がたかまりつつあった当時、近所に恰好の学舎をえて、村内の農民の子弟はこぞって泉山のもとに学ぶことになった。北野村の入門者は安政二年より元治元年（一八六四）まで百名弱を数えるが、かれら筆子の属する各家の所有反別をみると、表6のごとく上下各層にわたっている。所有反別からみれば小規模農民まで「読み・書き・そろばん」といわれた、処世知識の獲得に意を尽くしていたのである。勿論、寺子屋は学制のように授業料を必要としたわけではなく、師匠への束脩・謝儀は、それぞれ筆子の親の収入に応じて、若干の金銭に酒や半紙を副えるものであったり、或いは日常用品の現物を祝儀として持参してもよかったのである。束脩・謝儀を求めての寺子屋経営ではなかった。泉山は村内上層の土地所有者であり、明治四年九月、泉山五十歳のとき、家族は妻うめと倅友吉の三人であった。泉山は北廣堂において教育に情熱を傾注する一方、耕作にも励んだが、当時北野村内での所有地は、山林を除き田畑一町二反十五歩、屋敷三畝四歩であった。内訳は中田一反八畝八歩、下

田一反六畝十八歩、上畑六畝十五歩、中畑二反六畝十二歩、下畑二反六畝二十六歩、下々畑五反八畝八歩である。その他、泉山は字広谷に居住していたので近接した山口や岩崎などに山林や田畑を所有していた模様である。

北廣堂の建物は当時数少ない二階風の教場であり、本邦最大規模とも称されたが、泉山は時には耕地において筆子に講読をおこなったという。麦踏みや除草などの畑の東西、あるいは南北に筆子が待機して、師匠の説に耳を傾けたと伝えられている。

泉山の寺子屋に安政二年九月、はやばやと入門した藤吉（八歳）は近所の孫右衛門の長男であった。孫右衛門は村内に畑三畝七歩を所有し、別に山口にも畑をもち妻みねと耕作にあたっていた。藤吉には弟二人が続いて生まれている。孫右衛門は農耕のかたわら木綿織り等に励み稼業を維持していた。

泉山の近所からは女子の入門者も多い。文久四年（一八六四）二月二十五日に入門したまき女（十歳）は、忠兵衛の長女であった。同家は畑二反二畝二歩を耕作していたが、家族は忠兵衛の妻ひでで、忠兵衛の老父母、まき女の妹と弟がいた。経営規模からみれば決して安定した生活とはいえなかった。また、惣左衛門の倅清五郎（九歳）は文久三年二月六日に入門したが、同家は畑一反四畝二十四歩を所有する大工職であった。清五郎には姉と妹が各一人いたので、母を加えて五人家族である。惣左衛門家も弟岩次郎などと家族三人は八王子に出稼ぎに行き、明治四年に村にもどるなど、耕地の少ない農民は他からの収入をはかっていた。以上、二、三例を紹介したように、村内からの入門者はさほど貧富の差なく教育をうけ、村民の向学心は近村にみられないほどたかまったのである。

なお村外からの入門者は、経済的に恵まれた階層の子弟が多かった模様である。例えば多摩郡中藤村からは、文久二年より筆子がみられ、慶応二年より四年（明治元年）が最も多く通学しているが、その大半は村内上層部の農民及び名主の子弟である。同村の源蔵組の慶応二年の階層表を作成すると①三石以下が八十八戸、②三石より六石までが十三戸、③六石以上が五戸、④二十石以上が一戸であるが、筆子の属する階層は全て②以上の層であり、最も③に属する筆子が多い。

所沢村からの入門者は文久元年の三名が最初である。八月二日所沢上之宿石塚繁蔵倅為蔵（十一歳）、九月二十二日同じく谷野梅五郎倅直次郎（十三歳）、同日同じく古谷清次郎倅己之介（十歳）など、商人の子弟が多い。ついで元治元年には男子七名、女子三名の入門者がみられる。所沢村川原宿の増田善右衛門の娘てい女（十二歳）、その弟好之助（九歳）、西山音七の娘ふく女（十二歳）、同村裏町の豪商向山小平次倅芳三郎（十二歳）、その弟忠次郎（九歳）、同村金山の相沢せい女（十一歳）、同村上町の北田善兵衛倅斧次郎（九歳）、同村内村つねの孫辰五郎（九歳）、同村上之宿古谷吉五郎の倅猪之吉（九歳）、その他である。いずれも文久元年と同様に商人や地主の子弟であり、なお遠距離にもかかわらず女子も加わっている点が注目されよう。

泉山のもとに入門した筆子は、男子が七十六％、女子が二十四％弱である。北野村では明治五年までの寺子屋時代の入門男女比は、男子六十四％、女子三十六％であるから、近村よりも女子の入門者率が高い。また入門者の年齢は表7、九・十・十一歳が最も多く、十六歳を越えるものは少ない。要するに北廣堂は寺子屋としての性格が強く、門弟＝塾生として学ぶ高年齢者は、僅かしかみられなかったということである。

泉山は寺子屋の師匠として子弟の教授にあたったが、書の指南にも力を入れていた。万延元年（一八六〇）三月、京都青蓮院宮に入門を許され、関東入木道門人の一人となり、元治二年二月に嵯峨御所江戸表　御役所より「北廣堂」の号を授与され、書道指導の免許をうけたのである。

泉山は万延元年（一八六〇）三月、青蓮院門跡の令旨を下付されている。大高檀紙に記されたその文言は「入木道之事　被属青蓮院宮御門流事　愈習練不可有怠慢者令旨如此　悉之　以状　万延元年三月廿八日　法印経範（花

表7　北広堂入門年齢表

年齢／時代	六歳		七歳		八歳		九歳		十歳		十一歳		十二歳		十三歳		十四歳		十五歳		十六歳		十七歳		十九歳		二十一歳		二十五歳		三十四歳		不明		合計
	男	女	男	女	男	女	男	女	男	女	男	女	男	女	男	女	男	女	男	女	男	女	男	女	男	女	男	女	男	女	男	女	男	女	
安政2					2											1																			3
安政3							1	1	1				1				1																		5
安政4							4		3	1	2	2	2	1			1																		16
安政5					1		3	2		1	4		1	1	1	2																			16
安政6					1	2	3	1	2		2		3		2		1										1				1				19
安政7	1		1		1		6	2	3	1	4	2	3			1	3								1										29
文久元			1		2		5		5	2	4	1	1		2	1							1												24
文久2					1		7	2	10	1	2	1	5		1		4				1				1				1				1		39
文久3					3	2	6	4	6	2	1		2	1	1	1			1		1														31
元治元			1		4	1	13	3	3	4	3	3	5	2	2	1			1														2		48
慶応元		1			1	3	9	2	10	7	3	3	4	4	2		2	1	1														4	1	58
慶応2			1		3		12	7	5	5	11	1	4	1	1		2	1			1												6	4	65
慶応3			1			1	10	1	1	3	2	1	2	4	2	2	1		3		1												1	1	37
明治元					2		3	1	7	3	6	1	5	1		3	1																3	1	37
明治2			1		4	1	12	5	9	3	8	1	6		2		2																3		57
明治3			1		2		2		4	2	3	1	2	2					2	1													12	9	48
明治4			1	1	5	1	13	1	7	3	13	5	4	2	8	1	1		2				1										6	1	76
明治5			1		9	3	17	4	13		12	1	12	3	16		5	1	3		1														101

栗原茂景和歌（小色紙）

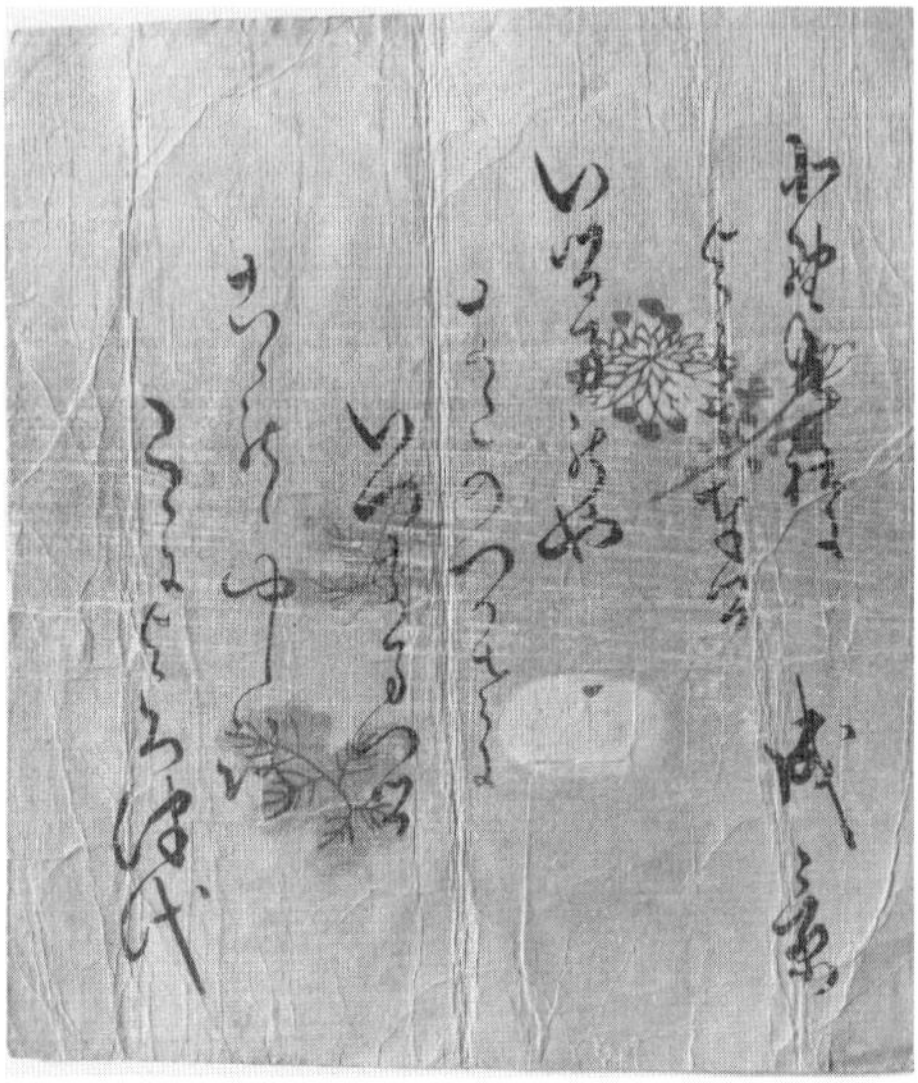

北野天神社によみて奉る　成景

いるまのや

きたの　つかさに　いつきまつる

ここのやしろ　ここによろつよ

澤田泉山漢詩草稿

峯松

寒雲散尽秀孤松　寒雲散りつくし秀孤の松

翠色森森覆翠峯　翠色しんしんとして翠峯をおおう

早已朔風雖凛凛　はやすでに朔風りんりんたりといえども

蒼髯叟健未知冬　蒼ぜんそう健にしていまだ冬を知らず

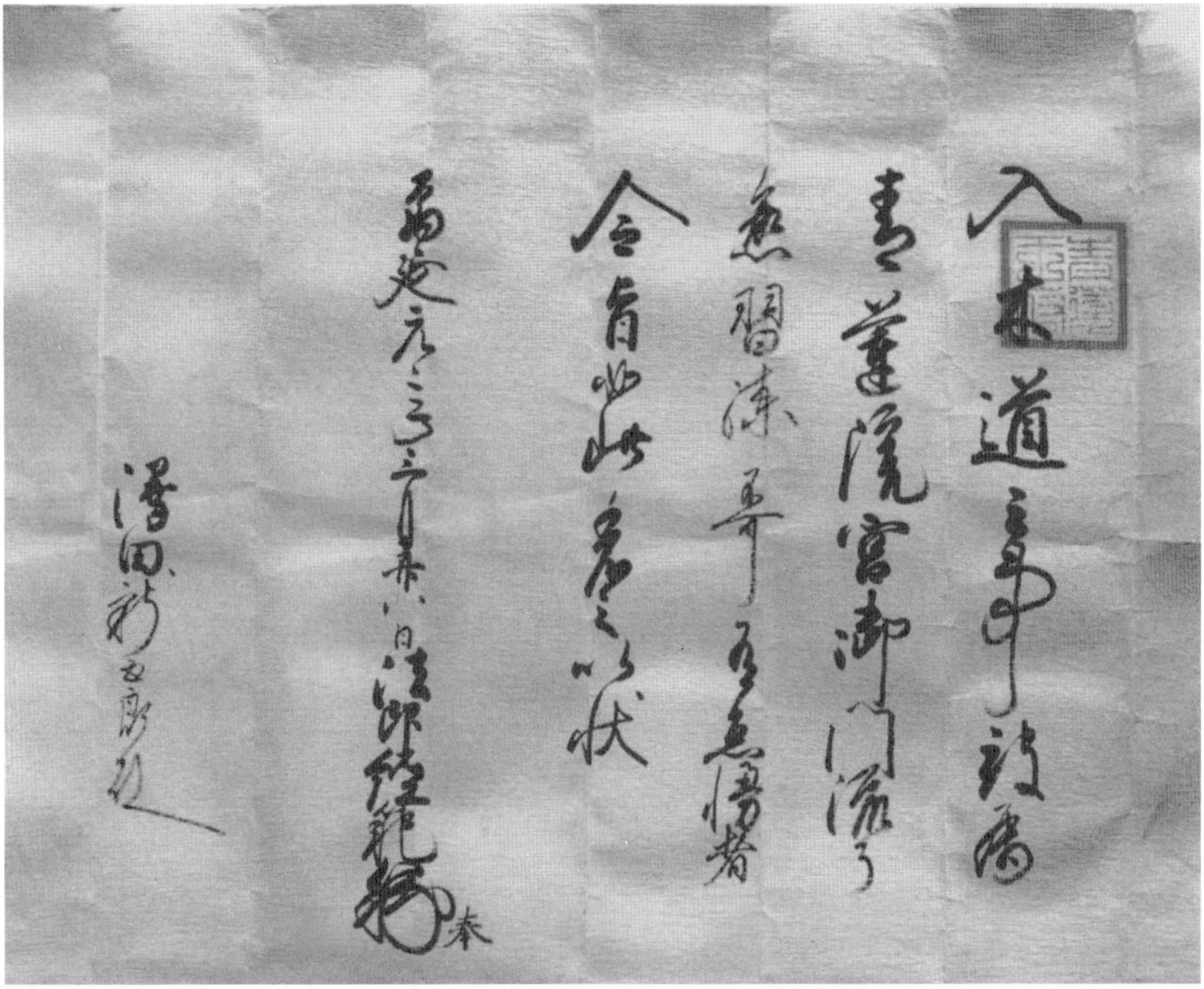

青蓮院宮入木道門人許状（檀紙）

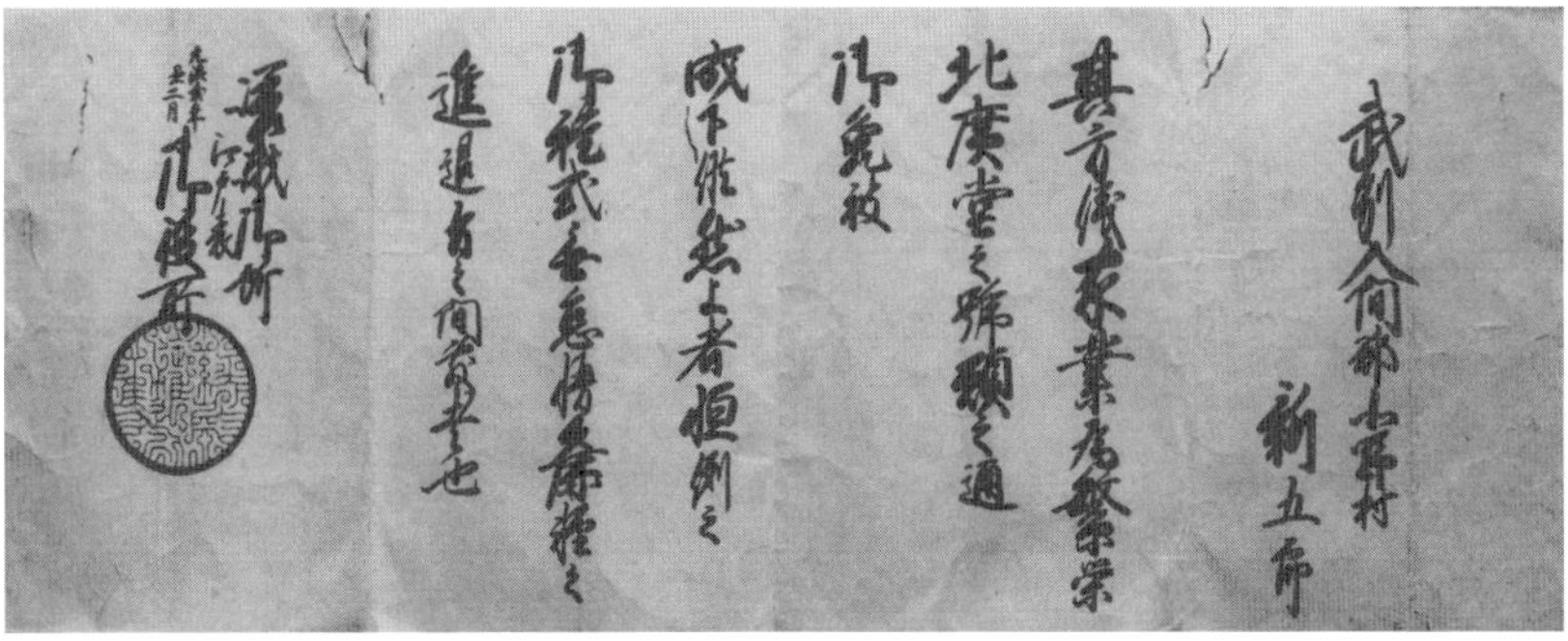

嵯峨御所より北廣堂の号許状（折紙）

押）奉　澤田新五郎殿」と、入木道の門流に属したことを認め習練に怠惰無きようにと戒めている。法印経範は青蓮院の世襲坊官鳥居小路家系を継いだものである。

入木道の研究を進められている田中潤氏は「江戸時代の青蓮院門跡と入木道」（『学習院史学』四八号）において、天正十六年（一五八八）より天保十四年（一八四三）まで令旨によって門人となった入門者一覧表を作成されている。この研究によると、門跡への入門には申次が介在し、「判明する申次人の大半を占めるのは青蓮院門跡の坊官・侍などの家来、朝廷関係者及び既伝受の一門人であり、青蓮院との関係を有するもの」の推挙によって選ばれたことが判明する。門人には書流をきわめると門主の披見をうけ褒詞される者もあった。泉山は褒詞をうける機会をえられなかったが、令旨によって入門者に選ばれたのであるから、書の格調を裏付ける技量を持っていたのであろう。

その後泉山は元治二年三月（慶応元）嵯峨御所江戸表御役所に願い「北廣堂」という堂号を許可されている。「武州入間郡北野村新五郎　其方儀家業為繁栄　北廣堂之号願之通　御免被　成下候然上者恒例之　御禮式　無怠惰麁軽之進退有之間敷者也　元治弐年丑二月　嵯峨御所　江戸表　御役所㊞」と、堂号の許しをえた上は家業をたかめ、恒例の礼式に至るまで怠惰無きようにと令達されている。

なお田中潤氏が分析した史料「華頂要略」は幕末維新期における青蓮院宮門流入門者の記載を欠く。したがってそれ以外について「関東入木道御門人名簿」を検討した結果、埼玉県下では天保三年吉岡郷平、弘化二年（一八四五）秋山多助、万延元年澤田泉山の三名の門人を見出すことができた。しかし現在吉岡・秋山家には史料が残されていない。

生来能筆家であった泉山は、このように青蓮院風の書をよくし、自刻の教科書にその美麗な書体を示している。さらに泉山は独自の工夫により、泉山流なる書風を創始した。これは象形文書の原点にもどり、その草書体を表現しようと試みたもののようである。象形文字より篆隷を工夫し、独自の象形を草書体で表現する、曲書と称した難解な書風で、自作の漢詩、あるいは廻文などを記している。北廣堂に学んだ筆子たちは師匠の書を受けて各自軸装し、家庭の床の間に飾ったのである。

泉山は天資英悟にして克己、また独創の人であった。和漢の学はもとより、算学・諸札・易・医道に通じ、教育方法もまた内容も、創意工夫に富むものであった。寺子屋では初歩的な教育書目である「いろはうた」「往来物」「国尽・村名・名頭」などに加えて、江戸芝明神前の泉栄堂より刊行された、青蓮院宮御直門芝泉堂峻谷の著作「江戸往来并八景和歌」や「隅田川往来并八景和歌」などに倣い、「北野往来」を著して筆子に教えた。そのほか「近郷村名」、「かなつき名頭」「入間碑集」「千字文」「年号習字」等を用いたほか、四書五経・春秋・左氏伝や算学などを講じた。さらに泉山は筆子・門弟に与える手本を、自ら清書し、一部は自ら版木を彫り、自ら印刷製本をしたものを用いた。まことに並大抵のことではなかったと考えられる。

研究書の著書も多く「仮名遣日の出」「製字俗説」などはその着想と研究にみるべきものが多い。そのほかの著作に地震解・仮名遣明鏡・いろは并数字ローマ字・銭算盤・等差級数・言葉よせ・筆算自摘要・考益創業・幾何学了解図・助字標目歌・補 式筆算訓蒙・風月往来・長夜舟行の歌と平かなの誤りを言ふ草稿・その他、俳句・廻文・漢詩等多数がある。

泉山が寺子に講じた一般的な教科目は、読書・習字・算術・修身・俳諧・廻文などである。算術は八算・見一・相場割より開平、開立にいたるという実用本位であった。泉山が著した「近郷村名」も「北野往来」も、寺子屋教科書特有の、住所より遠方にむけて、東西南北の地理を教授するに適した方法であった。また「入間碑集」は入間郡近村に所在する名碑文をとりあげ、解読し、さらに俚言を付けて漢文の教科書としたものである。（同書については樋渡登「澤田泉山『入間碑集』の言葉」（『国語研究』四九号）がある）。

泉山は明治五年（一八七二）、学制頒布に際会し同六年熊谷県庁において試問を受け、ついで群馬県厩橋中学校で普通学を修業のうえ、同年八月より自宅に陝山学校を開校し、さらに同二十五年には旧陝山学校を校舎として明治高等学校を開校した。安政二年八月より明治十五年までの筆子・門弟は千五百七十六名（男子千二百一名、女子三百七十五名）であった。同年以降の記録を欠くが、幕末明治期に泉山の北廣堂に学んだ筆子・門弟の出身地は村内をはじめとして、川越・青梅など七十六か村に及んでいる。衆議院議長に就任した粕谷義三も九歳のとき泉山の内弟子となっている。そのほか村々の活動家として成長した筆子も多い。泉山の特異な才能と創造性ある教授法は広く喧伝され多数の筆子を擁したので、乙竹岩蔵氏は『日本庶民教育史』（中巻）において、本邦最大級の寺子屋であると位置づけている。

泉山の書を紹介しよう。雪竹と題する自作の詩を、一気にかきあげている。

「半夜の寒威睡りならず、たまたま聞く竹を折る両三声、心を痛ましむ助けんと欲して俄に戸を推す、堆すこと白く庭を埋めて行くべからず」（読み下し）と、寒中の夜半に降り積もる雪に折れる竹をうたっている。

4　嶺明雲溪の寺子屋・画塾

幕末期から明治初年にかけて、泉山と同じ北野村において寺子屋の師匠として活躍した人物に画僧雲溪がいる。雲溪は北野全徳寺の第十三世で嶺明といい、雲溪はその号である。雲溪についての資料は寺の災厄もあって皆無に近い。北野全徳寺境内にのこる「雲溪師紀徳碑」と「墨梅図碑」、および門弟たちが建立した「墓石」のみである。これらを用い、画僧雲溪の一面を記しておこう。

雲溪師紀徳碑　篆額　埼玉縣知事従三位伯爵正親町實正

師名嶺明號雲溪粕谷氏天保紀元生武蔵入間郡山口村幼喪父鞠於母甫八歳有出世志就同郡北野村全徳寺乾外薙染勉學強記歳十七負笈遊四方參碩徳問曹洞宗適宇治興聖回天禪師闡揚宗風乃從侍數年探賾鈎深遂得心印後還郷歴住二三禪刹歳廿八董全徳席為第十三世擧法幢道風大覃師旁教村中子弟以讀書潤字受業者數十人又少好寫梅弄翰不輟因遊畫匠月下園之門受其指授殆二十年技大進村有菅公祠梅花滿庭師有所思為常携筆詣拜彷徨寫生一夕感靈夢頓悟祕訣天機所到能得其神嘗陳梅花圖於第一第二内國博覧會毎

雲溪師紀徳碑

墨梅図碑

蒙優賞媿美名家遠近聞之登門者甚衆有以縑素請者無貴賤
輙與之餽遺無所受今茲齢届古稀得疾閣筆門生及景慕者乃
相謀樹碑以傳芳名於不朽銘曰
禪静自修　風化遠延　餘事翰墨　名家比肩　菅祠感夢
豈日偶然　脉々芬芳　千古永傳

明治三十二年三月　　正七位河田　羆撰
正八位巖城處厚書
高崎喜重　鐫

雲溪は碑文によれば天保元年（一八三〇）生まれで、入間郡山口村の粕谷氏の出身であることが知られる。雲溪は八歳のとき全徳寺第十二世乾外のもとに入門し勉学にいそしむことになった。粕谷家は乾外に、かれの修行を託したのであろう。

幼時より俊才のきこえ高かった雲溪は十七歳の時（弘化二年か）、笈を負うて各地に学び、遂に曹洞宗山城国宇治の興聖寺回天禅師のもとにおいて教学をおさめ、帰郷したのである。そして、墓石によれば「師曾歴往於来迎永泉之二刹後董当山四十有六年也然明治三十有余四年二月十九日以七十有三歳之高齢示寂焉門弟等建立」とみえるので、永泉寺や市内の山口来迎寺の住持を経て二十八歳のとき全徳寺第十三世になったのである。寺を出てから十年余の歳月を経ていた。時に安政三年のことである。

雲溪和尚が興聖寺において修行をうけたのは、同寺第二十八世回天和尚のもとである。回天老師は多くの優れた弟子をそだて、同寺の第三十世環溪密雲和尚、第三十一世蘿溪宥庵（こうあん）和尚も回天和尚から嗣法をうけている。同じく修行をへて嗣法をうけたのが嶺明雲溪和尚で、法号は回天和尚からうけたもので、三十世・三十一世と同様に溪の一字に示されている。雲溪和尚は同寺においても秀でた存在だったようである。

雲溪和尚が嗣法をうけて武州へ戻ったころ回天和尚は勇退し、替って第二十九世無隠退吾和尚が伯耆の退休寺から入院する。

無隠退吾和尚は寛政三年（一七九一）、全徳寺に近い入間郡北野村田中家において生を享け、俊才として聞こえ、全徳寺に入門したのちに、西国の地へ旅立ち修行した同門の先輩僧侶であった。

退吾和尚が郷里を出て修行を積む道のりを知ることはできないが、退吾は伯耆国退休寺において鐵磨和尚より嗣法をうけたのである。（退休寺は現鳥取県西伯郡大山町にある寺院で、南北朝時代、延文二年（一三五七）、篦津敦忠（のづあつただ）により建立され、号を金龍山という山陰最古の曹洞宗寺院。勅使門や土塀が文化財に指定されている名刹であるが昭和十三年類焼の災厄により退吾和尚等の資料はない）。

なお京都府宇治市の興聖寺文書「宝蔵証文箱之部、寺縁雑記」によれば、

「二十九世無隠退吾和尚、本貫武州人嗣法於白州退休寺鐵磨和尚、嘉永七年甲寅春閏三月十三日、入院開堂、慶応三年丁卯秋閏八月十三日勇退、隠栖於河州大縣郡太平村観音寺、住山十四年、世壽八十一歳」

とあり、退吾和尚は嘉永七年＝安政元年（一八五四）に山城国宇治の興聖寺に入り第二十九世を継ぎ、以後十四年間、興聖寺の維持に尽力し、慶応三年（一八六七）閏八月十三日に勇退し河内国大縣郡太平村観音寺に隠棲した。しかし退吾和尚は維新の動乱に直面し、引退後も寺務をたすけ大和国十津川郷（現奈良県吉野郡十津川村）にあった興聖寺の末寺五十三か寺の廃寺願を端緒とする神仏分離・廃寺毀仏（廃仏毀釈）運動の処理に奔走する。

十津川郷は文久三年（一八六三）、天誅組が大和五条より敗走して此処に拠り、十津川郷士を頼り再挙を試みる等、

勤皇思想のつよい僻村である。明治新政府の神道国教政策により十津川郷の寺院は動揺のるつぼに陥り、廃寺毀仏運動が激化したのである。退吾和尚は興聖寺先住として、その処理のため、本山の指示を仰ぎながら対処し、老の一身を仏道に捧げ尽くしたのである。

このように退吾和尚は太平村観音寺に隠栖して、とどまること四年、興聖寺の寺務をも補佐しながら八十一歳をもって示寂した。ときに明治五年（一八七二）七月二十九日のことである。退吾和尚は示寂に際し、三月十三日寂と遺命する。それは十八年前、興聖寺へ入院、第二十九世を開堂したその日を忌日としたのである。生涯仏道をきわめ続けた退吾和尚の眠る観音寺は現在大阪府柏原市にある。

退吾和尚の頂相画賛は

「神彩（存在）はぬきんで高岳のごとく深淵のごとし、鉄心を錬磨して自ら禅を会得、先の興聖をたすけて満十八年、鼎新（旧いことを改め）して力あり勝藍（出藍・弟子が師を越える）の誉れは光輝き、導利の志を承りて鉏斧（掘斧）の権（改革の指導力）を発揮し、住むこと十四年老を悟りえにし（現在の結果）を悟る、遂に河内の僻村に隠栖し、ここに終ることをさだむ、俗界と絶縁して棲み孤高を保つ、まさに維新に際し（廃仏毀釈に際し）遷延あたはざるべし、衣を払い奮然と決起して陸路・海路を各地に赴く、日々に進み日々に退くただ仏法を第一とす、生涯のはたらきを誰が敢えてたすけになうのか、休むに非ず逃るに非ず老いてもこれを勉める、あゝ後来のものにこの則を伝える」（読み下し）

このように第三十一世蘿溪冐庵（こうあん）は、退吾和尚が維新の激動の中、身命をなげうって護寺につとめた姿勢を述べている。興聖寺では、本来、先住の頂相は次代が述べるならわしであったが、武州世田谷の豪徳寺より入院して、無隠退吾和尚のあとを継ぎ、慶応三年八月二十八日、第三十世になった環溪密雲和尚は、満四年後の明治四年十月、総本山永平寺に昇住し管長となった。したがって退吾和尚の頂相は第三十一代によって記されたのである。ちなみに環溪密雲和尚は明治十七年六十八歳をもって遷化、勅謚号により絶学天真禅師という。この環溪密雲和尚とともに、幕末維新の難局を乗り切ったのが先住の無隠退吾和尚である。

全徳寺門前の入間郡北野村田中家から出た無隠退吾和尚は興聖寺第二十九世になり、入れ替わるように若い嶺明雲溪和尚は武州全徳寺に戻ったのである。両僧が取り交わしたであろう消息のたぐいは、明治十三年の全徳寺災厄により灰燼に帰した。北野に戻った嶺明雲溪和尚は梅を描きながら、興聖寺大伽藍の闇の中に見た老僧無隠退吾和尚のひたすらの修行を心していたのではないかと思われる。

当時、北野村には前述のように、ほぼ同時期に寺子屋を開いた北廣堂澤田泉山の存在があった。村内の誼で交際も書画の交換もおこなわれていた。北野村では和歌の茂景、書の泉山、画の雲溪と称され、ともに軸装にされ農家の床の間を飾った。雲溪の画作への精進は、入木道「北廣堂」泉山の存在を無視しては考えられないように思われる。

墨梅画における雲溪の師承（師匠）は、碑文に「月下園之門受其指授殆二十年」とあり、僅かな手がかりを把むことができる。ところでこの月下園を称する画人は三代にわたって実在している。初代月下園は、江戸本郷六丁目喜福寺に住んだ梅本樵溪という画僧である。二代目月下園は不明だが三代目月下園は小間楳心と号し、江戸市ヶ谷の洞雲寺和尚逸仙の弟子となり、同寺の住職となった。楳心は文政六年（一八二三）の生まれで墨梅画に手腕があった。楳心は後年居を横浜に移し、画とともに茶道裏千家の師匠として過ごし、大正六年に死去したのである。初代月下園の梅本樵溪の歿年は明らかではないが、小間楳心は、雲溪より七歳ほど年長である。二十年にわたる雲溪の修行を考慮すれば、最初は樵溪の指導をうけ、その後は楳心を兄弟子と仰いだのではなかろうか。

雲溪は好んで梅を描いた。勿論当時流行の南画風の山水画もみられるが、檀家に伝えられる遺品の大半が墨梅画である。雲溪が心を魅かれたのは、村内の古社、坂東第一北野天神社の境内に咲きほこる梅の老樹であった。かれは折をみては、菅公の祀られている古社に歩を運び、写生の筆を執っている。古くから墨梅図は王元章、陳憲章、楊元咎が名手といわれ、これら中国の古画が手本とされた。雲溪がそれらの作品や絵本に接する機会がえられたかどうか知ることはできない。だが山城国宇治に学んだ二十代の初めには、京都の古刹で名品の書画を眼のあたりにし、知識としたことであろう。

雲溪は或る夕刻、北野天神社の社頭に詣で梅花を写した。そして積年の修行から霊感を得て、墨梅画の独創に到達し内国勧業博覧会に出品したのであった。

明治維新をむかえて新政府は近代化を世界の列強に示し、伝統的産業や日本固有の工芸を貿易に結ぶために、博覧会を度々開催した。第一回内国勧業博覧会は明治十年（一八七七）八月二十一日より十一月三十日まで、第二回は同十四年（一八八一）三月一日より六月三十日まで開催され、各地の産物・工芸品などのほか、美術館を

雲溪墨梅図屏風（『雲溪遺品集』より）

設けて日本の伝統的芸術作品が展覧されたのである。

この企画に月下園一門も応募し、碑文によれば、雲溪は一・二回共に優賞（入選）している。第一回博覧会に出品した、市ヶ谷佐内坂町三四五番地小間楳心は、絹地梅花図により賞牌を受けたことが知られる。これらの記録は東京国立文化財研究所明治十年内国勧業博覧会出品解説、および東京国立博物館資料館の同年出品解説第九巻マイクロＨ一八七七に紹介され、なお、これらの結果は各県に通知され、埼玉県立文書館蔵「明治十年内国勧業博覧会出品人江下賜賞牌褒状」により賞牌受領者を知ることができる。

この博覧会に優賞（碑文）を得ることができたのは、雲溪の力量が並々ならぬものであったとみるべきであろう。内国勧業博覧会における栄誉は、益々雲溪の画名をたかめ、寺子屋の筆子以外に画道の入門者があらわれ、門人も優れた作品を遺している。「雲溪師紀徳碑」の発起人となった北野大舘雲嶺・大舘勝五郎や、西多摩郡福生村田村雲秀、大里郡吉見村上野雲城らはその代表的な門人である。その他、碑文には三ヶ島喜多濃孝道、山口神山正作、北野大舘寿吉ほか建碑に賛同した者百七十六名を数え、北野村周辺をはじめ川越、西多摩郡福生・秋留、北多摩郡牟礼・野口・久米川、相州中郡南金目村、江州や越後にも及んでいる。また「墨梅図碑」にも二百三十一名の賛同者が数えられるのである。これらは筆子や門人に限らず、雲溪に何らかの由縁の人たちであったが、かれの人徳によるものであろう。

雲溪は本堂の一隅を画室とさだめ、仏門に仕えるかたわら画道に励んだ。現在その一室に中根半嶺の書で「雲溪画屋」なる扁額が遺る。中根半嶺は名を聞といい、越後高田藩医であった半仙の子で、漢学・医学をきわめ、また書家として活躍した人物である。半嶺は中国漢代の曹全碑の書に傾倒し、隷書をもって明治前期の書道界に盛名をはせた。雲溪が半嶺に揮毫を求めた経緯は詳かでない。敢えて推測すれば、第二回内国勧業博覧会に中根半嶺が入賞しており、この機会に両者相識ることになったのであろう。因みに同博覧会に書道部門で入賞した人たちは中根半嶺・大沼枕山・長三洲・日下部鳴鶴であった。ともに明治書道界の錚々たる人物である。

近代学校制度の確立とともに雲溪は寺子屋の師匠をやめ、画僧として精進したが、明治三十二年、七十歳をむかえ病のために臥す日も多くなったので、多数の門人・筆子たちは師を敬慕して寿碑の儀をはかった。これが前掲の「雲溪師紀徳碑」と「墨梅図碑」である。篆額は埼玉県知事従三位正親町實正、撰文は漢学者として知られた河田羆であった。河田は明治二十七年東京帝国大学の『史学雑誌』に「本邦地誌考―新編武蔵風土記稿―」を発表し、埼玉県下で注目されていた。正親町實正は建碑の一か月前、すなわち明治三十二年二月に埼玉県知事に就任し、翌三十三年十月まで民政に尽力した人物である。

5　正宗實聞尼と筆子

禅宗では尼僧を尊重していたので、檀家の子女が出家・得度し尼庵に入ることがあった。全徳寺に帰依し尼庵にあって、幕末・明治時代、寺をささえ、筆子の学業を導き崇敬された尼僧に、正宗實聞尼と正穏實明尼がおり、寺域を隔てた愛宕山の尼庵に住居した。この庵に安置されていた将軍地蔵の銘文によれば文久三年（一八六三）造立され、開闢開眼は雲溪、功徳實聞尼と刻まれている。

正宗實聞尼は越中国下新川郡下立村（おりたてむら、現富山県黒部市宇奈月町下立）上島家に生まれ、十八歳のとき得度し、嘉永年間、二十四歳のとき嶺明雲溪和尚の入山に随侍して、以来五十年あまり、寺門の興隆と徒弟・筆子の教育にあたった。

上島家は下立村の曹洞宗全龍寺を補佐した有力な檀徒で、實聞尼は才女のきこえあって、幼少より学業に専心、全龍寺において修行したのである。

正宗實聞尼は雲溪和尚の示寂後も全徳寺をまもり、徒弟や村民子女の教育に努め明治四十二年九月二十六日、七十七歳をもって示寂。弟子・筆子は二か月後の十一月十三日に實聞尼像を建立し思慕と感謝の念を刻んでいる。

なお正穏實明尼は文久三年、六地蔵を實聞尼と連名で寄進したほか知ることはできない。

二 「学制」の制定と小学校

1 学区成立と学区取締

明治政府は近代的な教育制度を確立するために、明治五年八月太政官布告により「学事奨励に関する被仰出書」を出した。政府は普通教育の振興と実学の奨励によって、西欧の先進国に追いつくことのできる国民を育成しようとしたのである。封建制下の学問は観念的な詞章の暗誦や、空理虚談にみちていたと批判し、西欧の個人主義・功利主義に学び、「学問は身を立るの財本」であり、「産を興《おこ》し業を昌《さかん》にする」根源であると説いた。
そして「学制」を制定し、全国民を平等に全国共通の小学校に学ばせる原則を打ちだしたのである。この「学制」は学校体系を大学・中学・小学の三段階とした学区制を導入したものであった。
「学制」第三章には
第一大区　東京府・神奈川県・埼玉県・入間県・木更津県・足柄県・印旛県・新治県・茨城県・群馬県・栃木県・宇都宮県・山梨県・静岡県、計一府十三県　東京府ヲ以テ大学本部トス。

と定められている。以下第八大区まで大学区があり、第五章において、一大学区を三十二中学区として、区ごとに中学校一つを置き、全国八大区で二百五十六とした。第六章によれば、一中学区を二百十の小学区として区ごとに小学校一つを置き、一大区ごとに六千七百二十を設けることと定めた。従って全国に五万三千七百六十の小学校を設置する計画となっていた。

埼玉県・入間県は第一大区に分けられ、「学制」に則した教育制度を地方に施行することになった。明治五年十一月、「埼玉県告諭」と、同時に「入間県説諭」も布達され、教育行政の刷新に着手した。まず第一大区の中学区の対象は四十万八千四百十六人とみられたので、一中学区十三万人という基準にあわせて第十四、十五、十六の三中学区がおかれた。しかしその直後の同年六月十五日、入間県・群馬県が廃止されて熊谷県がおかれ、第十四番中学区は川越・新座・福岡・所沢・飯能・名栗などを含む地域となり、所沢などはその中の三大区で小学区は六十となった。熊谷県は明治九年八月に埼玉県と合併されたが、学区は同様にして継続された。合併後の埼玉県は第十一番中学区より第十六番中学区までの、六中学区千二百六十六小学区に分けられ、この学区制は明治十二年の「教育令」発布まで続いた。

表8　第一大区第十四番中学区三大区小学区編成書
(明治6年6月13日)

小学区	人　員	村　　名
1	498	岩崎村・山口堀之内村
1	582	荒幡村
1	647	山口町屋村・菩提樹村・新堀村・打越村・氷川村
1	612	勝楽寺村
1	535	堀口村・大鐘村・川辺村
2	1,327	北野村
1	631	岩岡新田・北野新田・北田新田・中北野新田

当時の小手指地区は上新井村が入間県管下の第十四番中学区三大区第一小学区に属し、北野村は第二小学区に属していたのである(表8)。

学区の設定とともに教育の普及を徹底させるために、学区取締という、中学区単位の監視役が置かれた。これは一つの中学区内に、十名ないし十二・三名が置かれ、一名の学区取締は、二十小学区から三十小学区分の監視を担当した。任務の内容は就学調査や学校の保護などであった。各地域ではこの学区取締の下に学校世話役・学校庶務掛などが置かれ、学校費徴収や学務庶務などをおこなった。入間県では当初、各区に学校庶務掛が置かれ、小学校開設準備などの世話をしたが、明治六年六月十三日、県令河瀬秀治からの布達により、各大区ごとに一名の学区取締が任命されたのである。そして、明治九年八月以降、埼玉県となってからは、学務掛と称したのである。明治九年十一月になると、埼玉県は「監学章程」を公布し、警察官が学齢調査簿をもとに不就学督促をおこなったり、学校の教育や生徒の監視などに一部介入できるようにしている。

学校庶務掛や学区取締は、学校教育の浸透と定着をはかるために、上から設けられた強引な教育行政策であった。一方住民は学齢期子弟の就学について学区取締に報告しなければならなかった。たとえば「学制」十二章に、

一般人民、華士族農工商及婦女ノ学ニ就クモノハ、之ヲ学区取締ニ届クヘシ、若シ子弟六歳以上ニ至リテ、学ニ就カシメサルモノアラハ、委シク其由ヲ学区取締ニ届ケシムヘシ、私塾家塾ニ入リ及ヒ已ムヲ得サル事アリテ、師ヲ其家ニ招キ稽古セシムルモ、皆就学ト云フヘシ

などと就学不就学の実態を把握するのも役割の一つであった。小手指地域は三大区であり、学区取締は上新井村戸長鹿島市郎が、明治六年六月十三日に入間県令河瀬秀治に任命されて担当したのである（表9）。

表9　入間県学区取締　（明治6年6月13日）

大区	学区取締氏名	住所	役職
1大区	横田五郎兵衛	川越町	副区長
2大区	野島呈輔	内間木村	副区長
3大区	鹿島市郎	上新井村	戸長
4大区	井上順蔵	新堀村	副区長
5大区	峯岸重行	平村	副区長
6大区	関根可正	下里村	副区長
7大区	根岸武香	冑村	副区長
8大区	石川弥一郎	熊谷	学校庶務掛
9大区	諸井興久	本庄	副区長
10大区	井上久之助	大宮郷	戸長
11大区	山田源内	小鹿野町	副区長

（岩岡家文書）

2　陝山小学校の開校

「学制」の制定により近代教育は第一歩をふみだしたが、その実現のためには幾多の克服すべき問題があった。学校の建築はもとより、「一般人民」の就学をはかるための対策など山積していたのである。とくに不完全な就学状況は予測されていた。そこで一般教育を実現するための小学校についても「学制」第二十一章において、幼稚小学・小学私塾・貧人小学（仁恵学校）・村落小学・女子小学・尋常小学とし、尋常小学を上等と下等に分け、尋常小学を男女共必ず卒業すべきものと定めた。なおそのほか変則小学や家塾もみとめたのである。学制は制定されたが、いわゆる近代的な学校教育の実現には程遠いものであった。

しかも教育を受容する「一般人民　華士族農工商及婦女」はその上層一部を除き、封建制下の貧困な農民が「一般人民」の大半をしめていたのである。しかのみならず封建時代と大差のない明治初年に、「学制」は小学校でも月五十銭の、授業料(受業料といった)を納入すべきことを規定していた。第九十四章に次のごとく定められている。

大学校ニアリテハ生徒ノ受業料一月七円五十銭ヲ相当トス、外ニ六円四円ノ二等ヲ設ケ相当ノ受業料ヲ納ル能ハサルモノノ為ニス、中学校ニアリテハ一月五円五十銭ヲ相当トス、外ニ三円五十銭二円ノ二等ヲ設ク、小学校ニアリテハ一月五十銭ヲ相当トス、外ニ二十五銭ノ一等ヲ設ク。但相当ノ受業料ヲ納ル能ハサルモノハ戸長・里正之ヲ証シ、学区取締ヲ経テ其学校ニ出シ許可ヲ受クヘシ

「学制」の出発において小学校も生徒は①授業料を納めるものとされ、教育費に充当される財源の一部とされていた。もちろん、教育費（学制では学費といった）は②官金（学事ヲ助クルニ官金ヲ以テスルモノ）と、③学区内出金（オオヨソ学校ヲ設立シ及之ヲ保護スルノ費用ハ（略）小学ハ小学区ニ於テ其責ヲ受クルヲ法トス（略）区ノ情態ニヨリ人口ニ平均シ毎年出金セシムルカ、或ハ一時富人ヨリ出金セシムルカ、或ハ地方ニテ旧来ノ積金ナド学校

ニ費ヤシテ妨ケナキモノアルトキハ其金ヲ以テ融通セシムルカ、其他幾様ノ便宜ハ土地ノ事情ニ随フヘシ（略））。およそ教育費は家庭からの①授業料でまかなわれたのであるが、すべてそれに依存したものではない。

「学制」の当初は②官金は、文部省委託金と称され、人口一人当たり九厘の割で配分され、入間県では明治六年（一八七三）三月、三千六百三十三円七銭五厘の官金を、学区内取締十一人分の給料として一か月三円ずつ、合計三百九十六円を支給し、残りは学校教師の養成や教場の諸経費に充てられている。この官金は熊谷県になってからは、熊谷に設けられた暢発学校における教員養成や教員伝習の補助に充てられた。

②学区内出金は「学制」で定められたように人口平均の出金や富裕層からの出資など、様々な対応策が指示されていたが、入間県では総戸数八万千八百五十三戸を上中下に三区分し、上等は一戸につき七十五銭、中等は一戸につき二十五銭、下等は一戸につき十二銭と定め出金させることとした。総金高は一万八千百七十一円六銭と計算され、それを百十の小学校に割ると、一校につき百六十五円十九銭余となった。これを一か年の教師給料と学校経費に充てようとしたのである。小学校は一校教師三人とし、一人の一か月給料は三円、一年分は三人で合計百八円と概算された。学校諸経費は一か月四円とみて四十八円、残る九円余を賞与・書籍買入費とするものであった。しかも、学校設立営繕の費用は、地主・富裕者や有志より出金させて、「姑息ニ因循」のようだが、社寺民家などを買上げ、あるいは借請て教場にせよ、という方針であった。

小学校入学者より毎月徴収する③授業料は「学制」で規定するような高額であっては、従来、低額の束脩・謝儀で済んだ寺子屋と異なり、「一般人民」にとって、家計を痛撃する最大の出費に数えられた。寺子屋にすら学べない場合が多かったのであるから、「村から不学の戸」をなくすことは難問題である。

したがって各地域での授業料は「学制」の規定以下の低額としたものが多い。なかでも入間県は特に低額に抑え、上等を十銭、中等を五銭、下等を三銭とした。明治六年、入間県では上記のような低額授業料として、生徒の入学し易いように配慮を加え、一校の入学生を五百人と見積もり、そのうち上等五十人、中等百人、下等三百五十人と推測して、一校の授業料収入を二百四円と算定、さらに「学制」どおりに納入する層の存在も加えて、総合計二万二千四百四十円と算出のうえ、これを教師の増加給料に充てたいとするものであった。このような低額授業料計画は、翌年以後、引き上げられてしまうのであるが、いずれにしても、授業料をして教育費財源に充てることはまことに困難であった。村々の実態からみれば、旧来の寺子屋時代と同様に、不就学者が大量に存続していたということである。

所沢市域における小学校設立の具体的な動向は不明な点が多い。しかし明治五年十一月五日に入間県庁の名で公布された「入間県説諭」が小学校設立の基本方針を示したものであると考えられる。この説諭によれば、

夫レ人タル者自ラ身ヲ立テ、其ノ産ヲ治メ、其ノ業ヲ昌ニシテ、以テ其ノ生ヲ遂ル所以ノ道ハ、第一身ヲ修メ智ヲ開キ、才芸ヲ長ズルニアリ、是レ人生ノ一大緊事ナリ、智ヲ開キ才芸ヲ長ズルハ、必ズ先ヅ学問ニアラザレバ能ハズ、是レ各地ニ学校ノ設アル所以ニシテ（略）

と、太政官布告による「学事奨励に関する被仰出書」とほぼ同様に説諭し、「学制」の制定によれば入間県内は三中学区に分けられ、一中学区の下に各々二百十の小学区がおかれ、入間県合計六百三十の小学となるが、これは簡単に実現できるものではない。そこで各地の状況にあわせて、まず一小区ごとに二・三の小学校を設立し、漸次規定数に達するようにしたいというものであった。説諭には次のように、

是レヲ一朝ニ施スベキニアラザルヲモッテ、姑ク地方ノ適宜ニ任セ、今一小区毎ニ、二・三小学校ヲ興シ、漸ヲ追ヒ歳ヲ経テ以テ全数ニ到ラン、夫レ各区ニ於テ速カニ此ノ意ヲ領シ、所在ニ小学校ヲ開立シ、能ク時世ノ景況

ニ通ズルノ教師ヲ雇ヒ、広ク少年ヲ教育セン事ヲ希望ス。

などと述べ、さらに文明開化に理解ある地方有力者に醵金を求め、校費の調達をはからねばならないことを、

有志ノ輩、時世文明ニ進歩スルノ美事タルヲ知ルモノアラバ、協力合議シ多少ニ拘ラズ出金シ、以テ校費ニ充テン事ヲ要スル也

と、戸長や副戸長に告諭したのである。

入間県学校掛は同時に「学校大略」という小学校設立についての、具体的な条項を指示したので、入間県内では従来の寺子屋の所在村などが中心となって、新規学校の準備がにわかに起こった。「学校大略」では旧来の寺子屋、私家塾の全廃を指示し、新設の学校は寺院その他相応の施設を利用せよと命じていたので、大規模な寺子屋教場はそのまま学校にあてられた模様である。しかし、入間県管下ではこの年に小学校として発足したのは一例のみであった。

翌明治六年の新春から、入間県では小学校普及の遅れを挽回するため、県参事が巡回にあたったので、設立の機運はたかまり、県内各区で戸長が会合を聞き設立を推進した。小手指地域では上新井村が三大区一小区に属し、戸長の鹿島市郎が中心となって準備にあたった。北野村は岩崎村・山口堀之内村・荒幡村・山口町谷村・菩提樹村・新堀村・打越村・氷川村・勝楽寺村・堀口村・大鐘村・川辺村・岩岡新田・北野新田・北田新田・中北野新田が、一体になり三大区二小区として準備をすすめた。この区では澤田泉山の寺子屋北廣堂が大規模であり、また泉山の学識が周知されていたので、諸村が相はかって小学校とすることに決したのである。そして校名を「陝山学校」と命名した。北廣堂が狭山丘陵にあり、これを継ぐ小学校だからである。澤田泉山も自作の漢詩を書軸にすると、引首印（冠冒印・関防印）に好んで「家在狭山之峠廣谷」と捺していた。人々は異論なく「陝山学校」と呼ぶことにしたのである(校名は当時の記録によれば陝山学校としている。明治八年の熊谷県告示の教員任命書は陝山小学校、

同九年の卒業証書も同様だった。しかしその後の卒業証書は陝山学校と記しているが、ここでは陝山小学校に統一して記述することにした）。

明治六年七月の「陝山学区設立仮規則」によれば、予想される学校規模を生徒百人とし、生徒一人につき一か月金一朱ずつ授業料を納め、一か月合計を円換算すると六円二十五銭とみた。このうち五円が教師給料一か月分、一円が教場諸費、残る二十五銭を炭薪代とするものであった。生徒授業料は、「極難之者ハ此限アラズ、志次第之事」と、納入不可能者は徴収を猶予し、志でよろしいと定めている。授業料については、このほか旧例（寺子屋時代）の五節句や初穂として納入していた慣習を中止させた。ただし生徒用の筆墨は自費負担で、保護者が出すものであった。生徒出金の授業料は月ごとに戸長が取りまとめて学校に届け、なお学校運営のために、忘備金利息として七月から一割を積み立てることになったのである。この授業料などは入間県の通達事項とは一致せず、地域の実情に合わせた方法であった。

かくして明治六年八月十一日、陝山小学校は開校された。前年に学制が頒布されて以来、寺子屋北廣堂への就学者は急増していたが、六年の陝山小学校開校時には設立仮規則の計画を越えて、「小学校生徒人員書上」によれば生徒数百五十一人、その内訳は男子百二十七人、女子二十四人であった。

陝山小学校の教員は澤田新五郎（泉山）、助教手伝澤田友吉（泉山の長男）、同じく糟谷季太郎が任じ、庶務掛は旧村役人大舘誠一郎と野村又四郎、学区取締は前述の通り鹿島市郎である。

3　陝山小学校と瑊井小学校の教育活動

陝山小学校は諸村の後援で発足したが、校舎をはじめとしてすべて北廣堂に頼って開校することができた。いわば本邦最大規模といわれた寺子屋を継承し、師匠澤田泉山の私学校的要素をもって開校されたものである。当然のことながら泉山澤田新五郎を小学校の指導者としてむかえたのである。泉山は学制発足時に群馬県・入間県が教師の養成のためにおこなった、旧寺子屋師匠などを対象とする試問を、明治六年（一八七三）五月に受け、群馬県既橋中学で普通学を修業し、陝山小学校の教員となったが、同八年六月熊谷県暢発学校で再び試問を受けて、下等小学第六級を卒業、同日陝山小学校教員を命ぜられ、翌九年熊谷県が埼玉県と合併すると、県令白根多助より同年十二月に陝山小学校一級訓導補に嘱任された。その後同十一年七月に解任となったが、地域の要望が強く続いて教壇に立った。明治十五年九月準十三等陝山小学校長を拝命、ついで同十七年には小学校中等科の免許もゆるされ、同十九年四月まで校長として勤務したのである。

泉山の長男友吉は、明治九年二月より七月迄、川越町十四番中学校において六級修業した。そのとき友吉は二十六歳であった。友吉の妻は翌十年に二十二歳で死去したが、男子武延がいた。友吉は明治十一年埼玉県師範学校を卒業して教員となり、泉山を助けて陝山小学校を発展させたが、同十六年に三十四歳で死去、泉山の妻も同二十四年に没した。友吉の子武延も上級学校にすすみ、明治高等小学校の教員となり祖父泉山を助けて家運を盛りたてたが、明治三十八年五月、二十五歳で夭折したのである。泉山は資質秀俊な子供と孫に先立たれ、また教職をしりぞいてから寂寥な感懐にふけることもあったが、廻文や漢詩を詠み著作に全力を傾注しつつ、明治四十三年十二月二十九日、享年八十九歳をもって没したのである。

瑊井小学校は明治六年、上新井村普門院において開校されたものと考えられる。普門院の住職新井融真は幕末期より同所において寺子屋師匠として、郷党の指導にあたっていた。「学制」の制定にもとづき、上新井村では普門院を借用し、教員新井融真が中心となって発足したのである。瑊井小学校は同村の戸長鹿島市郎が、第三大区を代表する「学区取締」を拝命していたので、「入間県説諭」の小学校設立の基本方針にもとづき、「堀井学校規則」（明治六年）を作成し、学校運営に出発したのである。鹿島市郎（市右衛門代々襲名）は幕藩制下、文政改革で設けられた組合村大惣代として、所沢市域から多摩郡にかけて広域行政に携わる有力者であり、明治新政権が「学区取締」に任命したのも、けだし当然であった。

明治七年の「熊谷県小学校生徒人員及学費表」によれば堀井学校の生徒は男子四十六名、女子十四名、計六十名であった（表10）。

なお普門院新井家文書の目録に「明治六年堀井学校規則」がみられるが現在、見出せないので詳細は後日を期したい。

さて陜山小学校における新教育はどのように実施されたのであろうか。小学校の教育基本規則は、明治六年になると各県で公布されている。埼玉県では同年八月「埼玉県公私小学規則」が出され、熊谷県では同年十月「熊谷県管内小学校掟書」が提示され、教育の具体的実施方針をあきらかにした。ついで熊谷県は同年十一月「熊谷県学務概制」を出して細部を補足し、続いて七年九月、八年八月と度々改正を加え、実情に沿うようにした。しかし熊谷県の方針は同九年八月埼玉県に移管されて、漸次埼玉県方式にかわり、翌十年九月に県下の教育会議が

表10　堀井・陜山小学校生徒数及び学費表

校名	年度	男女	下等8級(人)	7級(人)	6級(人)	5級(人)	4級(人)	(人)	学　費
堀井	明治6	男 女						不明	
	明治7	男 女	35 13	11 1				46 14	185円45銭5厘
	明治8	男 女	30 18	10 1	2	9 1		51 20	245円79銭
陜山	明治6	男 女	127 24					127 24	
	明治7	男 女	138 26					138 26	487円　4銭3厘
	明治8	男 女	60 16	35 2	36 13	24 3	7	162 34	589円97銭3厘

(注)「明治6年　小学校生徒人員書上」
「明治7年　第一大学区熊谷県管内各小学校生徒人員及び学費表」
「明治8年　同上書名」

開催されて、熊谷・埼玉両県の統一的教育方針へと向かった。明治十一年一月に布達された「埼玉県学事通則」はその後の県教育の基本規則となったのである。

陝山学校は出発時においては「学制」の示す全国的基本策に拠ったが、同年十月になって「熊谷県管内小学校掟書」が県より区長⇩戸長を通して布達されると、これにしたがって学校を整備している。

この掟書によれば、入学は六歳からとし、十三歳以下を小学生、十四歳以上を小学員外生と称し、原則として十三歳までに卒業することに定めた。また在学中の諸行動は行儀を正しく守り、もし怠惰乱暴にはしり、また教師の命令に反する行為があれば、罰として拘留や掃除番を課すようにと規定した。その後、学校において生徒が「残されたり、罰そうじ」を教師の叱責として慣習化される端緒が、ここに生じたのである。

当初小学校はほぼ五日制で登校した。それは一と六の日を定休日 としたからである。(埼玉県では明治九年三月一日より一・六休業日を廃し、日曜休業制にした。同年八月に熊谷県は埼玉県と合併したので、埼玉県方式に漸次移行された)。また長期休業は十二月二十五日より一月七日までとし、酷暑のときは適宜時間を変更し、なお学校側の見計らいで休業とした。現在の祭日にあたる休日として、孝明天皇御祭日・紀元節・神武天皇御祭日・神嘗祭・天長節・新嘗祭があり、臨時の休業日は第一に村の鎮守の祭礼日としている。また、農繁期の休業として地域の実情に応じて、養蚕や秋の収穫時などに三十日間をとり「子弟ヲシテ、農業ヲ習学セシム」と、農業労働の習熟をあげているが、それにもまして、農業労働力に生徒の手伝いが不可欠であったからであろう。

陝山小学校・瑊井小学校が門出を飾った頃、熊谷県が定めた小学校の学科目は概ね次の通りである。

綴字・習字・単語読方・洋法算術・修身口授・単語暗誦・会話読方・単語書取・読本読方・会話暗誦・養生口授・会話書取・読本輪講・地学輪講・理学輪講・書牘・各科温習・細字習字・書牘作文・史学輪講・細字速写・罫画・

幾何・博物・化学・生理

これらの学科は文部省が明治五年八月に布達した「学制」にもとづき、これを細分化し現実的な実施科目にしたものであった。

その後、熊谷県では国内各地で小学校むけの教科書や著作が、次々と刊行される機運を把え、明治八年九月に「熊谷県小学規則」を発布した。これは⑴下等小学教則、⑵上等小学教則にわかれ、各々第八級より第一級までの週時間配当、教科書目、指導方法等を細部にわたって指示したものであった。全容の紹介は省略するが、陝山小学校では、熊谷県の小学教則を参考として、徐々に学校用書籍を整備し、さらに教材や備品も購入した。陝山小学校の書籍は単に下等・上等の小学校課程にとどまらず、上級むきのものも多い。しかも、文系・理系に幅ひろく整備されていた。現在、県下で知られる初期小学校の書籍取調帳や、伝統的小学校に所蔵されていた書籍構成と比較しても、陝山小学校の出発期における蔵書構成は非常に優れた内容である。残念ながら書籍の大半は散佚してしまったが、

表11　陝山小学校の書籍・教材・備品一覧

（購入代金とも）

書名・備品名称	数	金額
日本地誌略（師範編）	3冊	26銭
日本略史	2冊	13
万国史略（師範編）	2冊	20
万国地誌略（〃）	4冊	30
体操書	5冊	50
体操書付録	5冊	7
単語図（植木正太郎解）	3冊	36
官版小学教授書　単語部	1冊	10
絵入単語篇	2冊	16.5
単語読例	1冊	8
単語図会	1冊	20
万国地誌略（菅野虎太郎）	3冊	39
小学読本日本史略（市岡正一）	4冊	36
日本地誌略（榊原芳野訂正）	3冊	30
日本地誌略付図	3冊	41.65
博物図教授法	2冊	32
改正連語篇	1冊	5
地理初歩	1冊	3.5
小学書取本	1冊	5
暗射図	1冊	16
小学教授本（藤井惟勉編）	1冊	19
習字初歩	1冊	3.5
本朝三字経	1冊	7.5
確証文例	1冊	14.5
公私用文（梅園編）	2冊	15
訓蒙窮理問答	2冊	37.5
楷書苗字尽（小学習字）	1冊	12.5
うひまなひ（柳河春三）	1冊	10
混字本	1冊	7.5
世界国名尽	1冊	7.5
開化小学用文	1冊	37.5

当時総額百八十円余りに達した書籍・教材・備品等の購入内訳を紹介しておく（表11）。

さらに入学生徒に対する日常作法についてみよう。幕末維新期の寺子屋の個人指導にかわって、級単位の指導となるにしたがい、集団の規律や一斉動作を求めるようになっている。たとえば、明治十年四月の教育会議で論ぜられた「教場指令規則」などに顕著である。これなどはその後の小学校低学年の指導にしばしば踏襲されている。たとえば朝の始業前や昼休み等、校庭で遊ぶ生徒に対して、

①入場の場合は開始前（午前九時十分前・午後一時十分前）

書名・備品名称	数	金　額
日本略史字引（榊原芳野）	1冊	8.5
万国地誌略字引	1冊	10
万国史略字引	1冊	12
輿地誌略字引	1冊	50
陸軍文庫日本略史字引	1冊	25
日本外史国史略字類	1冊	50
小学読本教科書字引	1冊	12.5
改正日本地誌略　1・2	1冊	12.5
康熙字典	40冊	7.00
小学読本　巻五　字引	1冊	1
増補新令字解	1冊	20
日誌字解	1冊	10
本朝三字経	1冊	8
習字本　日本国尽	1冊	10
習字本　本朝三字経	1冊	6
習字本　草書千字文　1	1冊	11
習字本　草書千字文　2	1冊	11
千字文仮名付	1冊	2.5
筆算摘要	5冊	1.50
筆算知方	1冊	20
西洋算法　分数術付少数術	1冊	25
洋算新書　分数術	1冊	25
算術教授次第　1　答式共	2冊	20
算術教授次第　2　〃	2冊	20
数学教授本	4冊	50
数学教授書	5冊	75
筆算題嚢	14冊	1.50
演段指南	2冊	20
算法地方大成	5冊	40
和漢算法記	6冊	50
算法闕疑抄	6冊	57.5

書名・備品名称	数	金　額
童蒙教草（福沢諭吉）	3冊	39.6銭
民家童蒙解	1冊	33
小学読本	5冊	35.5
小学読本　巻五（田中芳男）	1冊	11.6
筆算訓蒙（答式共）	2冊	28
修身学	3冊	40
書牘	4冊	30
化学通	2冊	57.5
登高自卑	4冊	70
神代俚読（猿渡盛景）	3冊	1.00
和字大観鈔	2冊	25
文明論之概略（福沢諭吉）	6冊	1.50
草字彙	12冊	2.00
博物新編（再刻）	5冊	1.50
国史略	5冊	1.50
官版輿地誌略	9冊	2.50
説文翰譜	6冊	1.25
学問ノススメ　二編	1冊	2
世界商売往来	1冊	5
天変地異	1冊	10
化学器械図説	1冊	8
訓蒙窮理図解　初篇	3冊	40
小学地球儀問答	1冊	10
英語字類	1冊	12
英語箋	2冊	20
文選字引	1冊	49
陸軍文庫日本略史	4冊	1.00
文章軌範評林	6冊	1.25
正字玉篇大全	1冊	1.50
伊呂波引節用集	1冊	25
早引永代節用集大全	1冊	1.12.5

に報析（予鈴）によって生徒の注意を喚起する。本鈴で生徒を二行に整列させ、左右の令で歩節をなして教場に引率する。

②就席の指令は一の令で右あるいは左へ向かせ、二の令で机に面して立たせ、三の令で椅子にかける。

③修礼の指示は、教師が机に面して静かに礼と呼び、右の手をあげて注意を喚起し、一の令で生徒を起立させ、二の令にて礼をさせ、三の令で着席させる。

④授業の開始の指示は、まず静かにその物を出してと呼び、一の令でふたをあげて指示する物に手を置かせ、二の令で指示の物を取らせ、三の令でふたを

書名・備品名称	数	金　額
鉤股致近集	1冊	12
算法童子問	6冊	57.5
改正天元指南	5冊	57.5
算法天元録	5冊	57.5
点竄初学抄	1冊	25
点竄字引草　初篇	3冊	57.5
大以呂波五十音図	1枚	12.5
大単語図　1より8迄	4枚	1.00
大数字図	1枚	12.5
小連語図　1より10迄	10枚	50
大算用数字図九々	1枚	12.5
加算九々　幷　乗算九々	1枚	12.5
博物図	10枚	1.00
色図	1枚	12.5
線度面体図	1枚	12.5
地球儀　台共	1組	1.50
面体	1箱	37.5
日本地図	1幅	75
日本全国暗射指南譜	1折	50
日本地図（大槻修二）	1幅	75
地域全図	2幅	2.00
万国暗射地図	2幅	2.00
重訂万国全図	1枚	50
増補大日本国郡輿地路程図	1枚	1.00
増訂輿地航海全図	1枚	1.50
羅馬数字図	1枚	12.5
小　　計		61.29.85
万国通史	1冊	1.50
初学須知	10冊	2.00
小学画学書	4冊	1.00

書名・備品名称	数	金　額
物理階梯	1冊	1.00
修身論	3	75
記簿法	1	50
経済要旨	1	1.00
小学幾何用法	3	1.00
記簿用法付録	1	25
小　　計		9.00
二口　合計		70.29.85
幅広机腰掛共	20組	17.50
壁板　幷　立棒共	4組	2.00
椅子	8脚	4.00
番木　幷　撞木共	1組	20
テイフル	5脚	1.87.5
腰掛台	7脚	1.32.5
旗　幷　立杭　素縄共	1組	3.00
煙草盆　幷　火鉢共	25組	2.50
箱火鉢　幷　火箸共	10組	3.50
フランケット	4枚	5.50
十露盤	5	1.00
算木　幷　算盤共　2,000本入	1箱	1.00
銅盥	1	50
色方紙	1箱	12.5
張板	13枚	4.33.33
筆板	1枚	1.00
鍋二ツ打台共	1組	35
小計		49.70.83
傘（現在）	100本	20.00
同（年賦）	200本	40.00
小　　計		60.00
総　合　計		180.00.68

（注）「澤田家文書」による。

覆い、出した物を机上にならべさせる。

⑤授業中の指示は概略以下の通りにおこなう。本を取りて・幾枚目（生徒中の一人に答えさせる）・気を付て・読んで・本を閉じて・石盤を拭いて・石筆を取って・石筆を置いて・筆を取って・書いて・手を挙て、など。

⑥その他、生徒が発言を求めるときは右手をあげて番号を呼ばせる。教鞭は掛図及び黒板上の文字など指示するために用い、決して鞭を使って生徒に指示し、或は机上を叩くなどしてはならない。上級官庁役人・県立学校訓導・学区取締役など校内に入場の節は立礼を行う。

⑦・⑧放課や終業時の指示は①・②のごとくおこなうこと。

⑨上級生に対しては一、二、三、の令などを用いない。個人の行動よりも集団の行動に規律を求めたわが国の学校教育指導の嚆矢は、すでに明治初年にみとめられるのである。

小学校において指導にあたる教員は、男女を論ぜず二十歳以上で熊谷県の許可をえたものとし、次のような誓詞を提出させた。

一、方正以テ己レヲ処スル事。一、礼譲以テ人ニ交ル事。一、懇切勉励以テ生徒ヲ導ク事。一、其筋ヨリ問ニ答フルノ外一切俗務ニ関セザル事。その後、小学校教員は学務概制によって「男女ニ拘ハラズ性行方正貞実ニシテ、暢発学校ノ免許ヲ請ケシモノヲ任用スルコトトス」と改められたのである。

教員は偏執の念なく指導にあたり、生徒全員に対して平等に授業をおこなうように指示され、一方、学区取締に授業進度や生徒の行動など、詳細に報告しなければならなかったのである。

生徒の学力向上のために教授法の刷新がもとめられた。寺子屋における個別的な授業法から、級組織による一斉教授法が採用され、「学制」当初は教師と生徒の問答によって知識を開発させせようとした。授業法の工夫とともに試業＝試験も学力をつける方法の一つと考えられ、日常の試験のほか、進級と卒業のために統一的な試験がこころみられている。それによって生徒には優等・及第・落第の判定が下された。この試業（試験）は、その後たびたび変更されながら、明治三十三年の考査制の導入まで続けられた。

発足まもない熊谷県下の小学校に対して、当局は学校の普及と授業の進展などを把握するために、臨時の「大試験」と「巡校試験」を断行した。明治七年十月の巡校試験は、勧学の一助として実施するものだといわれた。試験の範囲は、四級以上は年齢を問わず、五級は十五歳以下のもの、六級は十三歳以下、七級は十歳以下のものと、段階を設けておこなうことになった。

小手指地域の周辺では、所沢小学校に堀井・荒幡・陝山・富応・堀兼・中福・久米小学校の各生徒を徴集しておこなわれ、試験生徒六十名の中から、優等四十八名が賞品を授与された（表12）。この巡校試験は熊谷県全域にわたり、各地方の中心地に生徒を徴集のうえ実施し、その結果を試験校、試験生徒数、優等数、就学者数、不就学者数などを加えて印刷し、全校に配布した。熊谷県下で巡校試験をうけた生徒四千六百九十四名、そのうち優等生二千六百三十一名、就学生総数四万五千七百六十二名であった。その反面、不就学生は七万二千四百四十二名を数え、「必ず邑に不学の戸なく、家に不学の人なからしめん事を期す」とうたった、学制頒布の理想には程遠いものであった。

表12　熊谷県小学生徒試験表　（明治7年12月）

校名	位置	試験生徒	優等	就学生	不就学生
所沢	所沢村	4	4	99	175
堀井	上新井村	15	12	70	31
荒幡	荒幡村	10	9	51	44
陝山	北野村	18	12	204	393
富応	中富村	3	3	67	112
堀兼	堀兼村	4	4	95	113
中福	中福村	4	4	62	182
久米	久米村	2	0	50	68
合計	8カ村	60	48	698	1118

しかし巡校試験は、不就学者には勧学を、就学者には競争を、教員には評定を、とそれぞれの意味をもってせまったのである。

4　陜山小学校の通学路調査

寺子屋より第一大区第十四番中学区三大区小学区の学校となり、十七旧村より生徒を迎えることになった陜山小学校は、就学の名簿と通学生の住居地図・通学路の調査を実施している。学校長の泉山は関係旧村から距離数記入の通学路図を求め、みずから村々を踏査し、生徒の自宅を確認した。当時、金品を持たない生徒が、危害を受けるようなことはなかったが、万一のことを考慮し精査しておいたのであろう。残存する図面は学区内旧村の一部であるが次の通りである。

①山口町谷村の壱　②　山口町谷村の二（これは壱に接続する用紙）③　山口邑比留間源之介・関根寅之介・矢島勘吉　④同村「これはまだ」とあり未完成品、勘吉・さだ・寅之介　⑤　岩崎村　⑥　氷川村　⑦　勝楽寺村（学校より高橋迄二十一町十一間）・（寺門口迄壱里六町十一間）・（村はずれの佐市は学校より壱里十六町二十五間）の三枚（現在、狭山湖の湖底に沈んでいる村）⑧　新堀之分（石山の前の橋より大鐘先の新堀に出るところ迄）⑨新堀（惣次郎・富士太郎・岡部銀二郎）⑩堀之内村　⑪　藤森より勝楽寺へ　⑫　堀口邑（中山金太郎・斉藤和吉・中村徳太郎）⑬　岩崎南組道筋　⑭　字堺（堺窪あたり）⑮　大鐘迄（倉蔵・栄治郎・儀治郎）⑯北野上郷　⑰　海谷（広谷広福寺まで）⑱　西内手（全徳寺前まで）⑲北野上郷　十王堂前の辻迄　⑳　北野下郷　新田前よりみたらせ迄　㉑　北野北向迄　㉒　字下田辺より上北野迄（中島喜十郎・新井幸太郎・本橋虎吉・中山宗一郎）㉓　三ヶしま（やくにたたず）㉔　三ケしま（やくにたたず）など紙数三十三枚ほど。精粗の差があり、三ヶ島村二か所のように「役にたたず」と粗略過ぎた村もみられたようである。

右のうち　⑮　大鐘村から通学した倉蔵・栄治郎・儀治郎の里程をみると、陜山小学校より山を越えて勝光寺坂をくだり、現在の県道辺りを南西に向い、西武ドーム球場に近く、六斎堂から大鐘地蔵近辺、距離にして三千メートルほどである。通学道路の曲がり角、堂祠・人名などの間隔を計測し「間数」で詳細に注記している。略図に示したのがそれである。なお ② 山口町谷村の二は陜山小学校に近く、千乃至千五百メートルほど隔て、図面に八名の生徒、「C 和三郎」、「F つね」、「I ひさ」、「L 伊八郎」、「M 弥三郎」、「N 熊太郎」、「O かつ」、「P利喜三」の家が認められる。八名中三名の女子が就学していた模様である。

泉山は就学する全生徒の通学路を詳しく把握し、登下校に細かな気配りをしていた。生徒の通学範囲は江戸期の旧村であり、遠方は二里を隔てていたが、網のような村の道路を泉山は熟知していた。泉山は寺子屋時代に各地の

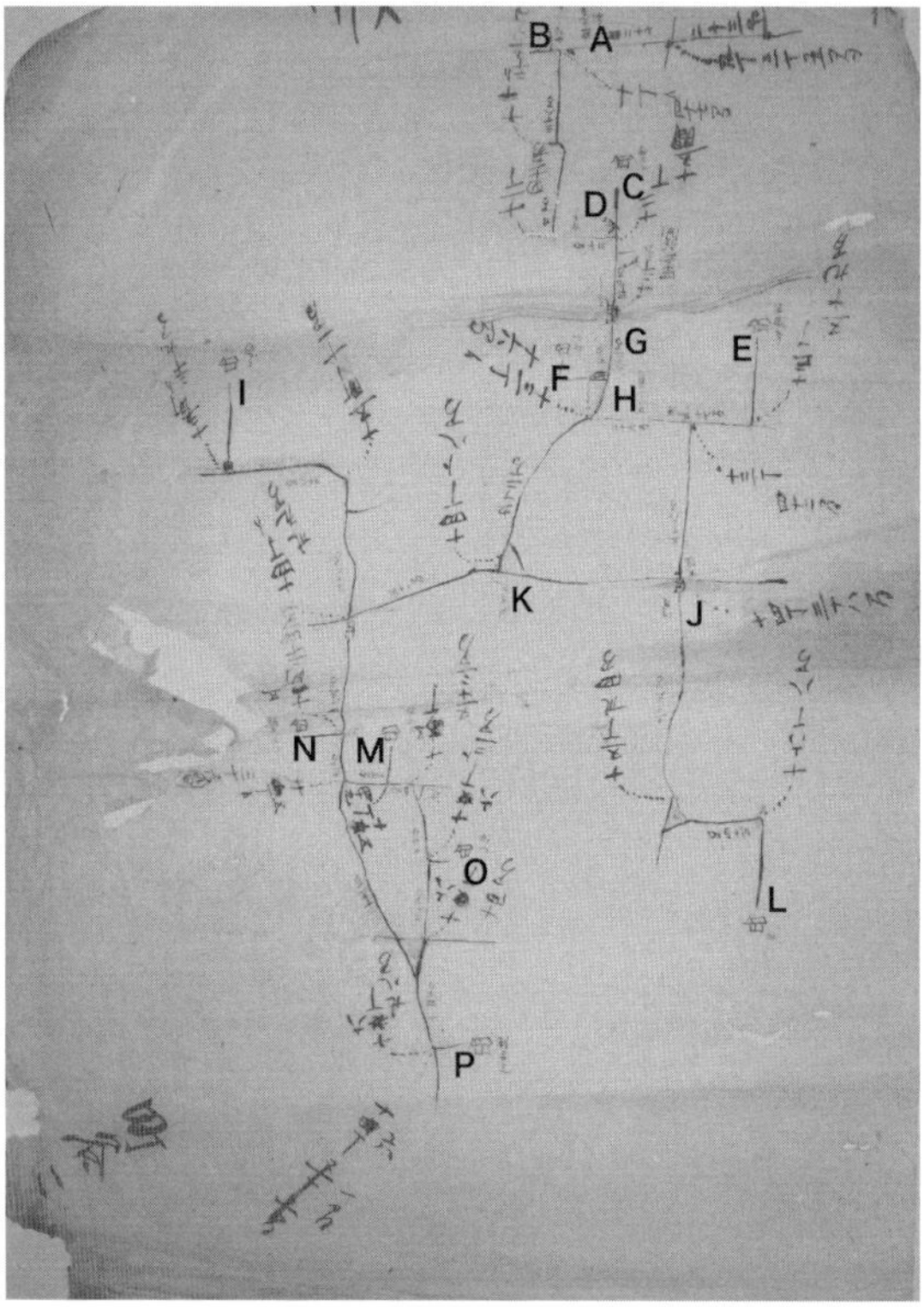

町谷村⑵通学路と生徒住居

A	常光寺前（勝光寺）	Ⓘ	ひさ
B	仲治郎前	J	河内
C	和三郎	K	河内辻
D	内手	Ⓛ	伊八郎
E	海蔵寺	Ⓜ	弥三郎
F	つね	Ⓝ	熊太郎
G	杉並	Ⓞ	かつ
H	ゴハン前（御判・名主）	Ⓟ	利喜三

（注）○は生徒名、町谷⑴は省略

大鐘村の通学路と生徒住居

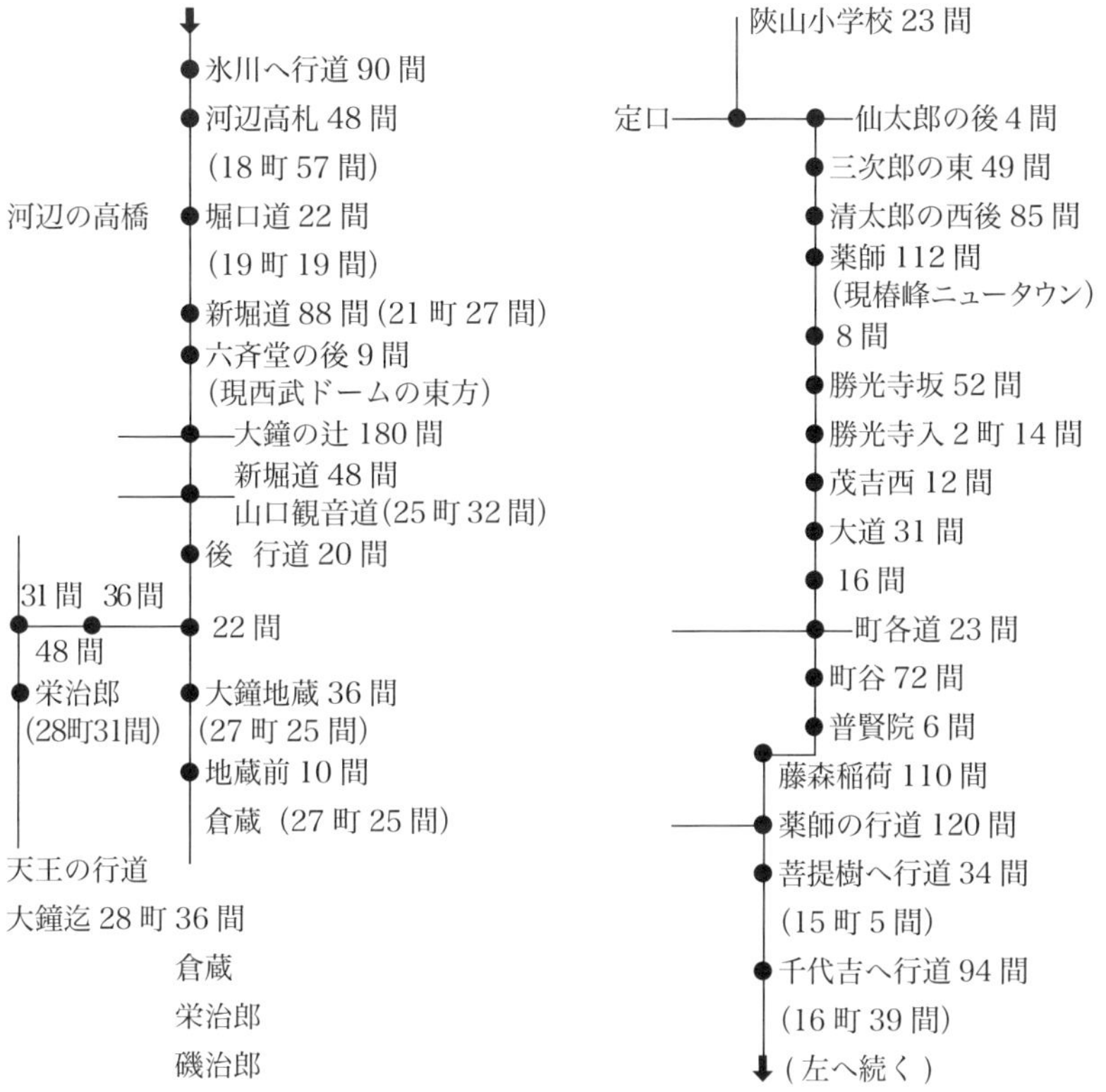

(注) 通学路は北より南西に尾根を越えて曲折しているが図版は直線に簡略化したものである。地名の事項の間数は間隔の距離を示し、(　) は到達距離である。

優れた碑文を編集し、漢詩文の教科書「入間碑集」を作成していた。各地を悉皆調査し、地域を知り尽くしていたが、さらに、生徒の家屋・屋敷までの道順を客観的に把握し、安全・効率のよい通学路を示したのである。複数の通学路がある場合は、間数と安全性を考慮し、選択した道を図面に明記している。

学習指導内容の効率性、通学路の的確性など、細やかな配慮と熱意が、「学制成立期の陝山学校」の学習成果を高めていたと考えられるのである。

三　国策の展開と小学校の推移

1　小学校の成立と学校資本金

寺子屋より脱し、北野村・上山口村・山口村などの地域を背景に陝山小学校が開校すると、寺子屋時代を継続して周辺地域より入学者が増加した。先に掲げた表13によっても明らかなように、陝山小学校への就学者が圧倒的に多い。北廣堂時代からの名声もあり、新発足の各地小学校がいまだ不充分な態勢だったので、向学心の強い生徒が陝山小学校へ寄留入学を続けたからである。現在その一部について「寄留確明署」によって、寄留先および

表13　明治８年　所沢市域の小学校内訳

学校名	地名	設立年	新築旧屋	公有借用	教員		生徒		授業料	扶助金配付額	
					男	女	男	女		円	銭厘
所沢	所沢村	明治6	寺院	借用	4	1	69	73	有	3	300
瑊井	上新井村	同	同	同	3		56	21	同	3	300
久米	久米村	同7	同	同	2		50	18	同	3	300
秋津	北秋津村	同8	新築		1		53	10	同	3	300
下新井	下新井村	同7	寺院	借用	1		35	24	同	3	300
安松	下安松村	同	廃寺	同	2		53	11	同	3	300
武蔵野	北岩岡村	同8	旧民家	同	1		29	11	同	3	300
荒幡	荒幡村	同7	寺院	同	2		44	6	同	3	300
陝山	北野村	同6	旧民家	同	5		155	53	同	3	300
三ケ島	三ケ島村	同	寺院	同	3		103	16	同	3	300
林	林村	同	同	同	1		28	4	同	3	300
富応	中富村	同6	同	同	2		52	8	同	3	300

(注)「文部省第三年報、明治８年　第２冊」による。(数値は熊谷県文書と若干異なる)。

生徒の関係などが判明する。出身地は入間郡・多摩郡・高麗郡などの近村が多い。大半が当時の交通事情等から通学困難だったため、知人あるいは縁者の由縁で寄留したようである（表14）。

熊谷県管轄　第三大区壱小区

入間郡久米村第四拾九番屋敷居住

農　肥田野勘左衛門　次女さき

本年十歳七月

明治八年四月十二日入校

一、出生　元治元子年十月廿七日

宿所、親族ニ付、北野村廿七番地大舘和三郎方ニ罷在候

などと記録されている。

生徒数の統計は陝山小学校の筆学生名簿、あるいは戸長役場資料、熊谷県資料、文部省年報ともに若干の相違がある。いずれにしても当時、生徒の入学は月ごとにおこなわれ、また同様に退学者が生じていたので正確は期しがたい。「学制」によって定められた学齢の範囲の、いわゆる小学生は開校以後数年間、二百名余

表14　陝山小学校寄留生徒の一部

村名	明治8年		明治9年		計
	男	女	男	女	
㊢中藤村	1				1
〃小川村	1				1
〃上清戸村	1				1
〃廻田新田	1				1
〃野中新田	1				1
〃下沼袋村	1				1
〃三ツ木村	2				2
〃殿ケ谷村	1			1	2
〃砂川村			1		1
㊮上保谷村	1				1
㊫仏子村	1				1
〃根岸村	1				1
新潟県	1			1	2
㊇久米村	4	1	4	1	10
〃三ケ島村	11		2	1	14
〃上赤坂村	1				1
〃館村	1				1
〃林村	1				1
〃北秋津村	1				1
〃川越町			1		1
〃荒幡村			1		1
〃入間川村			2		2
〃北岩岡村			3		3
〃宮寺村			1		1
〃所沢村			1		1
〃安松村			2		2
計	32	1	18	4	55

（注）「寄留確明署」による。

であった。そのほか、寺子屋及び家塾以来の泉山の弟子が若干存在したが、もちろんそれは公的機関が把握するところではなかった。

陝山小学校は発足時の生徒百名という予測を越えて倍増し、教員予定二名も、明治八年には五名を置かねばならなかった。したがって陝山小学校区の村々では、他の小学区よりも維持経営に少なからず尽力しなければならなかったのである。

表15　明治４年　北野村所有反別表（村内地のみ）

所有反別 町 反 畝	勝光寺旦那 (戸)	全徳寺旦那 (戸)	合　計	%
330	1		1	
270	1		1	
230	1		1	
220	1		1	
210	1		1	
200	1	1	2	
190		1	1	
170		1	1	25
160		3	3	
150	1		1	
140	1		1	
130		1	1	
120	1	1	2	
110		2	2	
100		1	1	
90	1	1	2	
80	1	2	3	
70	2	3	5	
60	3	4	7	
50	3	1	4	25
40	4	6	10	
30		4	4	
20	4	7	11	
10	5	12	17	50
1反以下	7	11	18	
0		2	2	
合　計	39	64	103	100

（注）明治４年北野村のうち名主二名管轄分のみ、近藤・小暮・鈴木家などを含まない。

発足時の小学校は、運営経費を確保するために種々の方法をとった。たとえば官費としての文部省扶助金を、村民に年利一割以上で貸付け、経費の一部にあてたり、有力農民に頼って寄付を仰いだり、住民への学資金賦課を、戸別割や反別割でおこない、授業料収入を補ったのである。

一例をあげれば、所沢市域の城小学校における「明治八年学校生徒出納表」をみることができる。この記録によれば毎月の生徒授業料収入では月額学校経費の三割にみたないため、城小学校区の城村・本郷村・亀ヶ谷村・坂の下村は、月々の不足金を、村民の所有反別割六分、戸数割四分で賦課徴収していた。明治になってからの数年間に、当時の言葉でいう「一般人民」は、戸籍の編成や地租改正・徴兵制の実施と、次々に負担を課せられ、加えて学資の負担に喘いだのである。

明治四年（一八七一）北野村の記録を分析すると、表15のごとく、村民百三戸（明治八年の全戸連印は二百三十名を数える）のうち、三反以下が五十%をしめ、四反から七反が二十五%、八反以上が三十五%である。村内戸数の半数以下の記録で、しかも村内に所有する反別に限定した数値であるが、全戸に敷衍しても同質の傾向を認めることができよう。小規模耕作の農民に対して、三反百姓という些か差別的な言辞があったが、事実、村内は半数が三反以下層で構成されていたのである。なお主穀生産以外にも収入の工夫はみられ、それらを江戸時代には農間余業などと呼んだ。村民は農間余業や諸職人としての収入を求めたが、明治四年、北野村全村に、紺屋職三戸、草葺屋根職十九戸、木挽職十二戸、茶製人三十五戸、大工職七戸等々があり、主穀生産を補っていた（表16）。明治四年には寺子屋師匠であり、農民澤田泉山も、茶製人のひとりである。

このような村落事情を背景とする陝山小学校の経営は、周辺諸村の学校と同様に困迫していた。

表16　第三大区二小区村々の諸職一覧　（明治４年）

	紺屋職	草葺屋根職	木挽職	茶製人	質屋	古着屋	計
北野村	3	19	12	35	3	1	73
山口町屋村	1			1	1	1	4
菩提樹村				4			4
新堀村	2		2	2			6
大鐘村	1		1				2
勝楽寺村	4	4	9	5			22
堀口村	3	9	11	1			24
川辺村	1		4				5
氷川村	1			1			2
打越村	1			1	1	1	4
山口堀之内村	1		2	1		1	5
荒幡村	3	5	3	7	1	4	33
岩崎村	3		1	6		2	12
北野新田	1			4	1		6
北田新田		1	1	3	2		7
岩岡新田		1	1	3			5
計	25	39	47	74	9	10	204

(注)「紺屋職名前取調書上」、「農間草葺屋根職名前書上」、「農間木挽」、「茶製人」、「質屋古着書上」などによる。

そこで第三大区二小区では陝山小学校の資本金を確立するために協議を続けた。北野村では明治八年八月二十五日に資本金貸付方法による資金づくりに着手する。「学校資本金貸付証書写、第三大区二小区入間郡北野村」という文書によれば、北野村の有志が陝山小学校永続資本金寄付として、次のような形式で各自出金額をきめ、この額を借用したものとして、自己所有の田畑山林などを担保に書き入れ、三十円につき二十五銭の利息金を、年間六月と十二月の二度に分けて出金していく方法をとったのである。

学校資本金借用証

一金三拾円也　但利金三拾円ニ付金弐拾五銭

此抵当一、畑七畝九歩　持主　氏名

書面之金円借用仕只今正ニ受取申候也、此金返済之義は来ル明治十一年十月廿五日皆済可仕、尤利金之義は毎年六月一日・十二月一日済方可仕、期月ニ至り返金出来兼候ハヽ前書之抵当元利ニ引足候丈ケ証人方江請取置候間、更ニ無差支調立急度消却可仕候也

明治八年八月廿五日

北野村金円借主　氏　名

証人　氏　名

戸長　澤田林平殿

前書之通相違無之仍而奥印致置候也

副戸長　大舘伊平次

学校資本金借用証書に名を連ねた農民名は総数二十六名（実数は二十三名）であり、二十円台が八名で最も多く、

三十円〜六十円台までが各々三名ずつ、その上は七十円台二名、八十円台一名、九十円台二名、百二十円が一名である（表17）。

したがって北野村における資本金貸付総額は千三百円であった。村では戸長澤田林平が、副区長岩岡民平にこれを次のように報告している。

一金千三百円也

右は学校保金トシテ村内一同ニテ寄付金備立、前書之通り貸付置候間、写ヲ以御届奉申上候、以上

第三大区二小区入間郡北野村

立会人（略）

戸長　澤田林平

副区長岩岡民平殿

学校永続のための資本金運用が整うと、北野村では同年九月二日、次のような議定証を全村民の署名連印で決定したのである。

一、今般一村ヨリ貸付書面之金円
学校為永続資本金寄付致候、依
而は身元ニ応シ預置元金三拾円ニ

表17　陝山小学校資本金貸付一覧（明治８年８月）

資本金借用額(円)	抵当反別 畝 歩	氏　名	備　考
20	畑 2.00	大舘与平次	30円に付利金25銭
20	畑 11.26	澤田八百蔵	以下同じ
21	畑 5.00	小達万五郎	
24	畑 11.24	大舘茂十郎	
25	畑 2.00	澤田友吉	
27	田 6.12	○大舘代次郎	
29	畑 4.14	大舘歳次郎	
29	畑 11.18	肥沼伊三郎	
30	畑 7.09	北田善平	
32	畑 4.00	○澤田重三郎	
38	田 5.15	大舘吉五郎	
41	畑 7.00	○大舘代次郎	
42	畑 14.03	大舘忠蔵	
46	畑 3.18	田中源次郎	
50	畑 5.00	澤田金五郎	
54	林 8.12	小暮兵七	
54	林 8.12	小暮安五郎	
60	畑 22.00	竹之内久蔵	
62	畑 5.00	○沢田重三郎	
62	畑 7.21	澤田半蔵	
72	畑 17.15	小暮幸次郎	
72	畑 17.15	細野忠八	
82	畑 6.00	○片居木平十郎	
92	畑 7.04	平田留五郎	
92	林 14.17	○片居木平十郎	
120	畑 16.00	大舘竹次郎	

（注）「学校資本金貸付証書写」による。
○印は二項目

付、利金弐拾五銭之割合ヲ以差加取立候事、但シ、三ヶ年目改預替候事
一、金円貸付方取立次第先般出金高ニ比較致預リ候事
但シ、預主ヨリ組合村役人加人加印之証書取置候事
一、資本金并ニ証書帳面共身元有之世話方壱名立、学校ニ関係之金円証書帳面其外一切預ケ置、毎月学校江出金之分、右世話方ヨリ戸長請取掛リ江差出候事
一、資本金預リ主ヨリ年限リ改替、亦年々四度之利済滞リ候ハヽ戸長・副戸長・立会人引受早速取立候事
一、資本金一村出金高取極之金円預ケ渡ニ相成、其余金者身元有之者江尚預ケ渡候事、尤身元ニ拘ラズ困民タリ共家作修復、其外無余儀筋者一般之通引当ヲ以可貸渡候事
一、利足取立之義者村役人世話方江立会壱ケ年四度ニ定、一・四・七・十月廿五日可差出、万一滞リ候ハ、当日加印人ヨリ弁金為致候事
但シ、利金差出兼候者村役人ヨリ身元有之者江預ケ替可為致候事
(以下四か条と二百三十人の連印省略)

陝山小学校資本金のために北野村で貸付金利息運用策をとったのは、当時、村民の民費負担も増加の一途を辿っていたためである。なかでも地租改正入費、いわゆる土地丈量、地引図などの作成費用が多額にのぼり、翌九年の民費も総計千五百七十円余にも達する有様であった(表18)。村民各戸に負担が重くのしかかっていたのである。

類似の方法をとった例は隣村の林学校がみられる。林村では明治七年の春から村民九十一戸が屋敷や畑を抵当に入れて資本金を作る形式をとり、年に一割の利子を寄付するという資本金形成のこころみである。

林学校資本金寄付金前書抵当として書面之金円正に預かり候処確実也、然る上は年一割之利子、月々三十一日限

り其校費として戸長役場江無相違相納可申候、万一滞候節は証人引受急度弁納可仕候、依之預り証書如件

明治七年四月　　　　　　　　　　　　預り主誰印

戸長役場中

陜山小学校区の旧氷川村でも、資本金を学校積立金と称して出金することに決定した。旧氷川村では「明治八年二月二十日、学校積立金控帳」という記録に、有志十名が、最高四円より五十銭までを分担し、三か年季で出金することとし、毎年六月・十二月に納入することを村内一同の連印で約定した。控帳の末尾には、

右は陜山小学校資本金、当亥年より来ル丑年迄三ケ年季、書面之金円年々六月・十二月両度ニ聊無違約、出金可致候、依之出金約定書差出申処如件

明治八年第七月二日

とみえる。二月二十日に出金の儀が論ぜられ、七月二日に旧氷川村有志十名は合計二十円を三年季で分納することが確定されたのである。

そのほか旧町屋村では明治九年二月二十一日の小学校寄付金収立帳によって、十名で六十円を出したことが窺知できる。最高の出金者は副区長岩岡民平で二十五円を、ついで粕谷久蔵が十円、その他八名で二十五円を負担したものである。以上のように明治八・九年の陜山小学校資本金形成策がとられたが、その全容は詳かでない。住民にとって小学校の維持と

表18　北野村民費一覧　（明治9年）

項目	金額 円 銭 厘
県庁屯所営繕費	12.995
道路修繕費	258.000
区扱所費	20.358
村中扱所費	41.392
正副戸長立合人給料	76.570
祭典幷遥拝式費	7.500
貢金取集より納済迄費	8.642
戸籍調費	1.305
徴兵下調費	77.2
学校費（中学校など県費負担）	28.194
消防費	2.000
臨時費	15.500
村番人給料	15.500
地租改正丈量費	1081.326
合計	1570.054

子供の就学は、両輪が火の車で消えぬ苦労の連続であった。

なお瑊井小学校は発足以来、上新井村普門院を教場として運営にあたり、明治八年には男子生徒五十六名、女子生徒二十一名と増加をみせ、教員も男子三名が指導にあたった。しかし普門院内の建造物借用も、学校規模の拡大に伴い、充分に授業の成果をあげえない状況となった。学区取締でもあった鹿島市郎は、これを打解するために上新井村戸長・副戸長と相はかって、村民の寄付をつのり、遂に明治九年新築校舎を完成し、瑊井小学校はここに移り授業が継続されたのである。瑊井小学校については学校資本金の形成過程等、不明である。

2　県教育制度の改正と陜山小学校

明治九年（一八六七）八月にいたり、熊谷県管轄武蔵国分の諸村は埼玉県に合併された。これを契機に現埼玉県下の教育諸制度が統一されてくる。旧来の熊谷県・埼玉県は制度上の相違もあり、また施策の執行は各区によっても、地域の特性に照らして各々実施されていた。したがって地域間の齟齬も、ままみられたのである。

合併後における埼玉県の初発的な教育行政としては、①明治十年四月七日の教育会議成議案。②同八月十三日の県令白根多助の学資改正告諭。③同九月二十日の埼玉県内学資方法成議などがみられたことである。

①は「該案ハ多議決議ノ侭ヲ印刷スルモノニシテ未タ実施スルモノニアラス」とされていたが、次の項目について教育会議が決議したものである。それは「生徒養成ノ法」「教育会議章程及ヒ規則」「貧民ノ子女ヲ就学セシムルノ法」「定期試験規則并賞与規則」「勧学掛ノ事」「教場指令規則」などであった。それぞれ詳細に具体的な指導事項を条文化している。

「生徒養成ノ法」第八条は「生徒の知識を開発するも徳性を養成せざるときは却て畢生を誤るに至るべし、教師の一言一行は生徒の模範たること勿論なれば端正自ら処し、勉強能く堪へ、自然其の徳化に薫陶せん事を望むべし」。また第九条では「教師恐嚇脅迫の処置あるときは卑屈の念を生じ、利を以て誘ふときは欲得の念を生じ、傲慢疎暴姑息等すべて其の師に似ざる者なし、故に教師たる者よくこれに注意して、必ず養成の法を愆らざるを要す」（原文は漢字片仮名交じり）と、教師の姿勢をただしている。

なお、②・③が就学態勢の確立に重要な学資問題を提起しているが、四月の教育会議では、前掲①に就学困難な家庭状況に対応する施策が論じられていた。

貧民ノ子女ヲ就学セシムルノ法

第一条 学区取締ノ学齢調査録ヲ編成スル学区ノ協議ニ委ネ貧民ノ子女ヲ二等ニ分ツ左ノ如シ。但区戸長及学区取締ノ保証ヲ以テ其の姓名上ニ事由ヲ略記ス

一等貧児ハ学資窮乏ノ為メニ学ニ就ク能ハサル者

二等貧児ハ年期奉公或ハ児護（子守奉公）ノ如キ者

第二条　一等貧児ハ受業料ヲ免シ校内ノ書器ヲ貸与シ時トシテハ相当ノ紙筆ヲモ与フヘシ

第三条　二等貧児ハ前条ニ準スト雖モ各小学校ニ於テ授業ハ二時間或ハ三時間読書算術及ヒ習字ノ三科ヲ授クヘシ

第四条　学齢中ノ子女ヲ雇ヒ入ル者ハ毎日二時間ツヽ学校ヘ出ス可キヲ承諾シ其事由ヲ速ニ戸長ヘ届ケ出可シ

その他貧民のために尋常小学と別に粗略な一校を設けたり、或は夜学の設置等も考慮すべきだとしている。発想に貧民差別観が色濃く認められるが、不就学児対策について具体的対応を決議したものであった。

このように埼玉・熊谷合併の新県下に教育の基盤づくりがはかられたのである。以上のように四月の教育会議は

学校の現場に密着した具体的条項を決議し、注目をあつめたのである。
また同年六月、県庁第五課を担当した川島楳坪は、就学の実を上げるためには学資改正が火急の問題であると、県令白根多助に「請改正学資金議」という建議をおこなったのである。県令はこれに応じて、学資改正掛を任命し、改正原案に着手して同年八月、「学資改正告諭」を県内に提示した。この印刷文は区長・副区長から管下の戸長等にも示され、広く県内の意見を徴したという。白根県令は両県合併前の異同を整えて、あらたに「埼玉県内学資方法成議」と「埼玉県内学資出納方法」を布達した。
この結果、中学や師範学校、あるいは教員養成のために各中学区に設けた「講習所」などの経費、および学区取締の給料などを学費金と称し、①人口一人あたり三銭とする、②小学校々費は各学区とも人口一人あたり十七銭と定め、この収支方法については学区の協議に任すことにした。学資方法成議の緒言には
夫レ学資アリテ、学校立チ、学校立チテ、人智開ケテ、而シテ後ニ百般ノ事業興ルヘシ、然ラハ則国家ノ急要ハ、教育ヨリ先キナルハ無クシテ、教育ヲ普及セシムルハ、尤学資ノ充実ニ在リ、蓋シ学資ノ物タルヤ、其子女ヲシテ、知識ヲ開発シ、徳義ヲ養成シ、以テ富栄利達ノ地ヲ得セシムヘキモノニシテ、世ノ父兄タルモノ、各宜ク其ノ分ニ応シ、コレカ支出ノ責任ヲ負担シ、鞠育ノ本分ヲ尽スヘキハ復論ヲ俟タサルナリ、然リト雖、学資ノ方法、其ノ宜キヲ得サレハ、独リ学事振興セサルノミナラス、或ハ其ノ退歩ノ懼レ無キコト能ハス、因リテ今各区ノ民情慣例ヲ斟酌商量シ、学資ノ基礎ヲ固クシ、教育ノ淵源ヲ深クシ、終ニ家ニ不文ノ子弟無ク、戸ニ無学の児女無ク、管内ノ同胞、益々開明ノ線路ニ進ミ、永ク無疆ノ福祉ヲ享有セン事ヲ庶幾ヒ、茲ニ各区ノ公選議員会同審議シ、学資方法及出納方法ヲ決定スルコト、左ノ如シ
と、新県政の出発にあたって学校問題、とくに学資負担の原則について、受益者負担を明確に打ち出したのであ

る。そして子弟が「富栄利達」できるのは教育あってのことであり、世の父兄たるものは、その分限に応じて学資支出の責任を負わねばならないと告諭した。

明治八年八月より陜山小学校資本金確立のために貸付利息運用策をとっていた北野村では、九月の教育会議で確定された学資金制度、すなわち資本金蓄積策が決定されると、同十年十一月、県令白根多助に対し学校資本金の運用の変化を次のように報告している（学校資本金の成果は七二―七三頁参照）。

第三大区弐小区　入間郡　北野村

一、金九百八拾円［印］　村内共有集金

一、金八拾円　積立金主
澤田　八百蔵［印］

一、金五拾円　同
川村　藤吉　［印］

合計金千百拾円

右は陜山小学校資本トシテ前書金額積立元金ハ出金人手許江預ケ置、毎月壱割之利子ヲ出シ校費ニ充テ、五ケ年目毎ニ協議之上、身元之興廃ヲ監察シ甲ノ変タルハ乙盛ナルモノ之ヲ荷ヒ、又ハ一般之金額ニ割合前書金額減セス、仮令五ケ年内ト雖モ若シ非常之災難ニ逢、身代限り等之衰微ニ陥ル者有之候共前書手続ヲ以、永ク校費ヲ維持仕度、区内会同協議相決候ニ付此段御聞済被成下度、連印ヲ以上申仕候、以上

明治十年十一月　第三大区弐小区

陜山小学校々務掛　大舘　歳次郎［印］

立会人　岩田　奥十郎［印］
副戸長　鈴木　藤五郎［印］
戸長　澤田　林平［印］

埼玉県令　白根多助殿

大鐘村（大鐘組）でも陝山小学校の資本金確立方針に沿い、埼玉県合併後、若干の変更をへて明治十一年一月より、学校資本金借用形式で収取することにした。この利子は一か月金一円九十四銭二厘六毛であったが、大鐘組としては、家割・反別割・人口割の三区分を立て、三項目の比率を家割・反別割は各々三分五厘、人口割を三分とした。即ち前二項で七十％、人口割を三十％に計算して、各戸から徴収したのである。この事情は僅かに「明治十一寅一月より始メ、学校資本金利分取立帳、大鐘組」という文書から窺知することができる。

陝山小学校の属した第三大区二小区の村々では、以上のような学資金蓄積のこころみを続け、それは埼玉県合併後の制度化で一層前進したのである。しかしこの運動は村内有志に頼る学校維持対策であって、不就学者の解決までには至らなかった。多くの小学校は寺院や民間施設を借用して開校しているのにもかかわらず、予想できぬほどの経費が必要であった。したがって種々の寄付的性質の資金を集めても、育英的な就学費に充当することはできなかったのである。

明治十一年の調査結果をみても不就学者は一向に減少しなかった。表19のように陝山

表19　陝山小学校区学齢児童の就学状況　（明治11年3月）

村名	学齢期人口			学齢期就学者			学齢期不就学者			不就学率(%)
	男	女	計	男	女	計	男	女	計	
山口村	78	103	181	51	29	80	27	74	101	56
北野村	113	109	222	58	29	87	55	80	135	61
上山口村	61	65	126	30	13	43	31	52	83	66
合計	252	277	529	139	71	210	113	206	319	60
北野寄留者	49	9	58	49	9	58				

（注）陝山小学校々務掛大舘歳次郎報告「埼玉県下陝山小学校聯区学齢人員表1･2」による。

小学校区全体で学齢者が五百二十九名いたが、就学者は二百十名、不就学者が三百十九名である。実に六十％の児童が小学校に通学できなかったのである。就学問題が村々でいまだ解決の域に達していなかったこの当時、地域住民は別の意味で公的負担の重さに衝撃をうけた。それは西南戦争への従軍である。国民皆兵策により徴兵年齢者の名簿が戸長役場で作成され、該当者は熊谷や川越の検査場に出頭させられ、その揚句戦場に引き出された勝楽寺村の兵士のように、戦病死、あるいは肥後田原坂の激戦で戦死するなど、思いもよらなかったことが身近に起きたのである。人々は人身で果す義務の重さを肌で感じたが、戦争によって国家財政が危機に頻し、結局教育費にしわよせが重くのしかかってくることなど、知ることは少なかったのである。

地方の一小学校をとりまく問題を断片的にとりあげてみても、さきに紹介したような矛盾が山積していた。政府も西欧先進国を理想とする急激な教育推進対策は、貧困な国力からみても不可能であると判断し、学制の基本策を転換しはじめていた。

3　教育令の布告

明治十一年（一八六六）七月の三新法（郡区町村編制法・地方税規則・府県会規則）にもとづく地方制度の改革は、教育政策の改編にはずみをつけ、結局同十二年九月、学区制は廃止されて教育令が布告されることになった。教育令は米国の地方分権的教育制度を参考にしたものといわれ、学区制期にみられた画一主義は、大幅に変動するかにみえた。

教育令によれば学区制は全廃し、町村に公立小学校を設置する。学区取締りも廃し、選挙でえらぶ学務委員に町村の学事を管轄させる。すなわち地方教育の充実のためにおかれた学制下の校務掛が、三新法制度により廃止されていたので、教育令で学務委員として復活させたのである。また生徒の義務教育八か年制をやめ、学齢期八か年間のうち最低十六か月を就学義務とし、教育の強制をゆるめた。その他就学内容も別途方法でみとめ、あるいは財力の乏しい地域には学校を設けず巡回教員で、これにあたる等々をさだめた。

この教育令は各地における勉学の気運を著しく停滞させたため、明治十三年十二月二十八日に改正教育令をだした。それによれば町村は独立または連合して小学校を設置しなければならない。学務委員に戸長を加え、推薦選挙でえらばれた中から県令が選任する。就学年限を三か年とし義務を強化するなどを定めている。また教科書については「修身」を重視し、民権主義の内容や翻訳の修身を禁止し、国策を重視した。その後、教科書は明治十四年に定められた開申制度が、同十六年には認可制度へとすすみ、結局、明治十九年の改革を機に、検定制度が確立し、教科書統制が強化されたのである。このような教育政策の動揺はその根底に、急速には近代的諸政策遂行を荷うことが不可能な現実が存在したことを示していた。村々は封建時代と何一つ変らない土地所有関係のもとにあり、人々には負担の増加のみが認識されていた。

しかも地方税規則が明治十一年に公布され、埼玉県では同十三年より実施されると、地方行政・地方財政が大きく変わり、教育費は文部省補助金・地方税・町村協議費・授業料収入などでまかなうことになった。しかしこのうち文部省補助金は僅かであり、同十四年以後は打切りとなったのである。僅かとはいえ補助金打切りは住民感情に前向きな施策とは映らなかったのである。

明治初年度以来の急激な政策、しかも政府のいう「一般人民」には資力の醸成も捗捗しくなく、加えて明治十四年以後は、大蔵卿松方正義の緊縮財政策が、不況の農村に壊滅的な打撃を与えた。各地で民権運動が拡大し、蜂起が続くのもそれ以後のことである。

明治十八年八月、教育令は再び改正され、学務委員を廃止し自治体の長に職務を代わらせるほか、地域によっては小学校のほかに簡素な小学教場を設け、半日授業や夜間授業の実施等で普通教育をおこなわせるなど、財政難を教育費節減で切りぬけようとしたのである。再三にわたる教育政策の変更により、各地では小学校教育が動揺し、就学・勧学問題にも翳りが生じてきたのであった。

財政上の危機が深化する一方では「一般人民」の批判精神がたかまり、開化進取の理想を、日常的に実現しうる社会を求めはじめていた。その一方の極に民権運動があったわけで、明治十六年一月二十一日、埼玉県入間・高麗郡長鈴木敏行は、陝山小学校長の澤田新五郎に対し、学校使用の政談演説、その他の利用について厳重な取締りを求めている。長文ではあるが紹介しておこう。

一、従来学校ヲ仮用シ諸般ノ集会ヲ挙行スル向モ有之候処、右ハ政談演説若シクハ政治ニ関スル結社ノ集会又ハ芝居寄席等ニ充用セシムヘカラサルハ勿論、其他言論ノ猥藝詭激ニ渉ルモノ、又ハ何等ノ名義ヲ以テスト雖トモ、教育上不都合ヲ生スルノ恐レアルモノハ、総テ其充用ヲ禁スベシ。

一、学校生徒ニシテ妄ニ学術演説ヲ為スハ、教育上不都合ノ義ニ付相成ラス、且ツ特ニ許可ヲ得タル時ノ外、該会ニ臨ミ聴聞スルカ如キモ同様相成ラサルヘシ、尤モ公衆ヲ聚メス政談ニ紛ハシキ義ヲモ無之シテ自ラ演説ヲ為シ、又ハ臨席聴聞スルハ時宜ニ依リ特ニ被差許候義ハ、或ハ之レアルベシ。

一、学校生徒ニシテ政治ニ関スル事項ヲ講談論議スル集会ニ臨会シ、又ハ其社ニ加入スル件ハ、既ニ公布ヲ以テ禁止相成居候処、近来生徒中往々心得違ノ輩アリ、窃ニ臨会等ヲ為ス哉ニ相聞ヘ不都合ノ至リニ候條、学校長教員等ニ於テ平常注意ヲ加ヘ厳重取締ヲ為シ、右等ノ儀無之様厚ク訓戒致スヘシ。

一、学務委員ニ於テモ其職務ニ係ル外、政談講学ヲ目的トシ、公衆ヲ聚メ政談演説ノ席ヲ開ク等ハ相成ラス、且ツ他人ノ開設スル右等ノ会席ニ臨ミ、傍聴スル儀ヲモ遠慮スヘシ。

一、学校授業生助手等ノ行為ハ、生徒教養上ニ影響スル不少義ニ付、公立学校ニ於テ右等教授ニ従事スルモノハ、総テ教員ニ準シ不都合無之様取締致スヘシ。

右のような郡長の訓示は郡内各校にも届けられたもようであるが、地域によっては校舎使用の政談集会がおこなわれたり、生徒が集会に参加していた事実があってのことであろう。しかも「学校生徒にしてみだりに学術演説をなすは教育上、不都合の儀」であると禁止している。

この地方ではすでに前年の一月、目的としては事業の振興としながら結社がくわだてられ、山口村の岩岡美作・中村静江を中心として睦交社が成立した。構成員に北廣堂・陜山小学校の卒業生も参加したのである。

同年十月十五日には所沢町で朝野社に属する堀口昇ほかの政談演説があり、以後たびたび開催されていた。かかる民権運動興隆期の風潮が、生徒の意識に変化をもたらしつつあったとみることができよう。

教育令期の陜山小学校は、一部県下の小学校にみられたような停滞は生じず、ほぼ安定した教育活動がすすめられていた。伝統がきずかれて学習の質は保たれ、周辺村からの入学希望者も続いていた。卒業生の活躍が各分野にわたり、周知されたからである。

4　陜山小学校と澤田泉山

陜山小学校が属した熊谷県は、明治九年（一八七六）埼玉県と合併し、ついで同十一年、三新法により区制廃止などの行政的改編に動揺したが、さきに述べたごとく地域住民の熱意によって、陜山小学校は衰微することなく維持されていた。しかし、教育上の問題では様々な変動に遭遇することになった。前掲の再三にわたる教育令問題や、明治十七年連合戸長役場制度の開始、さらに同十八年の学区改定などである。そして翌十九年の小学校令によって、大規模な小学校の再編成期をむかえることになる。

陜山小学校におけるこの期の教育は、泉山の長男澤田友吉が師範学校の課程を卒えて、陜山小学校にむかえられている。彼は新しい学習指導の導入などを試み、成果をあげた。

明治十一年の春、友吉は卒業を前に、着任の相談を泉山との書状でおこない、一方、郷土の北野村では同年の六月一日、陜山小学校校務掛大舘歳次郎が、学区取締鹿島市郎を介して県令白根多助宛に、澤田友吉の訓導派出願を提出している。文中に陜山小学校は教員不足となり、授業に支障を生じたため生徒の進歩が遅れる心配があるので、師範学校卒業予定の澤田友吉の着任を是非とも許可願いたい、と訴えたのである。

埼玉県ではこれを了承し、同六月七日付で、師範学科卒業生澤田友吉を陜山小学校四級訓導補に嘱任した。友吉は同十四年一月、五等訓導に、翌十五年には上等月給を支給されることになった。陜山小学校における泉山・友吉親子の指導は、県官のみとめるところで、十四年には友吉が、十五年・十六年と連続して泉山が賞賜金に浴したのである。

たしかに県下の試験一覧表でも、明治十八年などは初等・中等を通して落第者が僅少であった。現所沢市域内外で町場をもつ所沢より、生徒総数は若干少ないが、落第者は所沢に比較して、まことに少数である。永年にわたる優れた教授法のたまものであった（表20・21）。

同様に規模は小さいが璵井小学校も、地域の上新井村の後援をえて、明治九年普門院近くに設けた教場において授業をすすめていた。明治十八年には七十一名の生徒を数えることができる。なお上新井村では鎮守の六所神社が老朽化したので、氏子一同、村をあげての醵金で、同十五年、明治期の神社建築として注目に値する、工匠美を持っ

表20 埼玉県入間高麗郡明治15年秋期試験一覧表

等級			陝山	所沢	郡全体
初等科	第六級	優	33	33	849
		及	20	7	335
		落			4
	第五級	優	21	20	516
		及	10	10	332
		落			4
	第四級	優	5	18	111
		及	18	18	744
		落			12
	第三級	優	10	18	369
		及	9	18	541
		落			26
	第二級	優	18	15	252
		及	5	21	499
		落			18
	第一級	優		1	42
		及	17	26	582
		落			10
中等科	第六級	優			28
		及	12	7	423
		落			5
	第五級	優			26
		及	9		377
		落			5
	第四級	優			2
		及	9	15	165
		落			
	第三級	優			22
		及	2	16	230
		落			
	第二級	優			5
		及			104
		落			
	第一級	優			21
		及	4	17	90
		落			

表21 埼玉県入間高麗郡明治18年春期試験一覧表

等級			上富	城	本郷	竹間沢	安松	秋津	久米	所澤	富應	明倫	武藏野	堿井	荒幡	勝楽	陝山	三ケ島	林
			入間郡																
初等科	第六級	優	1							4	2						3	2	
		及	9		5			4	4	20	9	2	9	5	2		25	2	3
		落								2				3					1
	第五級	優			1					3									
		及		3	8	8	9		6	42	11	4	14	7		1	14	17	
		落		2		8			1	1				2	3			3	
	第四級	優	1																
		及	18			6	5	2	2	17	5		10	6			16	9	
		落				1		2		5	2	3		3			3	7	
	第三級	優															1		
		及		2	10	6	7		2	19	5		8	2	5	2	18	17	3
		落				7			2	3	4	1		8	1	1	6	1	1
	第二級	優	2																
		及	21	7		3	8		2	25	6	1	9	2	6		28	2	
		落	3	4		1				6	2	5		1	1			2	
	第一級	優																	
		及		8		1	6		2	15			10	2	3		21		
		落		8		8				6		2		4				8	2
中等科	第六級	優																8	1
		及	13						5	11	11		8			1	13		
		落	8	2						10	3	3					4	4	1
	第五級	優																1	1
		及		1	6	9		3	1	5		3	3	11	2		9		
		落		4				3	2	4				3			1	8	
	第四級	優																	
		及	13	7		3	6		1	20	2	1	1	7	1	1	9		
		落	4	3		3			6	8	4	1		2	1			2	
	第三級	優																	2
		及		2	5		5		3	10	2				1		9	4	
		落							3	2									1
	第二級	優																	
		及	6	2						7	3			2			5	3	
		落												1			1		
	第一級	優																	
		及					3			4			4			4	9	1	1
		落																	

た社を再建した。短期間のうちに上新井村では城井小学校々舎建築と六所神社再建を果たしたのである。

さて陝山小学校では不就学児童に少しでも勉学の機会を与えようとつとめ、教授認可の願を出したことも知られている。

当時人民困難之場合ニシテ、町村立小学校ニ入学ナサセシムルノ資ナキカ故ニ、児童ノ父兄ハ拠無ク、勅令第十四号第十五条ニ依リ、就学猶予差出セシナリ、仍テ其猶予済ニ相成タル児童ニ救助ノ為メ、文部省令第十一号第三条及教育令第十四条ニ依リ、別紙之通リ教授仕度候間何卒御認可被成下度候也、と。

貧窮のために就学猶予を願出なければならず、同年輩の児童の学ぶ姿を淋しく眺め、子守りや家業に従事する、不就学児童を救済するためであった。教育令第十四条で児童は学齢期間に少なくとも十六か月の普通教育を受けさせる、という最低限度の規定があるので、その機会をつくろうとする陝山小学校の努力であった。

不就学児童に対する特別授業の科目は、読書・算術・作文・習字で陝山小学校では毎日の授業を三時間とし、読書三十分、算術と珠算一時間、作文四十分、習字五十分という時間割を設け、「読み書きそろばん」だけは会得させて、社会生活にこと欠かぬ知識をつけさせようと企画したのであった。

算術は教科書のほか寺子屋時代と同じく、日常生活に実用的な問題も学んでいた。明治十五年の「算術控」に相場割の学習を記している。これによれば、題材は「そば・さつま・〆粕・酒粕・小麦・米・地糠・尾張糠・油粕・水油・菜種・醤油・綿・青梅炭・硝石・藍玉・砂糖・手拭・郡内・西洋布・赤地綿・和糸・上幅・太織糸・上酒・下酒・松杉・利金・銀・粉名」などに及ぶ計算方法である。

陝山小学校における学校経営の維持と、学習指導の確立は安定的にみえた。しかし、学区改正と連合戸長役場制度の実施は、少なからず問題を投げかけることになった。教育令にもとづく学区改正は、明治十四年に県令白根多助が郡長に命じて検討させた「小学校を設置すべき独立町村若くは連合町村を以て学区とす」という前提条項により、入間郡は二十五学区、同十八年には三十八学区と変動した。これは連合戸長役場区域をもって、ほぼ学区としたからである。したがって陝山小学校学区の中心であった北野村が、三ヶ島連合戸長役場と合するにおよんで、北野村では明治十八年には学校費も陝山小学校と三ヶ島小学校に精算しなければならなくなったのである。

次にこの時点における陝山小学校の経営に言及しておこう。

陝山小学校の経営は、たびたびの教育制度や地方行財政の変化にもかかわらず維持されたが、その根底に、数年来苦闘のうえ築いていきた学校資本金制度の運営があった。たとえば上山口村から陝山小学校に納めた明治十二年八月より同十八年十二月までの、月ごとの学費受取りを「陝山学校費受取帳」によって検討すると、

記

［印］金拾壱円五十壱銭壱りん

右は学校資本利子、月謝共正ニ請取候也

十八年九月　陝山小学校　会計掛［校印］

右のごとく、教育令期を通じて資本金制度の運用がみとめられる。上山口村から陝山小学校への納入は月々、十円数十銭前後、一か年合計百三十二円ほどであった。陝山小学校区の他の村々の場合も前述の資本金運用を、教育令期間に継続していたと考えられるのである。

なおさきにふれた通り、地方税規則の公布（明治十一年、埼玉県では同十三年より実施）による地方税からの補助金などを加え、陝山小学校経費のうち北野村分担についてみると、明治十六年四月から十二月までを例にあげれば、授業料合計七十九円六銭二厘五毛、地方税補助金が四十九円八十二銭一厘、学校資本金利子が実に百三十二円

八十銭八厘もあり、合計収入は二百六十一円六十九銭一厘五毛であった。しかもこの期に支出は二百十九円七十銭五厘であるから、差引残金が四十一円九十八銭六厘五毛となった。小学校発足時より、北野村で苦闘のすえ誕生した学校資本金の実が、この期にいたり開花したことを示している。

右の例は陝山小学校運営における一村分の収支である。さらに全三か村について検討しよう。

明治十八年についてみると、同年の前半期は陝山学校連合三か村の月別収入をもとに運営され、北野・山口・上山口三か村では、さきに紹介したとおり、各村ごとにまとめて、陝山小学校会計掛に届けていた。陝山小学校はこれら三か村分の授業料収入、学校資本金利子、地方税補助金を合わせて、月平均五十円余の予算で運営されたのである。支出は校長澤田新五郎が十円の給料、以下職員や学習関係者給料、校舎借用代、筆墨代、薪代などの支出があった。なお補助金算出は北野村千六百十一名、山口村千二百二十一名、上山口村八百四十三名、合計三千六百七十五名を基礎におこなわれていた。

次の表22は同年の「学校収入支出簿」を整理したものである

表22　明治18年陝山学校収入（月別）－４月以降省略－　単位：円

月別	保管金	北野村月謝等	山口村月謝等	上山口村月謝等	入塾生月謝	小学補助金1期分	合　計
1月	6	21.479	16.278	11.238	4.125	30	59.720
2月		15.137	7.987	5.512	4.462		59.500
3月		9.091	6.889	4.766			57.000

明治18年陝山学校支出（月別）　単位：円

月別	校長給料	沢田仙太郎	大舘忠次郎他	その他３名計	筆墨紙	家賃(校舎借)	薪炭その他	合　計
1月	10.00	8.00	3.50×5名	16.50	1.50	2.00	4.15	59.720
2月	10.00	8.00	3.50×5名	16.50	1.50	2.00	3.00	58.500
3月	10.00	3.00	3.50×6名	13.50	1.50	2.00	3.00	57.000

明治18年陝山学校収支決算（但し５月以降は予定額）　単位：円

	1月	2月	3月	4月	5月	6月	7月	8月	9月	10月	11月	12月
収　入	59.72	58.50	57.00	68.94	63.63	52.50	52.50	52.50	52.50	90.28	75.327	47.715
支　出	59.72	58.50	57.00	69.25	63.63	52.50	52.50	52.50	52.50	90.28	62.483	47.715

「学校収入支出簿、陝山学校聯合」（明治18年）による。

が、収支の具体的記入は四月の一部で止み、以後は収支の案となっている。理由は不明だが明治十八年四月より、三ヶ島連合戸長傘下の北野村係員が会計方を担当したのかもしれない。

その後明治十八年七月より同十九年九月までの、北野村の学校資本金利子及び授業料収入は、合計二百五十二円五十六銭五厘二毛であった。北野村ではこれを七月以降、毎月、陝山学校と三ヶ島学校に支払い、合計金額は二百三十七円二十二銭三厘となり、差引き十五円三十銭二厘二毛が残された（表23）。

教育令の改正により埼玉県下でも、「明治十八年度県甲第六十八号、六十九号」の指令によって従来の学区学校を廃し、更に一聯合を一学区と定め、これに小学校一校を設立するようにと令達した。そこで三ヶ島聯合村会でも、小学校設立方法や経費予算など戸長の提案によって審議したが、聯合村単位であらたに小学校を設立することが困難であるとの結論になった。それは経費徴収の面で至難のわざであるとの意見が大勢をしめたのである。そこで別方法を策定し、具申したのである。それは次のような前文を付したものであった。具体的な計画については肝心な別冊が残されていないので、いわゆる三ヶ島小学校を本校とし、北野分教室や林仮分教室・糀谷仮分教室などを併置するという計画については知ることはできない。聯合村小学校の設立や分校の併置など困難であり、なお当時の就学事情の惨澹たる状況が縷々述べられているので、長文ではあるが紹介しておこう。

表23　北野村学校収支精算書の一部（明治18年7月～12月）　単位：円

年月	収入額			支払額
	学校資本金利子	授業料	合　計	峡山・三ケ島学校精算
明治18年7月	11.0861	7.56	18.6461	21.9960
8月	11.0861	7.56	18.6461	21.9960
9月	11.0861	7.62	18.7061	21.9520
10月	11.0861	7.68	18.7661	
11月	11.0861	7.62	18.7061	10.6100
12月	11.0861	7.50	18.5861	14.1190
同19月1月～9月	（省略）	（省略）	252.5652	237.2230

（略）皆断言ニシテ減額ヲ主張セルニ当リ議長ニ於テモ、或ハ奮励或ハ怒リ説諭シ、或ハ道理ヲ以弁明セラレタリ、然リト雖之レヲ道（消）義（消）感シ道理ニ迫リ可決スルニモセヨ、其名有テ其実ナキハ我々議員ノ素ヨリ欲セサル所ニシテ互ニ其得失ヲ論シ、終ニ原案ニ服スル不能、別冊之通決議致シタリ、依テ土地ノ情況ト従前ノ履行ト将来ノ目的ヲ左ニ具申仕候、抑当聯合内則チ廿番学区ハ本郡南隔ニ位シテ地名狭山ト呼、又俗ニ山口ノ谷ト唱ヒ、神奈川県北多摩郡ニ界シ、郡内最モ山間僻地ニシテ東西二里、南北二十余町、四面ニ狭山ノ連峯ヲ覆ヒ不良ノ山林過半ヲ占メ、耕地狭ク地味質悪ニシテ耕耘ニ便ナラス、或ハ五日ノ照晴ニ苦シミ、或ハ一日ノ降雨ニ歎シ、故ニ農ニシテ農ニ生活ヲ得ル不能、然ラハ之レニ換ルニ商ト言ヒ産ト言ヒ、生活ノ業有ル可キ土地ニ融通ヲ与フ程ノ商人モ無ク、桑、茶、養蚕ノ有益ノ産ハ至テ微々トシテ、唯僅カニ木綿織物産シテ、且職工雇賃金ヲ以テ漸ク日々ノ生活ヲ送ル如キニシテ、之レヲ証シ従来ノ学業ヲ履行ヲ伺フニ、去ル明治十五年始テ学区ヲ設ケ専任学務委員ヲ置キ戸長ヲシテ加員セシメ、大ヒニ学事隆盛ヲ議ラレ督責シテ一旦学ニ就カシムト雖モ、就学僅カニシテ、或ハ病気ト言ヒ、或ハ言テ止カタキ事情ヲ言立、退学ヲハカル者、或ハ又之レヲ許サ、サレハ或ハ又御趣意ヲ意得ニシテ就学スル者、初等科ヲ卒業スルガ否ヤ退学スル者多ク、偶中等科卒業スルモノアルモ、生徒百名ニテ五・六名ニ止ル、之レニ随テ高等ニ上ルモノ実ニ少ク、旧陝山学校ノ備表ヲ閲ルニ明治十二・三年以降、生徒ハ四百名ニ降ラスト雖モ、高等ノ生徒ハ僅ニ十四・五人乃至二十ニ止ル、殊更ニ明治十五・六年中ハ上地産業織物盛ニシテ、此間金銭融通善ク、授業モ三四銭ヲ超過セスシテ就学奨励ニテスラ如斯ノ場合ニナリ、之レ実ニ学内ニ中人以上ノモノ少ク、大概一日ノ稼業ヲセハ一日ノ不立ヲ生スル如キノ下等小民、十中七・八ニ居レハナリ、又之レヲ見テ将来ヲ知先ニ連ル如ク耕地ノ至テ少ナク、其土地ノ如キハ旧来ヨリ他ニ所有セラルル地多ク、凡当学区外ニシテ地租ヲ納ムモノ弐百人内外トス、之レニ加フルニ曩年来織物并ニ商法資本トシテ他ヨリ借入タル督債相嵩ミ、追々耕地ニ他ニ所有権ヲ移スルモノ日々相増、此分ニシテ一両年経ハ、何ヲ以生活ヲ得ン、然ルニ今学校設置ニ至リテ、戸別割ヲ以テシ授業料ヲ増ハ、既ニ就学ノモノト雖モ退学ヲ願出、又就学スルモノノミ多ク出席スルモノ少ク、自然生徒ノ減少スル事ヲ恐ル、且生徒減少セハ授業料モ随テ減シ、之レ則教員給料其他支払ヒ困苦スル事目前ニシテ、終ニ土地ノ教育衰頽スルカモ難計、然ルニ却テ教育令厚キ御趣意ニ相悖リ候様ニ至リ候テハ、恐縮ノ至リニ奉存候、右ハ実際不得止事情ニ御座候間御洞察之上、別冊設立願ノ通リ御指令被成下度、議員一同連署ヲ以テ奉懇願候、頓首再拝

また三ヶ島連合戸長傘下に編成された関係から、三ヶ島小学校の北野分教室も必要となった。陝山小学校が下北野分に存在したので、分教室は上北野分の人々が中心となって資金を集め、新築する計画がたかまった。

結局六十五円八十銭を大舘与八が、二十六円六十九銭九厘を小暮長吉が、八円を大舘勝五郎、二円五十銭を北田佐吉が各々納入し、他に若干の収入を加えて合計百十五円二十九銭九厘を準備した。明治二十一年十月十日付の「分教室新築収入支出精算書」によれば、新築といっても家屋を買い受け、教室に不要な建具等は売却し、各種の造作を加えて完成させたものであった。費用は百三十一円三十銭二厘を要し、十六円余の赤字となった。

小規模なこの分教室は、北野村字吉野に設けられたという。名称を菅原学校といい、明治十九年二月十七日に発足したと伝えられている。また三ヶ島小学校沿革誌では、三ヶ島連合戸長のもとに北野村が編成がえになった、同十七年四月一日に発足と記されているが、前述のとおり陝山小学校予算が同十八年四月まで従来どおり運用され、

表24　三ケ島小学校生徒内訳　(明治20年4月)

		1年級	2年級	3年級	4年級	補習科	合　計
本　校	男	34	19	35	55	51	184
	女	11	14	12	14	7	58
	計	45	33	47	69	58	242
分教室	男	25	30	20			75
	女	10	22	9			41
	計	35	52	29			116

(注) 分教場は北野村

七月から陜山・三ヶ島両小学校に対して北野村からの予算支払いがなされているので、同十八年四月以降、分教室に生徒をむかえたのであろう。分教室では次表のように、明治二十年四月現在、三年生を筆頭に男女合計百十六名が在籍したのである（表24）。

ここに至り、近郷屈指の伝統校「陜山学校」（陜山小学校）は、新入生の分散化のことも加えて、開校以来の難問に直面したのである。卒業生の山口村清水福太郎は、このとき恩師泉山の心中を慮って「陳者今般学校位置大変革ニ付貴校ノ存置モ計リ難キノ由」と心配し「此ノ変革アルハ実ニ生徒ノ不幸ニシテ亦父兄ノ痛嘆無極」となげき、恩師泉山の安否を気遣ったのである。斯様な地方制度上の改編に続いて、明治十九年の小学校令発布は、泉山が陜山小学校を退き、さらにあらたな教育を模索する契機となったのである。

付　泉山澤田翁碑建立事情

陜山小学校は、さきにもふれたが公立学校でありながら、教育指導の現実は、私学校的要素を多分にもっていた。そこに「陜山学校」の特質があり、遠方からも多数の生徒をむかえることができたのである。

北廣堂以来の泉山の子弟は、明治十五年より師のために建碑を企画した。長きにわたった師恩に報いるためである。この動向は「北廣堂碑付金名簿」に概ねその規模を示している。まず明治十五年十一月、発起人を代表して鈴木藤五郎・澤田友吉が趣意書をつけて、北廣堂及び陜山小学校に学んだ人たちの出身地域から幹事をえらび、碑建立のために寄付金を集めはじめたのである。醵金したものは卒業生から在校生まで数百名にのぼる。

「頃為報　師恩之万一欲設立碑石竊語其宿志於莫逆数輩矣、幸伝聞焉欲報其恩沢者亦多矣（略）」。

「この頃師恩の万一を報ぜんが為に碑石を設立せんと欲し、ひそかに其の宿志を莫逆の数輩に語りたり、幸にもこれを伝え聞き、其の恩沢を報ぜんと欲する者も亦多かりし（略）」と。

醵金の内容をみると発起人代表が各十円、村々の幹事が数円であった。一般の卒業生・在校生は一円前後が多い。高額醵金者として東京本郷元町の保科宗兵衛と上安松村安田定吉が連名で出した五十円が注目される。保科は後述のように東京で碑の撰文・揮毫の世話をしている。

泉山澤田翁の碑（原文は漢文）

翁の名は正勝新五郎と称す、本姓は本橋氏、父は吉右衛門という、文政六年武蔵国入間郡北入曽村に生る、幼にして聡頴、挙動常児ニ異リ好て書冊を弄び玩具を喜ばず、十歳釈亮賢に就き書を学び能く師法を得たり、屢々人嘱に応じ書を作る、稍々長じて豪邁、群らず酒を飲み絃を弾じ馬を馳せ剣を試み棋を囲み力を角るゝ、是を以て頗る歳月を靡《ついや》す、年十九翻然悔悟し一切禁絶して力を読書に専にし、厳冬火に近づかず、夜は横臥せず、几に凭《もたれ》て而して睡る一時に過ぎず、昼は田に耕し間有れば則ち隴上に書を読む、二十一書数を以て郷の子弟に教授す、意を創して一法を作り、算術の極めて容易を暁《さと》す、名づけて一時算という、年二十四出てゝ澤田氏を嗣ぎ農業を勤ること十年、其後門人益々多く二百有余に至る、是に於て専ら教授を以て事と為す、循循として訓誨し人を礼義に誘びき俗を忠厚に導く書数のみに止ざる也、明治五年文部省学則を発行す、翁群馬県中学校に往き新法を学びて帰り、陝山学校の教務に任ず、いくばくも無く一級訓導補となる、明治十五年陝山学校長となり勤幹を以て称せらる、門人籍に登る者先後二千有余人、十六年門人相はかり碑を立て以て師恩を表し余に文を徴む、嗚呼翁教育之恵沢人におよぶ者広し、其功得て没すべからず也、系銘を以て銘にいわく、

勤れば則寿よし、天の錫ふところ、耕に労し、学に勉め、教に勤め、以て楽となす、老て益々壮んなり、寿き極り無し

明治十九年十二月

元老院議官従四位　中村正直　撰

従五位　長　炗　書

古川黄雲鐫字

澤田泉山翁碑という題額は御歌所参候正三位子爵交野時万がよせた。碑文は中村正直の撰である。正直は号を敬宇と称し、福沢諭吉らとともに明六社で活躍した啓蒙学者として知られている。東大教授をへて明治十九年より元老院議官、のちに貴族院議員となり、明治二十四年に没した。正直が明治四年に翻訳した『西国立志編』は、明治初年多くの青年たちに読まれ、西欧近代思想を国内にひろめたのである。碑文を書いたのは長炗、すなわち長三洲である。本名は「はせひかる」といい大分県日田出身の漢学者であり、また明治前半期を代表する書道家であった。顔真卿の書風を学び重厚な作品を多くのこしている。かれは三十歳の頃、長州に行き奇兵隊に参加し、維新期には倒幕派に属し、明治政権のもとで文部大丞などに就き、その後、明治二十八年に没したのである。澤田泉山翁の碑は敬宇・三洲ともに晩年の活動をしめす作品といえよう。

碑文の完成稿が東京本郷元町二丁目の保科宗兵衛から届いたのは、明治十八年九月初旬のことであった。天神社境内に現存する碑文と対照してみると、正直の最初の稿には「群馬県師範学校に新法を学び教師たるを許されて帰る、公立小学校を邸内に設け、陝山小学校という」となっていたが、清書では「群馬県中学校に往き新法を学びて帰り陝山小学校の教務に任ず」と訂正されたことがわかる。

保科宗兵衛は中村正直の撰文に添えて碑文建立の係あて、次のように事情を述べている。

添書ヲ以奉申上候、其御地御一統様御勇健奉賀候、陳ハ先年ヨリ御依頼之廣屋先生之碑文、弥々出来相成候ニ付テハ別紙碑文之写ヲ差送リ候間、御一統様方御見分被下、右ニテ宜敷候ハヽ早々御返事被成下候、猶又不都合御座候ハヽ速々御出張被下、再撰為致度ト存居候間此段申上候、就而者
長三洲先生之書ニモ為取掛度候間可成丈大至急御報知奉待入候、尤長三洲君は書料取掛り之前ニ不相渡候ハてハ、至急之事ハ間ニ合申間敷と愚考仕候間御集議之上御出張無之節は右御送金有之度、是又御注意申上候、先ハ右得貴意度、余は拝面ニ譲リ草々
頓首
十八年九月八日　保科宗兵衛拝

この文面によれば碑建立の世話人から、先年（明治十七年か）より依頼があり、いよいよ正直の撰文ができたこと、訂正部があれば至急速絡をとり、なお長三洲に仕事を急がせる場合は、書料を前金で渡すことが必要などと、人気書家の一面を伝えている。

かくして泉山翁碑を明治十九年、鎮守の北野天神社境内に建てようと氏子総代大舘寿吉・小暮勘十郎・山崎国太郎、建碑願総代川村藤吉・澤田常蔵などが、神社祠掌栗原小次郎に要請した。相談がまとまると「各自ノ子弟ヲ教

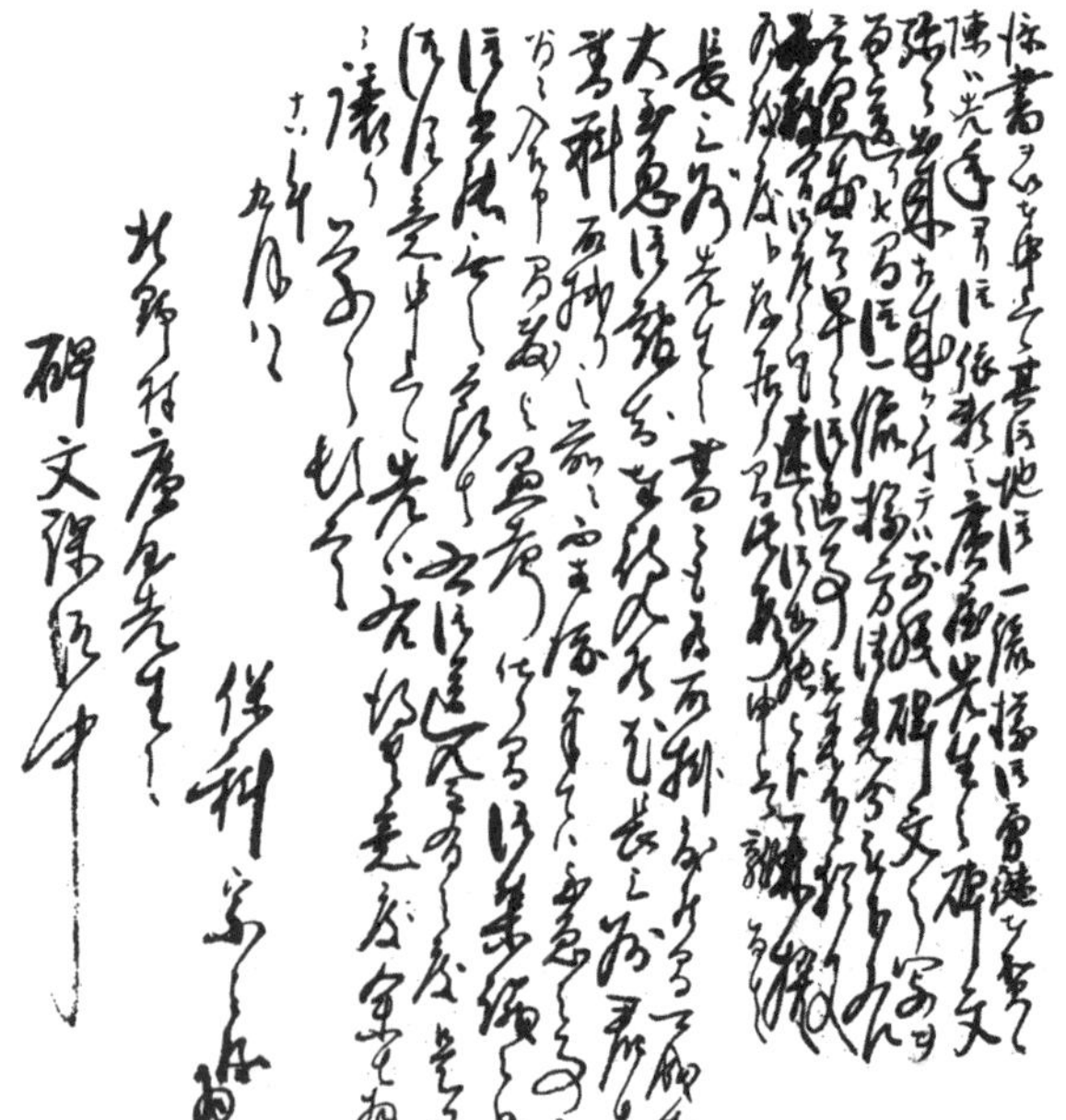

泉山翁碑を中村正直が撰文、書を長三洲に依頼した書状

育セラレタル恩沢ニ依リ一同賛成シ、且ツ祭事ノ障碍ハ勿論」日常の障害となる場所ではないので建立の認可を得たい旨、埼玉県知事吉田清英のもとに届け出たのである。大規模な賛同により実現（明治二十一年か）したこの慶事は、近代学校制度揺籃期の北廣堂・陝山学校の学習体験者が、単なる師恩という感懐だけで参加したのでなく、かれらは日夜変動を加速している社会で、この学舎での勉学が、生涯の力になっていると理解していたからであった。澤田泉山は明治二十二年、さきに建立された翁碑の裏面に「それ師の弟子に於ると、弟子の師に於るとは其の意一となす、たとえば猶親の子を愛すると子の親を恋ふがごとし也（原漢文、以下略）」という「澤田氏寿碑之誌」を書き、後刻している。このとき幹事は川村藤吉と大舘寿吉であった。同人たちは所沢警察署長に

碑文彫刻御認可願

明治廿一年九月三十日建設出願、同年十月四日御聞届相成候澤田泉山碑石之裏面江別紙之通リ、今般彫刻仕度候間、御認可被成下度此段奉願候也

明治廿二年十二月三日

を提出し、同十一日に許可をえている。翁碑と寿碑が師弟一体となって現存する所以である。

5　私立学校大倫館設立の計画

泉山澤田新五郎は陝山小学校を退き、翌明治二十年（一八八七）八月十七日、三ヶ島町村連合戸長上田岱弁を介して、埼玉県知事吉田清英のもとに大倫館という私立学校設置伺を提出した。発起人総代は澤田新五郎をはじめ、澤田林平・大舘和三郎・大舘寿吉・大舘勝五郎である。

すでに前年の四月十日、「諸学校通則」が公布され、各種の学校について設置の認可制がとられたので、従来か

ら継続していた家塾的な学校、たとえば漢学塾や英学塾が学校に認可がえされていた。また同様の学校を創立しようとする動向が各地でおこっている。所沢市域でも明治十九年、町内に所沢夜学校設立の気運もおこり、規則書が作成され、また同様に町内に英和学の塾をつくるという呼びかけもあった。これらはほぼ中等程度の学力をつけようとするもので、同じ頃に川越英和学校・荒南家塾・進修学舎の設置運動が起こった。

澤田新五郎は陜山小学校を退き、長期にわたる研鑽と豊かな教育体験を生かし、公的規制にとらわれない新学校の設立に意欲をもやしたのである。泉山は従来からの免許に加えて、明治二十年四月十二日には、神道修成派管長より「教師補申付候事」という免状も与えられていた。当時、川越町では平川浦蔵が講師となり英学・数学の二学科を教授していたが、入学希望者が増加し、塾的な構成では収容不可能となっていた。川越町では竹谷兼吉・中井尚珍・綾部惣兵衛・根岸甲子太郎・石田博吉など、町内有志が発起人総代となって「川越義塾」という大規模な私立学校創立が企てられたとの風聞があった。同校は教師に平川浦蔵・大橋虎二郎をむかえ、予科四年、本科四年の英語学中心の私立学校とする構想により、教室も五室、その他、生徒控室・教員控室・応接室・幹事控室をもつ予定であるという。予算も一か年収支四千四百八十円を計上していた。

表25　大倫館教科配当表

学科		読書	習字	作文	算術
予科	四級	読方 三字経	草書 消息往来 前半	容易ノ日用文 女文章	珠算 八算
	三級	同 皇朝三字経	同 消息往来 後半	前級続	同 加法
	二級	同 大統歌	草行交リ 俗用文章 前半	届書類	同 減法
	一級	同 古文孝経	同 俗用文章 後半	諸証券	同 乗法
本科	四級	同 論語一	草書 商賈往来 前半	前級ノ続	同 除法
	三級	同 論語二	同 商賈往来 後半	仮名交リ日用文	同 加減乗除 早算
	二級	同 論語三	楷書 千字文	前級ノ続	同 相場割
	一級	同 論語四	草書 千字文	記事文	同 乗除定位

この報に接した澤田泉山は、早速川越義塾の創立願書を参考として、旧北廣堂を再活用する方針で、私立学校の創立を計画したのである。泉山の計画書によれば生徒定員百名、教員三名、教員給料（八円・五円・三円）、創立費三百五十円としている。大倫館の一か年予算は二百二十八円とし、館長給料九十六円、教員給料六十円、補助員給料三十六円、図書・教具・用紙・筆墨その他十五円であった。収入予定は積立金二百円の利子二十円、生徒授業料二百八円と見積もっている。

館則によれば生徒資格を尋常小学科を終わりたるもの、及び学齢外の児童としている。予科二年、本科二年とし、予科より本科に進学するものとした。表25の教科配当表によれば、大半が旧寺子屋・小学校等の学習を終え、家塾入門者の段階を想定した和漢学であった。教科配当よりみれば川越義塾の英学中心と対照的な、保守的構成である。教室その他は北廣堂以来の陝山学校教場に造作を加えたものであった。

明治二十年八月に埼玉県知事あて認可願を提出したが、その後の結果については詳らかでない。この時期の他の例にもみられるように、不認可であったり、また経済的に行き詰まり、遂に立ち消えに終わるものなどが多かったのである。当時の北野村の有力者四名が発起人となって、泉山を後援したのであるが、小学校以上を目標とする私立学校の維持については稍々力不足だったようである。

四　町村制の施行と小手指小学校

1　小手指小学校の成立と展開

明治二十一年（一八八八）四月、市制・町村制が公布され、翌二十二年四月一日より施行されて、市町村は自治体の機能を発揮する。町村の誕生や学校の設立などその一端である。かくして、町村制の施行により明治二十二年四月一日、所沢市域には所沢町・小手指・三ヶ島・富岡・松井・柳瀬などの町村が誕生した。すでにこの年の二月十一日には大日本帝国憲法が発布され、天皇を中心とする国家が出発していた。ここに近代的なよそおいをもって中央から地方にいたるまで、新たな体制ができあがることになった。

聯合戸長役場の時代に北野村は三ヶ島村聯合に属していた。戸長は明治十七〜八年・中禹発、十八〜九年・大舘勝五郎、十九年・澤田林平、二十年・上田岱弁であった。上新井は所沢町聯合に属し、戸長は十七〜九年・倉片正平、十九年・犬塚元興であった。町村制は聯合戸長役場制度時代の編成を参考にして発足するはずだったが、旧村のわく組みに住民の意見が対立し、各地で反目しあうことが多かった。結局所沢町聯合からは所沢町・吾妻村・小手指村が成立した。三ヶ島村聯合にあった北野村は、このとき上新井村と合併して小手指村となったのである。上新井村分の一部は約半年の村分け争いの結果、所沢町に合併している。

小手指村の成立により、従来の聯合村小学校は一村単位の小学校として出発することになった。ここに小手指小学校は上新井村の瑊井小学校と合併して誕生をみたのである。明治二十二年六月二十五日、三ヶ島聯合村から分かれたので両村協議のうえ、郡県に伺い許可をえた。元三ヶ島聯合戸長上田岱弁は「曩ニ協議ノ上相伺エ候第七学区小手指小学校設置の件、認可相成候間此段為心得及通報候也」と、小手指村議員大舘勝五郎に伝えた。同日、小手指村の小暮勘重郎は、村長大舘勝五郎、助役鈴木孫右衛門と決定する上申が認められた旨、両名に伝え、新行政が出発したのである。

新村長大舘勝五郎は合併小学校の教員・校地・校舎等の準備をすすめ、同年九月五日付の県報所載の訓令九十三号などにより、交付金の請求書を提出し、学校長兼訓導として、三ヶ島寛太郎の採用を具申した。校長具申書は十月三十一日付で入間高麗郡長伊藤栄あてに提出され承認をうけた。

校地は北野・上新井両旧村の中央部に策定した。同所は江戸時代に北野村の一部、三百石余りを知行した旗本花井庄右衛門の下屋敷があった所で、明治二十二年時点、十七名ほどの地権者が存在した。それら地主の提供により校地を整えたのである。ここは南向きの緩斜面だったので北側より土を運び、ほぼ平地に近い状態に整地したのである。現在校庭にある銀杏の大木は斜面下方部にあったが、すでに移植不可能な成木だったので、そのまま根元を五〜六尺埋めて残したものだという。幹の中間部から再び根を張り出し、今日のような老大樹に成育したのである。ただし校地造りのために銀杏の根元を埋めた年代は、明治二十二年であったか、それ以降の新築工事に着手してからのことに属するのか、判然としない。

さて校舎の建築は新村の発足時でもあり、村財政を圧迫するものであった。村長はじめ議員等は協議の結果、旧上新井村議員の口添えをえて、堀井小学校の校舎六十四坪の平屋を移築することにした。明治二十二年十月一日、移築請負人より施工着手の件について申し出があり、村長は議員鹿島市右衛門・並木駒三郎・北田与兵衛に参集を願い、校舎移築工事を推進したのである。

小学校新築のための諸経費は村民の寄付金によって推進されたもので、個人あるいは村内各地区単位で醵金がすめられ、明治二十三年九月三十日、村長大舘勝五郎より各々寄付者宛に証書が渡された。また事業完了後、埼玉県知事久保田貫一が、上北野の北田直右衛門ほか二十六名（金七十一円を寄付）を賞し、同地区総代の鈴木惣吉あてに木盃を下賜したのである。このような事例は全村各区にわたってみとめられるのである。

小手指小学校の発足は校舎もさることながら、教師陣の編成も急がれたのである。村長はそれまでの実績を勘案して、三ヶ島寛太郎を招聘することにした。

三ヶ島寛太郎は前任校秩父郡槻川小学校の慰留もあって、仲々意を決しかねていたが、小手指村からの強い要望によって着任した。三ヶ島寛太郎は、同年八月二十一日と九月二日の二度にわたる書状をもって、すなわち前便では辞表提出済のことや、小手指校の状況をたずね、後便では小手指村への着任がおくれているのは、前任校で留任を懇求され謝絶に時日を費し、漸々兼勤という名称で離任できたこと、自分の荷物は未到着だが、校舎改築済のことも聞いているので、たとえ開校期日が未決定であっても、早速、小手指校舎へ寄寓してみたい、と述べている。小手指村小学校関係者たちの開校にこぎつけるまでの苦労と繁忙が窺われるのである。なお訓導兼校長三ヶ島寛太郎の着任は十月二十一日付であった。同時に雇員として高森為三郎が着任したのである。また同じ頃、東京府豊渓小学校助教として勤務経験をもつ、野火止村出身の士族石山信次が、小手指小学校補助

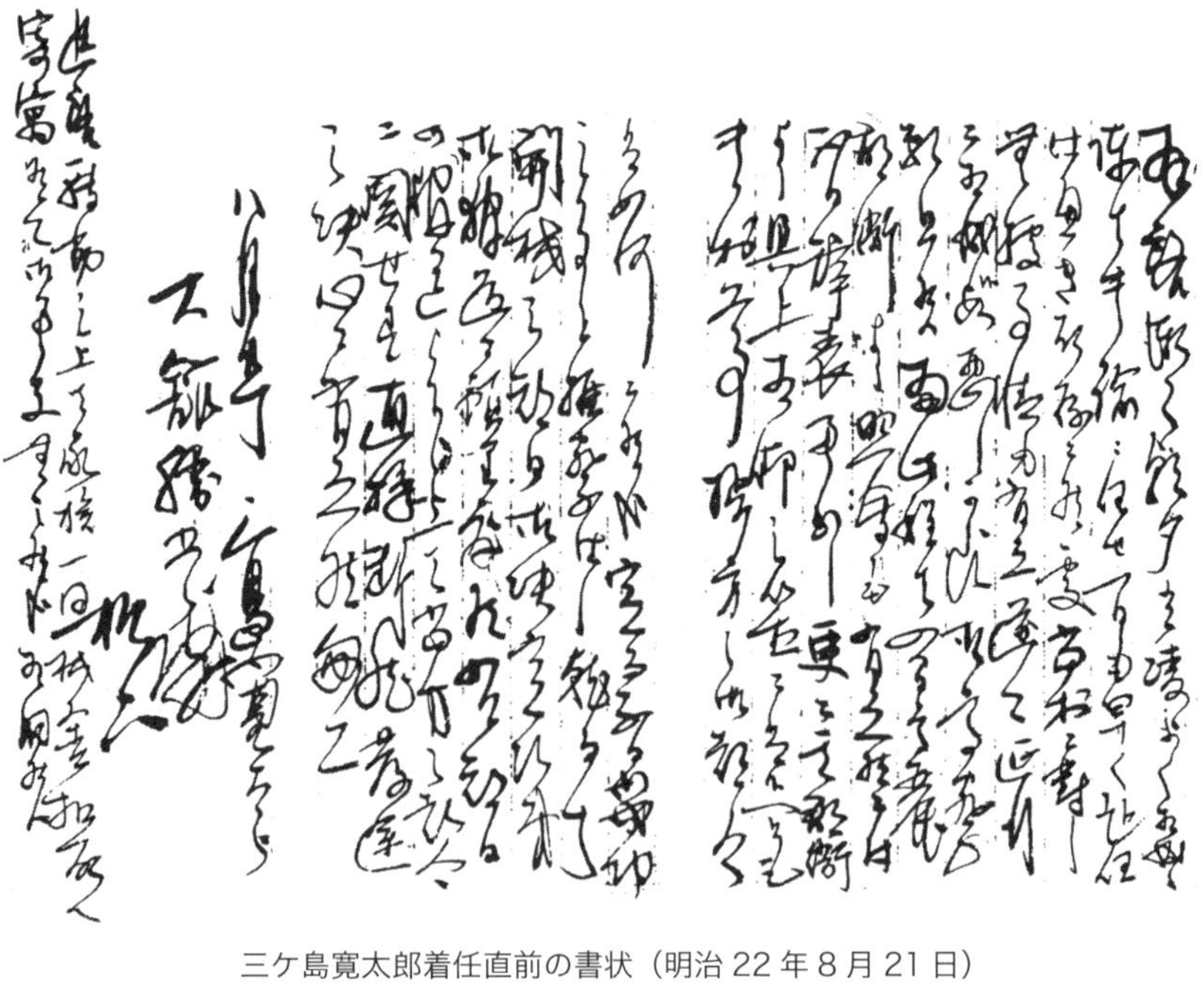

三ケ島寛太郎着任直前の書状（明治 22 年 8 月 21 日）

員としてむかえられた。補助教員は他にも藤田某などが存在した模様である。公式には当時在籍生徒百十二名、学級数二、教員二名であった。

このようにして小手指小学校は十月二十二日に発足したのであるが、校地確保・校舎移築など村費を圧迫し、学校施設や消耗品などが整わず、関係者は大いに悩み続けていた。

創立期の小学校はいずこも同様であったが、いわば生みの苦しみを小手指小学校も体験していた。学校管理者としての村長の立場と、現場で陣頭指揮をとる教員との軋轢などもそのひとつである。補助員に対する給料の不公平や、学校建築費への寄付として、教員の給料減額をおこなわなければならないような村当局に対し、現場から抗議もでる有様であった。石山信次などはその渦中で村長に要望書を提出のうえ翌年二月に辞職している。

また教育に情熱を燃やした校長三ヶ島寛太郎は、軌道にのらない小学校の実情を解決すべく、村長大舘勝五郎に書簡を送り当局の返答を求めるなど、学

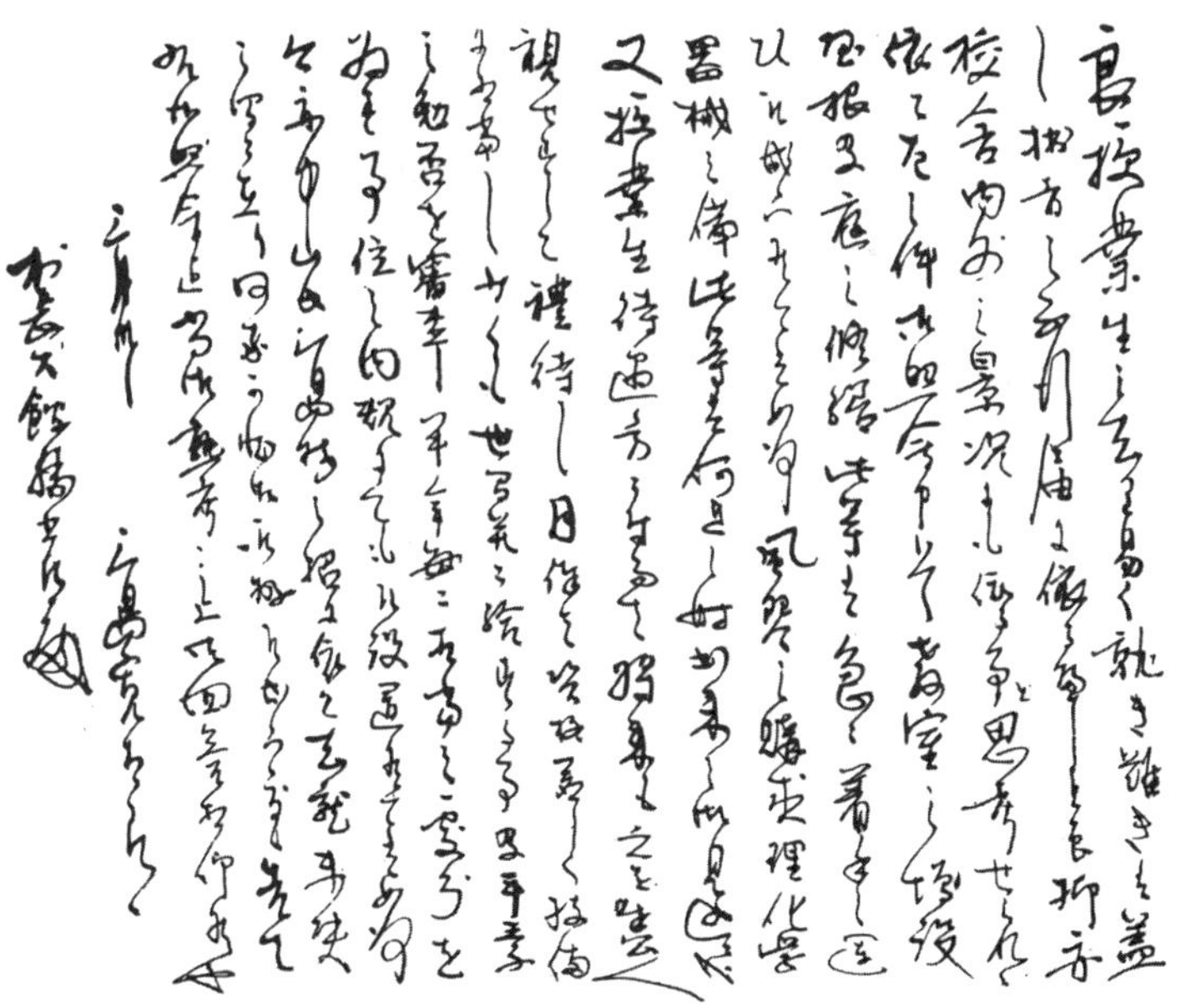

学校整備について三ケ島寛太郎の要望書

校整備に努めている。

三ヶ島は「良授業生之去り易く就き難きは蓋し拙者之不行届に依るべし」と謙遜しながら、しかし校舎内外の整備にも充分理由のあることだと指摘し、従来から村当局に依頼している諸点、すなわち、①教室増設の件、②屋根や校庭の修繕、③風琴購入の件、④理化学器械の整備など、いつ達成されるのかと糺し、なお勤務者の待遇等についても要望を述べている。たとえば教員を助ける「授業生待遇方ニ付而は将来も之を奉公人視せずして礼待し」てほしいこと、そして月俸も世間並みに支給し、なお研鑽の状況を審査して半年ごとに、それ相当の処遇をおこなうことが必要であり、それらについての内規を設けては如何かと、意見をのべている。ましてや中山氏（補助員であろう）が三ヶ島小学校から招聘されて、去就に迷っている状態にある。当局は熟考のうえ、問題解決に努めていただきたい、などというものであった。

衆望を担って着任した初代校長の責任感による発言としても、抗議のいろあいが強い内容であった。恐らく北廣堂＝陜山学校という初等教育についての伝統校が、数年前まで存在していたのであり、村びとからは、意識的とはいえないまでも、比較のまなざしでみつめられていたことが、小手指小学校の教える側の立場に、微妙な影響を与えていたのであろう。

表26　小手指小学校の授業料（1か月）

等　級	1学年	2学年	3学年	4学年	補習科
1　等	6銭	7銭	8銭	9銭	不明
2　等	4	5	6	7	
3　等	2	2	4	5	

（注）明治26年県庁行政文書より。

小手指小学校は内外ともに多難な出発であったが、校長兼訓導三ヶ島寛太郎の苦闘と、村当局、村民による移築後にも続けられた寄付金の努力などにより、学力維持向上が緒につき、学校の基礎が確立したのである。

明治二十七年五月、三ヶ島寛太郎は、去々年小手指小学校に入学した娘葭子（のちに歌人として活躍）をつれて、児玉郡児玉尋常小学校に転勤することになった（倉方みなみ編『三ヶ島葭子往復書簡抄』）。この前後、創立期以来の苦労をわかちあった高森為三郎や一、二年後に着任した滝沢繁三郎・村瀬吉五郎が退職し、教員構成が一変したのである。校舎の増築など残された問題の解決にあたったのは、地元、北野村出身の校長大舘丑次郎の以後十数年間にわたる在職中のことである。

また就学生については、授業料の負担が相変わらず課せられていた。明治二十六年における小手指村の授業料は、周辺の各小学校に比較すると、各等級にわたって低額であった。特に三等級は各村に比して最低額におき、不就学者対策をこころみた点、特筆できよう。（表26）

当時、日清戦争直前にあたり、木綿織稼ぎに加わった村民が北野・上新井は非常に多く、特に経済的不況に投げこまれていた。十五、六年代の一時的盛況から、この時期は停滞に向かった段階であり、特に賃機で内職稼を行っていた、小規模土地所有者が不利な状況下にあった。

国内政治は第一回議会以来、政府は圧倒的な民党（野党）勢力に押され窮地挽回をはかっていたが、対外的には不平等条約の改正に失敗し、国内では地租軽減要求、民力休養要求によって軍事予算案の否決などによる議会の解散がくりかえされていた。

しかし朝鮮半島における主導権獲得をめぐって、清国との間に戦端が開かれると、政争の中止と国内世論の統一がはかられた。戦後、わが国は清国から多額の賠償金をえて国内経済は一時活気を呈した。近代的産業が展開し、工場制もすすんだのであるが、一方在方の家内工業的な木綿稼ぎは、好景気から一転して破局をむかえるものも多く、村内は困難な状況をかかえることになるのである。

2 明治高等小学校の設置

この時期に小手指村では、小学校に高等科の設置問題がおこるのである。すでに所沢町では明治二十年（一八八七）四月に尋常小学校の教室を充てて高等科を置いていたし、次いで二十二年には、校舎の増築もみられた。他村でも松井村・富岡村が所沢町にはたらきかけて一町二村組合高等小学校への動きがみとめられた。

小手指村で時代に即した庶民の高等教育の必要性が叫ばれたのも、自然のなりゆきであった。明治二十五年十月二十七日村長鹿島市右衛門は学務委員その他を招集し、この議をはかったのである。しかし村財政は、小学校々舎の拡張にも着手しかねている状態であったので、山口組合村との連合が企画され、結局両村は、旧陜山小学校、すなわち澤田泉山の寺子屋であった北廣堂以来の建物と敷地を借用して、開校することに決定したのである。泉山が私立上級学校の大倫館設立をはかり、なしえなかった場所と建物である。

「高等小学校設置の儀に付稟請」によれば、名称位置を「明治高等小学校ト称シ入間郡小手指村大字北野字広谷第十一番地」とし、生徒の定員を二百三拾人、予算は五百三拾二円と算出した。支出は教員給料が主であり、そのほか雑給・備品費・消耗品費・雑費などをあげている。収入は生徒の授業料四百十四円を、主要な財源にする予定であった。村財源が弱体な当時の地方行政では、受益者負担としての「受業料＝授業料」収入が

表 27　所沢市域の高等小学校授業料

学校＼学年	第 1 学年	第 2 学年	第 3 学年	第 4 学年
三ケ島村立尋常高等小学校	10 銭	13 銭	18 銭	25 銭
小手指村外三村学校組合村立高等小学校	15 銭	20 銭	25 銭	25 銭
小手指村外三村明治高等小学校	20 銭	25 銭	25 銭	25 銭

学校＼等級	1 等	2 等	3 等	4 等	5 等	6 等	7 等
所澤町外二村立尋常高等小学校	50 銭	40 銭	35 銭	30 銭	25 銭	20 銭	10 銭

当面のささえであった。

明治二十六年の所沢市域における高等小学校の授業料は、埼玉県行政文書学務部（明一八九三）によれば次の通りである（表27）。

すなわち、Ⓐ小手指村外三か村の組合村立高等小学校と、Ⓑ小手指村外三か村立明治高等小学校の二校があげられており、後者の授業料が高い。授業料の承認願が二校から出されたのであるからⒶ・Ⓑの存在は否定しえぬところである。しかしながら今日、Ⓐについての記録は管見するところ県行政文書のみである。

小手指村と組合となった山口村の対応をみると山口村二村組合村長粕谷平重郎が、上山口村の議員町田弥吉に宛てた公文書によれば、

高等小学校設置願稟請致度候ニ付、来ル廿四日正午十二時、小手指村仮高等学校ニ於テ開会仕度候間、御出頭相成度此段及御達候也

明治二十六年九月二十二日

と、記されている。これはすでに小手指村仮高等小学校があり、さらに山口を中心とした高等小学校設置を企画している動きを示すものである。すでに明治高等小学校は前年に発足しているのであるから、小手指村仮高等小学校と二校存在した証左となる。さらにこの事情を確かめてみよう。のちに明治高等小学校の教員となる澤田武延は、小学校入学以来、学業関係にわたるすべての卒業証書を残している。かれは明治二十四年三月尋常小学科を卒業しているが、証書は校長三ヶ島寛太郎名である。そして翌二十五年三月、高等小学科第一年級を卒業した。証書は埼玉県小学校長三ヶ島寛太郎である。これは小手指村尋常小学校に、仮に、高等小学科がおかれ、同校々長が併任していたことを示すものであろう。翌二十六年より明治高等小学校名の修業証書となる。同二十七年証書には埼玉県

表28　高等小学校教科用書目

學科＼學年	一學年	二學年	三學年	四學年
修身	聖旨道徳高等小學修身書一	同　二	同　三	同　四
讀書	訂正　新體讀本一、二	同　三、四	同　五、六	同　七、八
習字	高等小學習字本一ノ上下 小學女子習字帖一、二	同　二ノ上下 同　三、四	同　三ノ上下 同　五、六	同　四ノ上下 同　七、八
地理	埼玉縣新地理　全 入間郡地誌史談　全	日本地理初歩　上下	萬國地理初歩　上下	高等科復習用日本地理　全
歴史	入間郡地誌史談　全 小學校用日本歴史前編第一	小學校用　日本歴史　前編　二、三	小學校用　日本歴史　後編　一、二	同　三、四
圖書	岡倉秋水編書　三、四 帝國習畫帖	同　五、六	同　七、八	同　九、十

入間郡小手指・山口二ヶ村組合立明治高等小学校と記名され、同二十八年には卒業の大試験一等賞を与えられ、高等小学校修業年限四か年の教科を卒業している。この証書は明治高等小学校訓導豊米賢造名である。澤田武延はその後、東京簿記専門教習所で銀行科・商業科を卒業、その他埼玉師範学校講習科、埼玉県教育会開設の所沢常設講習会等で教員の過程を修めて、明治三十三年十一月より母校の高等小学校雇教員として、入間郡役所より任命されている。

稍々冗漫になったが、各村とも高等小学校設置希望を強くもっていたが、独立した学校の設立が不可能だったのである。小手指仮高等小学校は明治高等小学校に合流し、山口村での設立運動も跡絶えて明治高等小学校の維持に向かったのである。明治三十三年十二月、山口村外二村組合村長中村静江は、明治高等小学校の新築が都合により延滞しているため、「其筋の督促モ厳重ニ相成」ったので、明治学校に集会のうえ対策をたてたいと、村会議員に通知した。その筋とは郡県学務関係のことであろう。恐らく学校の充実度が低いことを指摘され続けていたのであろう。

当時の高等小学校の主な教科用書目は、所沢町の場合前掲のようなものであった（表28）。表にない体操や裁縫・唱歌を加えて各学年一週三十時間で授業がおこなわれた。

明治三十二年二月七日に、明治高等小学校在校生が記録したノートを参考にして、学習内容を一瞥しておこう。たとえば、手紙文や作文の題名に、「本校出身者之入営を送る文」があり、徴兵適齢検査に合格、上州高崎に入営が決まった先輩に「誠に我等臣民之名誉と奉存候」と述べている。日清戦後の遼東半島還付による「臥薪嘗胆」の合い言葉によって、国家主義教育がすすめられたのであるが、ここにも兵士は臣民の名誉という思考があらわれ、国策の教育方針が貫かれていることがわかる。

修身をみれば格言をあげ「親ニ事ヘテ孝故ニ忠君ニ移スベキナリ。父母ニ事ヘマシテ必ズ孝行ガ出来ル人ナレバ上ヲ敬フ心アルガ故ニ君ニ事フルトキモ亦父母ニツカフルノ心ヲ以テ君ニ忠義ヲ尽ス事ヲ得ルナリ」と解釈を加えている。明治二十三年十月に発布された教育勅語を基本とする、忠君愛国の国体観が浸透しているのである。

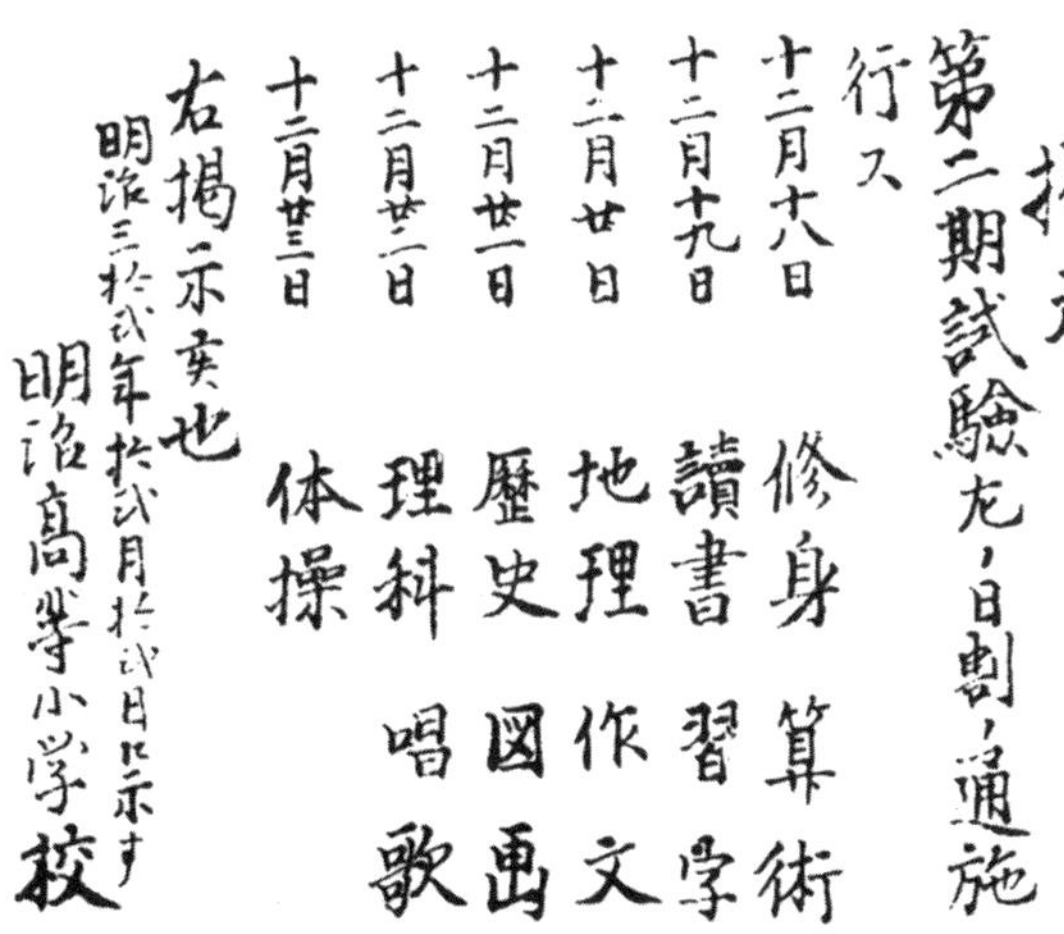
掲示
第二期試驗左ノ日割ノ通施行ス
十二月十八日　修身　算術
十二月十九日　讀書　習字
十二月廿日　地理　作文
十二月廿一日　歴史　図画
十二月廿二日　理科　唱歌
十二月廿三日　体操
右掲示候也
明治三拾弐年拾弐月拾弐日ニ示す
明治高等小学校

明治高等小学校試験日程（明治32年12月）

算術は平面求積から円周率、立体求積、開平方、開立などを学んでいる。例えば設問は「爰ニ円形ノ田地アリ其反別三百十二町六反十二歩二分五厘ナリ、今此ヲ方形ノ地ニ為サバ其方面幾何ナルヤ、答九百六十八間一一三六九（計算省略）」あるいは「球ノ重サハ其ノ経ノ立方ト比例ヲナス者ナリ、今経四寸ニシテ重サ八百五十匁の球アリ、其球ト同質ニシテ重サ七十六貫五百匁ノ球アルトキハ、其経幾何ナルヤ、答一尺七寸九分二四六六一（計算省略）」などである。一部の紹介にとどめるが、当時の高等小学科の一面は窺えるであろう。

明治後半期の小手指村の教育動向は、尋常小学校を卒業すると余裕ある家庭では明治高等小学校に進級したが、多くは家業に従うか、或は他家、町などに奉公し、家計を助けたのである。村当局も不就学者をなくすことが村の方針であるとしながらも、村内の経済活動の変化に応じて、受益者負担としての授業料変更をうちだした。

明治二十九年十一月二十四日、村長鹿島市右衛門は授業料額改正稟請書を県知事千家尊福に提出した。入間郡長平井光長は調査のうえ、小手指村の改正方針は至当と認識し同十二月一日、県知事に進達し、十二月七日付で知事は変更許可を通知してきた。すでに明治二十六年の前掲授業料表は紹介したが、二十九年の改正案は、従来の学年ごとの三等級別を廃し、全学年を五等級に分けて徴収するものであった。稟請書には、「授業料を納むべき義務あるものの貧富を斟酌し徴収」していたが、これが学年によって等級分けしたために、場合によっては重い負担となる家庭もあった。

そこで、改正点は全学年を通して、一等（十銭）、二等（八銭）、三等（六銭）、四等（四銭）、五等（二銭）としたのである。従来の最高額が第四学年の一等で九銭であったが、最高は十銭とし、一方、第一・第二学年の三等のみが二銭であり、第三学年になると三等でも四銭、第五学年では同様に五銭であった。この制度は三等に属する貧困家庭では三年生・四年生へ進学させることが経済的負担増となり、ひいては途中退学者を生むことになっていたのである。改正点はこれらの層に、第四学年まで五等（二銭）の授業料で就学させ、富裕家庭の子弟には一等（十銭）の授業料を求めて、村財政を確保するというものであった。小手指村におけるこの授業料改正策は途中退学者を減少させた。また低所得層の一種の救恤的要素もあったので若干就学率も向上したといわれている。しかし、明治三十三年の小学校令の改正までは、小手指尋常小学校の就学率は四十三・六六％であった。

小学校令改正の最も大きな意義は、尋常小学校は義務教育であるから授業料を廃止する、との指令である。小手指小学校の在籍者数は三十三年まで年間二百余名であったが、翌三十四年には三百名を越え、就学率も一挙に九十八・八二％に上昇した。在籍者数は明治四十年の小学校令の改正により、義務教育が六か年に延長された結果、明治四十二年以降四百七、八十名に達し、同四十四年には五百名を越えるほどの大規模校となった。さらに在籍者数はその後も増加し、大正十年代には六百名を越え、大正十三年は六百十九名に達したのである。当然、就学者も百％に近くなった。

小手指小学校の在籍者数は、開校年度の百十二名が最小人数で以後、二百名を下ったことはない。ただし明治三十一年は例外であり、この年のみ二百名を欠いたのである。それは前年の三十年、小手指村を襲った伝染病によるもので、村の救助対策もむなしく多数の死者をだした。村当局は人家皆無の北原に隔離病舎をつくり、罹病者を戸板で運んだという。同年七月から八月に患者は集中発生し、全徳寺関係のみで病死者五十数名にのぼった。八月、村では大舘七五郎宅を義捐事務所に借用し、義捐金を募り治療対策にあてた。その頃、無医村であった小手指地区では、伝染病治療に活躍した医師に開院を要請し快諾をえた。村民の感謝でむかえられたのは明治三十一年六月二十九日より、小手指小学校校医を担当した堀口綱五郎その人である。

明治後半期は戸籍制度も完備し、学齢をむかえる児童数は村々で把握されていた。小手指村でも児童数の増加を予測し、明治三十二年十二月、校舎増築のために村長大舘寿吉は知事正親町實正に、図面を付して許可願を提出した。郡長を経由して県に出した書類には在籍者数二百二名が、翌年は二百五十二名になると予測し、増築の不可避をあげている。予算は村内有志寄付金五百円、町村税より三百円、合計八百円を計上した。町村税は戸数五百戸に平均六十銭を見込み、徴収するものとしている。支出は校舎増築費七百円、同修理費百円とし、三十三年二月に着工し、十月に竣功予定であった。この増築認可稟請は、翌三十三年四月再度提出することになり、図面も細部にわたって訂正のうえ作成した。県ではこの稟請に対し、従来の二教室を除く外は全て増築との計画であるから、この際全て新築に督励したい。しかし経済上の問題もあろうから、次の点を調査し訂正を要すべきものは改めるようにと、入間郡長を通じて指示してきた。

その要点は①従来の校舎構造が設備規則に合致しているか。②採光窓と欄間下に庇を設けないように。③従来の校舎で三間×四間の教室は不備であるから、宿直室・教員室などに充て、別に一教室を増築すること。④昇降口の改良、教室の壁の部位変更。⑤小便所の増加、小便所を入口近くに置き大便所を奥に。⑥校地が設備規則に合致しているか、などであった。小手指村当局は各々検討を加え訂正を約し、遂に六月十三日認可をえた。ただし体操場の坪数が生徒数に比して狭溢に感じられるので、郡長より督励するとの添書を付したものである。ときあたかも小学校令の改正に直面したが、前年より増築対策をすすめていた小手指小学校では、同三十四年の授業料廃止による、急増就学生を収容することが容易にできたのである。

明治三十三年の増築は、就学者の急増に一応対処することができた。しかし、明治四十年の小学校令改正により、義務教育六年制となり、翌四十一年をむかえて、在籍者三百九十一名となった。なお三年後には五百名に近づく在籍者が予測されていた。そこで小手指村長大舘真吉は議会にはかり、校地拡張（小学校位置変更指定）と校舎増築を計画し、県知事島田剛太郎あてに許可稟請書を提出した。敷地反別は四反六畝十五歩、校舎は木造鉄板葺平屋一棟で、建坪六十七坪五合、便所六坪二合とし、従来の教場が暗かったので、採光窓を多く設け、硝子戸を多用し壁面のうち六分の一以上の面積を窓にあてたのである。

運動場は南面にあり、ここよりみて、旧校舎は東西直線に並び、東から一年生男子教室、次に同女子教室、次に二年生全員を収容し、これに接して玄関、北側に宿直室、その後が教員室であった。また廊下を隔てて北側に使丁室が張り出しとなっていた。玄関の西に三年生教室をおき、その西に少し離して増築し、それを四・五年教室とし、最西端の教室を裁縫室としたのである。校舎増築等は村予算をはじめ、村内からの寄付金を以て充当し、一応の発展をみたのである。

当時小手指小学校に学んだ久米村の下田佐重は北野の叔父大舘四郎右衛門家に寄留手続きをとり通学し、ついで明治高等小学校を卒業した。下田は次のような答辞を記している。

答辞

生等本校ニ在ルコト多年先生ノ諄々ナル御教導ト慇懃ナル薫陶トニ依リ茲ニ業ヲ卒ヘ本日ヲ以テ証書授与式ヲ挙行セラレ村長学務委員閣下等貴賓ノ来臨ヲ辱フスル席ニ於テ校長閣下ヨリ卒業証書ヲ授与セラル生等ノ光栄復タ何ヲ以テカ之ニ加ヘン加之ナラズ優渥ナル賞詞ト懇篤ナル規箴トヲ賜ハル生等豈感佩ノ至リニ堪ヘザランヤ然レドモ名残リ惜シヤ之レ恩愛尽ヌ先生ト袂ヲ東西ニ別タントハ

回顧スレバ初メ生等ノ教ヲ先生ニ受ケシ日ヨリ其ノ情ノ密ナル親子モ啻ナラズ仰デ山巓ヲ眺ムレバ厚恩益々高キヲ覚エ俯シテ流水ヲ望メバ至情ノ尽キザルヲ想フ余等性愚鈍ニシテ学理ニ暗ク盲者ノ旅行ニ異ラザリシヲ先生ノ御懇篤ナル灯火ヲ得テ其進路ヲ照シ略ボ蒙眼爰ニ開キ欣喜至極其恩到廷筆舌ヲ以テ尽スベキニアラズ巍々タル泰

山高シトスルニ足ラズ汪洋タル蒼海深シトスルニ足ラズ
生等今回本校ヲ退クト雖モ爾後益々痴鈍ノ生等ヲ捨テズ其ノ足ラザルヲ補裨シ至ラザルヲ責諭サレンコトヲ伏シテ希フ
生等既ニ業ヲ卒ヘ或ハ中等教育ニ進ムモノアラン或ハ退キテ実務ニ服スル者アラン然リ而シテ学海ハ渺々トシテ際涯ナク世路ハ崎嶇トシテ蹉跎シ易ク故ニ生等ハ
自治ヲ旨トシ格言ニ従ヒ加フルニ堅忍不抜ノ精神ヲ以テ事ヲ行ヒ以テ日本国民トシテ本務ヲ全フシ多年師恩ノ万分ノ一ニ報ヘ（イ）ンコトヲ期ス

謹ンデ答辞ヲ述ブ

明治四拾年三月廿六日

明治高等小学校卒業生

総代　下田　佐重

このように「自治を旨とし格言に従い加うるに堅忍不抜の精神を以て事を行い以て日本国民として本務を全うし」と述べた下田は、師の志を継承し教育活動に生涯をささげた。その高潔な人柄は今なお語り継がれている。

3　明治高等小学校の廃校

明治四十三年一月二十四日、村内の教育施策を充実させた小手指村・山口村は、両村の学校組合を解散することに決定した。民力も弱体であり財政難のなかで発足させ、小学校上級の教育をすすめていた明治高等小学校の廃校である。このときの郡長市川春太郎は県知事に対し、右二村ハ小学校令第十四条ニ依リ学校組合ヲ設ケ、明治高等小学校ヲ設置致居リ候処、世運発達ニ伴ヒ高等小学校ノ教科修業ノ必要ヲ感ジ両村共、其尋常小学校ヘ高等小学校ノ教科ヲ併置スルノ運ニ至リタルト、小学校令ノ改正ハ単独ニ高等小学校ノ設置ヲ必要ト認メザルトニ依リ、本月三十一日限リ協議上組合ヲ解散スルノ決定ヲナシタル趣ヲ以テ、解除方禀請候ニ付調査候処、相当ノ措置ト認メラレ候ニ付認可致度、尤モ現高等小学校廃止並ニ財産処分終了後ニ於テ認可致度儀ニ有之候条、何分ノ儀御指揮相成度此段申請候也。

明治四十三年三月十八日　　入間郡長市川春太郎［印］

埼玉県知事　島田剛太郎殿

と申請している。知事が認可を与えたのは同月二十五日のことであった。一方明治高等小学校廃止と同時に、小手指尋常小学校に高等小学校を併置する計画であったから、すでにそれ以前一月二十四日には村会の議決をえて、三月五日、併置申請を提出していた。併置の小手指高等小学校の学級予定数は、第一学年男子十五名、女子十名、第二学年男子十名、女子五名、合計四十名であった。かくして小手指小学校在籍者は、尋常・高等（明治高等小学校より移籍を含む）を合わせて翌四十四年には五百八名を数えるほどになったのである。

明治高等小学校の廃校手続きは種々続けられ、小手指小学校への生徒移籍も恙なく終了した。明治四十三年三月三十一日、同校の主人公である生徒たちは全て去った。同年の秋十一月に元明治高等小学校長中山保二は、村長大舘真吉と相談のうえ、下賜されていた教育勅語謄本を県知事島田剛太郎に返納した。手続きをとった入間郡長は、すでに明治四十一年三月に廃校となっていた松井村立精華尋常小学校、同村立安松尋常小学校の二校分の勅語謄本から、一本を同村立松井尋常高等小学校に移し、一本を松井村村長鹿島市右衛門と連絡の上、返納させ、小手指・松井両村の勅語謄本と同時に県あてに「奉還」したのである（埼玉県行政文書）。

五　大正期の小手指小学校

1　教育の統制と地域体制

日清戦争により多額の賠償金を獲得した日本は、金本位制の確立をなしとげ、また本格的な産業革命への起点に達した。それとともに陸海軍の強化をすすめたのである。また日清戦後の下関条約第二条で割与された奉天省南部の地、すなわち遼東半島が露・独・仏の三国干渉で還付することになると、臥薪嘗胆の合い言葉で、反露感情を盛り上げ、国家主義的教育をあらわにすすめるようになったのである。開戦と同時に小手指村からも多数の兵士が出征し、戦傷・戦死者も出たのであった。

日露戦争前夜より教育内容は修身を中心として、国家統制が強化されていた。また教育の面で大きな影響を与えたのは教育勅語であった。天皇制を中心に、また徳育の涵養をうたった勅語は、各学校に下賜され、国家主義思潮をもりあげた。勅語自体は、当時の児童にとって難解な語句の羅列で、充分理解しえたわけではなかったが、儀式を通じて奉戴（つつしんでうけたまわる）することにより、たえず「拳々服膺」し、国家に従順な国民が育成されたのである。

小手指小学校における教育勅語の拝戴は明治二十三年十二月三十日であった。どのような手順で小学校にもたらされたかは不明だが、文部省が勅語発布とともに謄本を全国の各学校に下賜して、祝祭日に「奉読」することを定めたからである。

また勅語とともに天皇の御真影が下賜され、各学校ではそれを校内の所定の場所に置き、「奉護」させた。小手指小学校では明治二十九年十月二十九日に村長鹿島市右衛門、校長大舘丑次郎をして「御真影」の「拝戴」（つつしんで受けとる）手続きを完了した。

その後大正天皇の時代になると、大正六年（一九一七）十月九日に下賜がおこなわれている。

この日、村長鈴木仙太郎と校長古峯周助は、午前九時二十八分所沢駅を出発し、十一時三十分郡役所における伝達式において郡長奥田栄之助より、「御真影」を受けた。両名は午後一時、郡長はじめ庁員一同の奉送をうけて腕車（人力車）で駅にむかい、一時二十分乗車し、二時三分所沢駅に着き、駅頭では小手指駐在所巡査阿佐見新作が奉迎し、護衛にあたった。午後二時三十分、大字上竹の坂上に役場吏員、名誉職、神官僧侶、各種団体代表、学校職員全児童等など出席者全員礼服着用して奉迎し、帰校のうえ、午後二時四十分より全職員が参列し、「御真影」を村長より拝受した。このとき村長の誨言、校長の誓言がかわされたのである。ついで校舎内において奉迎者全員参加して拝戴式が挙行された。まさに、「拝戴」そのものであったことが知られるのである。参考までに拝戴式次第を紹介しておこう。

①児童入場　②職員及び参列者着席　③一同起立　御影臨御　④御影奉置　⑤学校長挙式の旨を告ぐ　⑥一同敬礼　⑦君が代二回　⑧学校長御影開扉　⑨一同最敬礼　⑩教育勅語奉読　⑪勅語奉答の歌　⑫学校長誨告　⑬一同御影に対し奉り最敬礼　⑭学校長御影を閉扉　⑮一同起立御影退御　⑯学校長閉式の告辞　⑰一同敬礼　⑱参列員退場　⑲職員児童退場。

なお御真影奉置台は大舘竹次郎が、奉置函は仲源六がそれぞれ製作したものであった。

このときうたわれた勅語奉答の歌は、明治二十六年八月につくられたもので作詩勝安房、作曲小山作之助と伝えられている。「あな尊しな、おおみこと、みことの旨を心にえりて、つゆもそむかじ朝夕に、あな尊しな　おおみこと」という歌詞であった。

以上のような御真影「奉置」の仕法は、明治四十五年（大正元）三月二十九日付、埼玉県訓令第二十六号の規定によるものであるが、なお実情を伝えておこう。御真影の常時の「奉護」は奉置所に清浄な布帛で包み、亜鉛製の奉置函に納め、外扉の鍵は常に宿直員が保管した。また奉置所の開閉、御真影の奉掲、清潔壮厳の維持は校長が掌り、毎月一日早朝、校長は心身を浄め親しく御真影を礼拝することとした。また非常時の「奉護」は、変災あれば校長・職員一同駆付て奉護し、奉置所が危険に陥ったときは、仮奉遷所と定めた鎮守の北野天神社社殿に移すことになっていた。

最初の奉置所は間口一間、奥行三尺、三面を壁とし、西側正面は高さ五尺余の檜製二枚折戸の扉をつけ、厳重に鍮をかけた。内部に高さ三尺の卓を据付け、この上に亜鉛製奉置函を置き御真影を裡中におさめたのである（のちに昭和十三年の改築後は奉安所内金庫におさめている）。

さらにこの前後の時期に、全国的行事の洗礼をうけて、皇民思想がたかめられることになった。それは明治天皇の御大葬と、大正天皇即位の御大典である。小手指小学校では明治四十五年の夏、北野天神社に全校生徒が参詣した明治天皇平癒祈願にはじまり、天皇・皇太后の崩御の儀式など、次々と国家と天皇にかかわる式典が小学校でおこなわれた。ついで大正四年京都御所紫宸殿における天皇即位の儀式、翌年十一月三日には立太子礼奉祝式がおこなわれ、学校・生徒が参加する諸儀式は最高潮に達した。この日は式後、小手指村全村の各種同体が茶話会を開催し、花火を打上げて奉祝した。軍人分会の演武、児童の旗行列や、榊の記念植樹もおこなわれた。夜は七時より青年会・同窓会・全村有志合同の、万灯行列がはなやかに催された。実に児童の学校生活の隅々にまで、国家の特質が浸みわたったのである。

なお村内における建碑や建築として、当時「武蔵野鉄道小手指停車場（現西所沢駅）開設の碑」が大正四年に建てられ、翌五年には北野天神社本殿が氏子中の協力で建築されている。ついで小手指小学校同窓会が中心となり、「御即位大礼記念碑」を立てた。碑面には奥田郡長が揮毫し、碑背は撰文古峯周助校長、揮毫は森田良助訓導であった。また同十一年には小手指村及び同在郷軍人分会により「彰忠碑」が建立されるなど、地域体制の強化がはかられている。

このような村落動向は単に小手指村の安定を示しているのではなく、村民の愛郷意識や、一体感を醸成するための意味あいをもつ事業だったのである。第一次大戦中の好景気から、戦争終結後の経済不況は恐慌段階に入って、農村の不況も激化していた。近村第一の木綿織関連収入に頼った小手指村の打撃は、まことにきびしい状態であった。埼玉県では、「小作慣行調査＝埼玉県入間郡小手指村小作慣行調査書」の中で、小手指は大正八年の旱害の打撃が大であったこと、農産物の価格は下落傾向にある一方、労賃は騰貴し農家経済が不利となったため、農家子弟が転業しつつあり、小作地は減少傾向だが、畑の小作料は金納であり滞納になり易いと指摘している。

大正九年三月二十三日には村長澤田和三郎が、埼玉県知事堀内彦太郎のもとに「学齢児童保護奨励費補助下付申請書」を提出した。大正九年度、村内における重被保護児童は三十三名、軽被保護児童は三十七名と報告している。実に七十名の要保護児童が存在したわけであり、在籍生

表29　学齢児童保護奨励費補助申請歳出内訳　(大正９年)

科　目	金　額	備　考
教科書給与費１年	３円00銭	読本、修身、手本各10名分
同　２年	３円69銭	同上　９名分
同　３年	３円50銭	読本、修身、手本、算術、図画９名分
同　４年	１円96銭	同上　４名分
同　５年	４円57銭	同上、歴史、地理、理科等４名分
同　６年	82銭	同上　１名分
学用品給与費	39円13銭	鉛筆、雑記帳、筆、石筆画、半紙その他
学用品貸与品費	７円40銭	石盤、算盤、硯
日用品給与品費	48円00銭	下駄、傘
賞与費	５円00銭	６年間、８年間無欠席賞与費
予備費	３円08銭	超過の支出にあてる
合　計	120円15銭	単価数量省略

(注) 埼玉県行政文書による。

徒を数えると計六百三十名であるから、十一%の児童がそれに該当していたのである。学齢児童保護会が、この年に不可欠な金額であると算定した歳出予定額は百二十円十五銭であった。その内訳は表の通りとなる（表29）。

各地で小作騒ぎも起こり、またこの年の三月十五日、綿糸・生糸・株式の大暴落から、さらに株式の立会停止、銀行取付六十七行、支払停止二十一行に及んでいる。戦後第一次の恐慌の最中の、この「下付申請書」は、決して小手指村々民の経済状態が生半可な対策で、好転しないことを物語っている。このような村財政の中で生徒の急増をむかえ、校舎は全く狭隘状態になっていた。増築は急がねばならず、村当局は四面楚歌の有様であった。しかし、村議会は大正七年の増築に続き、大正十年度の村予算の全てを投入しても、校合増築に踏切るべしと議決し、正門に向かって東側に、南北三教室、建坪六十七坪五合、村費予算五千八百四拾九円五十五銭を計上し、知事の認可を求めた。県知事は一月十三日予算収支の欠点を指摘し、修正明記の上再提出を求め、同年二月九日認可した。この年の春、入学期にやや遅れて校舎も増築され、急場をしのぐことができたという。

小手指村の財政難の乗り切りが、いまだ解決されない大正十一年、戦後の第二次恐慌が起こり、倒産や銀行取付さわぎに、国内の動揺はひとかたならず、民心の不安は募るばかりであった。さらに同十二年、関東大震災は国内経済に壊滅的な打撃を与えた。そして経済的な危機は一層無産運動をたかめ、政治的意識の高揚となり、普通選挙法実施要求を激化させた。周知のように大正十三年､憲政会の総裁加藤高明を首班とする護憲三派内閣が組織され、十四年に普通選挙法が成立した。普通選挙は国民の手に届くところにきたが、同時に国民の主義主張などは治安維持法によって著しく制限され、弾圧下におかれるようになっていくのである。大正時代は暗たんとして終わりを告げようとしていた。

2　大正期学校教育の現場

次に明治末期より大正期に及ぶ、小手指小学校の教育状況について検討しよう。全国的な動向からいえば、明治三十六年（一九〇三）の教科書国定制から、第一次大戦後の臨時教育会議による、教育についての国家統制的諸改革期にわたる段階のことである。

まず教育課程が統一されてくるのは、明治三十六年の教科書国定制からであろう。同年四月に小学校令第二十四条の教科書についての規定を改め、翌三十七年四月より施行したのが、修身・日本歴史・地理・国語読本の国定化である。他の教科も文部大臣が検定することになったので、教育はきわめて統制的になったといえる。

埼玉県で明治三十七年に使用された基本的な教科書は、概ね表30のとおりである。なお各小学校において全面的に用いられたわけでなく、同四十年、四十一年と続く国定教科書の修正を経て、四十三年以降になると、ほとんどの小学校が同一の教科書を用いるようになる。そして大正六年まで継続されたのである。

明治三十六年、教科書が国定の方向にすすんだが、教育の現場では各科目にわたって学習指導に改良が加えられていた。いわばペスタロッチの開発主義教授法からの完全脱却である。主要な学習指導

表30　国定直後の埼玉県小学校教科書の一例　　（明治37年以後）

尋常小学校		高等小学校	
書　名	内　訳	書　名	内　訳
新編修身教典	尋小巻1—4	新編修身教典	高小巻1—4
尋小単級修身訓	児童用甲乙1—3	小学校修身	女子用巻1—4
国語読本	尋小巻1—8	国語読本	高小巻1—8
国語習字帖	尋小巻1—8	国語習字帖	高小巻1—8
小学算術	上中下	小学新読本	女子用巻1—8
訂正日本新画帖	尋巻1—6	高等国語習字帖	女子用上中下
新案小学画手本	尋1—6	高等小学地理大要	日本、外国
		高等小学日本歴史大要	甲・乙1—3
		小学理科教科書	巻1—4、外篇
		小学算術	高小巻1—4
		訂正日本新画帖	高小巻1—8
		修正新案小学画手本	高小1—8

(注)「埼玉県行政文書」による。一部省略。

の潮流は、ドイツにおこったヘルバルト派教育の導入によって一変した。この教育学の目的が国家主義教育に適応したからでもあった。各地で展開したこの指導法は、おおむね五段階教授法と呼ばれ、用語には差があったが、①予備・提示、②分解、③比較、④統合、⑤応用、などにわたって授業をすすめる方法である。

その後、五段階は①予備、②教授、③応用、の三段階教授法となって各地で流行した（『埼玉県教育史』第四巻）。

小手指小学校では教職員が教授法についての研究会を大正四年（一九一五）四月より開き研鑽につとめた。研究会は授業の改善指導を図り、児童の実力向上を目的としたもので、毎月三回以上、順番に研究授業をおこない、放課後批評会を開いている。研究授業にあたった教師は、前日放課後までに教案を作成のうえ全員に配布しておくことになっていた。批評会は校長が会長となり①担当者の意見、反省の報告、②参観者の質疑応答、③参観者の批評、④担当者の挨拶・弁解、⑤批評の総括、⑥配布教案の編綴保存と総括の記録、などがおこなわれたのである。

3　小学校の年間行事と活動

大正期をむかえた小手指小学校の年間行事を掲げ（表31）、主な教育活動について検討してみよう（明治末以降～大正年間）。

小手指尋常高等小学校の職員は、学校運営の円滑化のために組織機構を整えたり定期的に会議を開催した。なかでも日常の教育問題に関わるのが職員会議である。その目的は学校の施設・経営・教授・訓練などの統一をはかることであった。会議は月三回以上開かれたが、のちに五日と二十五日となった。職員会議は①開会告辞、②諸報告、③指示注意事項、④協議、⑤研究事項の提出、⑥閉会の順序ですすめられ、その内容は全て職員会議記録に記入されたが、残念ながら現存していない。

日常の学校生活を維持するために、教職員は①日直、②宿直を担当した。日直は学校長を除き席順に担当したが、通常日直と休日日直とに分かれていた。日直は午前八時より午後四時までつとめ、主な任務は、その日の朝礼の指導、児童の看護、拾得物の処理、出欠一覧表の処理と日誌の記入などがあり、最後に残された事務事項を下番職員に申し送ることなどであった。休日日直は順番を別に作成して担当した。執務は日誌の記入、文書郵便物の処理、校舎校具の監視などである。日直担当者の日誌は校長が翌日検閲することになっていた。

宿直は校長を除き一人宛順番に担当し、午後四時、日直より任務をうけつぎ翌朝八時まで勤務した。宿直の任務は非常変災の予防であるが、とりわけ火事、錠締りに注意し、時々校舎内外を巡視しなければならなかった。また宿直担当者にとっての重要な任務は「御真影」の奉護であった。宿直者は常時、御真影奉置所と奉置箱の鍵を携帯し、非常変災のときは、埼玉県訓令の規定にもとづき、手落ちなき措置が必要とされた。なお宿直には賄料が支払われたので、校長は一か月ごとに学校管理者（村長）に請求し、担当した職員に支給したのである。

職員は学校運営のために各々事務分掌（校務分掌）を担った。構成は①総務、②教務、③備品、④庶務、⑤衛生の各部である。総務は校長が任じ、一切の校務を総覧した。教務係は教授細目編成から学校教育全般にわたる「かなめ」をうけもつもので、二名がこの任にあたった。備品係は校舎校具などにかかわる事項、庶務係は御真影奉置所にかかわる事項を第一に、以下諸記帳簿・儀式・会合・日宿直・文書受付処理・教育会・研究会・児童保護会などに関する事項、衛生係は児童の看護・身体検査・学校衛生等の事項などを担当したのである。

また職員は学級担当として、日常の指導に携り、学校運営上の最も重要な役割を果した。それらに関わる事務事項は、①学籍簿・除籍簿の整理、②出席簿の整理、③出欠調査簿整理、④成績考査簿整理、⑤児童勤怠表整理、⑥出席督促簿整理、⑦身体検査・養護事項、③風紀・運動奨励監督、⑨教案作成、⑩教室整理、⑪教室備品整理保管、

表31　小手指小学校年間行事表

学期	月	日	祝祭日	学校施設事項	諸報告	法令摘要
第一学期	4月	1	勧学祭	入学及始業式	5月限前学期末尋常科児童出席調査表	
		3	神武天皇祭			
		10		児童役員任命		
		11	昭憲皇太后崩御			
		中旬		児童身体検査施行		
		15			学事年報諸表	明治14年4月県訓令第15号
		20			国定教科書供給状況調	大正3年2月都学第83号
		29	皇太子殿下御降誕記念日			
	5月	1		午前8時始業		
		上旬		遠足運動会		
		10			学校一覧表	明治45年3月県訓令第23号
		中旬		尋一保護者会		
		15			学齢児童就学調査表	仝右
		20		農繁休業		
		27	海軍記念日			
		31			身体検査統計表	明治25年文部省令第4号
	6月	25	地久節		県教育会雑誌代金送金	
	7月	11		午前7時始業	校舎耐否実査報告	明治35年12月学第一四八二号
		下旬		成績考査簿処理		
		30	明治天皇祭			
			大統継承の勅語御下賜			
	8月	1	日清宣戦詔勅煥発			
		7		終業式		
		21		児童召集		
		29	韓国併合			
		31	天長節		公学費表　公学資産表	明治24年6月県訓令第59号

第二学期	9月	1	震災記念日	始業式	5月迄前学期尋常科児童出席調査表	
		11		午前8時始業		
		16	日露講和条約締結記念日			
		23	秋季皇霊祭		県教育会雑誌代金送付	
	10月	1		午前9時始業	国定教科書供給状況調	大正3年2月学第83号
		13	戊申詔書下賜記念日			
		17	神嘗祭			
		22	学校創立記念日			
		25		同窓会		
				運動会（競技）		
		30	教育勅語下賜記念日			
	11月	23	新嘗祭			
		25	六所神社鎮守祭参拝			
		27	北野神社参拝			
	12月	下旬		成績考査簿処理	県教育会雑誌代金送付	
第三学期	1月	1	新年祝賀会		5月限前学期尋常科児童出席調査表	
		3	元始祭			
		15			校舎耐否実査報告	明治35年12月学第一四八二号
		中旬		父兄会		
		31			児童表彰方具状	大正2年1月郡訓令第1号
	2月	10	日露宣戦詔勅煥発記念日			
		11	紀元節祝賀式			
		17	六所神社鎮守祭			
		25	北野神社祈年祭			
		末日			学齢児童就学猶予免除申請	明治34年1月県訓令第7号

3月	9	六所神社例祭参拝			
	10	陸軍記念日			
	20		北野神社懸額		
	21	春季皇霊祭北野神社例祭参列			
	中旬		尋六高二保護者会		
	24		卒修業式		
	25		同窓会総会		
	27		諸整備及諸準備		

⑫操行査定、⑬作業監督、⑭成績物処理、⑮諸検閲（机内・学用品・清掃・学業その他）。その他各面にわたる任務があった。

職員は児童に時事問題を知らせ、或は常識を広めるために新聞を作成したが、これは毎週三回つくり「学校新聞」と呼ばれた。当時、新聞を購読する家庭は限られていた。雑誌・図書類はさらに少なかった。明治・大正期の普通の民家からは、使い古された「教科書」とその年の「暦」以外に、印刷物を見出すのは困難であった。印刷物など家庭に無いのが常識だったのである。小手指尋常高等小学校の職員が毎週三回、校内に掲示する「学校新聞」は、内外の事件や、知的事象を編集して児童に報知したのである。児童にとって読書力の養成と、帰校後の家庭での談話に豊かな素材を与えていた。学校新聞は学校長を除き、掲示当番職員が輪番に作成し、原稿を校長の検閲をうけて掲示したのである。

職員は直接校務に関係しない相互援助的な会も組織していた。その一つに「楽しみ会」がある。設置した目的は、新聞・雑誌・新刊図書の共同購入のためであり、各自の研鑽や、娯楽、あるいは学校新聞の材料としても必要であった。職員は所定の金額を毎月醵金し、主任職員が会計を担当していた。また職員貯金なども試み、職員は給料日に一円以上を貯金し所沢銀行に預けた。貯金事務は校長の仕事で、通帳もまた校長が保管していた。職員は在職中は貯金を預け、転退職時に通帳を本人に交付するしきたりとした。職員の貯蓄倹約と不時の場合に、職員として対処できるように、心がけていたのである。

4　児童の学校生活

次に児童の学校生活を瞥見しておこう。学校の変遷や展開を検討することと異なり、児童の生活や教育現場の有様は、一面からみれば試行錯誤のくりかえしでもあり、年次を確定することはできない。次に紹介する小手指尋常高等小学校の生活は、明治以来の教育諸制度の変遷に規定されながら培われた様相である。

児童の登下校＝上級生が弟妹や近所の下級生の世話をしながら登校する姿は、昔もいまもかわらない。通学組長は毎朝所定の地点で児童を集めて登校したが、遅刻・欠席の注意や、個人別出席簿などを用意して通学の督励などもおこなっていた。通学組は校内を十四組に分け、組ごとに男女別正副組長をおいた。組長は出席督励のほか風紀の維持にもつとめたのである。当時の組編成は、①地蔵山組、②下組、③中組、④上組、⑤新田組、⑥上竹組、⑦広谷組、⑧海谷組、⑨稲荷組、⑩神明組、⑪向町田組、⑫田端北向組、⑬西内手組、⑭前後内手組であった。

朝礼＝明治四十四年（一九一一）四月より、毎日朝礼がおこなわれた。始業五分前に振鈴が鳴ると同時に、職員・児童は校舎前に向いあって整列し、日直職員の号令によって一同は会礼をおこなったのである。朝礼は日直職員の訓話や日程説明、拾得物の指示、二分間の体操による姿勢の矯正心身整理をおこない、終了の号令によって、各学級は級長の号令のもとに、担任が教室に引率したのである。教室に入ると尋常三年以上の児童はその日に学習する教材について、始業十分前まで予習をおこなっていた。

校庭訓話＝大正四年（一九一五）四月より毎月曜日の朝礼のおりに、校長が全校生徒におこなっていた。これは全校統一の指導をはかるためのもので、別名全校訓練ともよばれた。職員は毎週土曜日に、翌週の月曜日におこなわれる校庭訓話の内容について、訓練協議会を開き検討のうえ、校長が訓話したのである。訓話は訓練協議会で審議を経た事項に限られ、校長独自のものではなかった。教室にもどると、各職員は授業前に訓話事項を復演し、その徹底をはかった。なお訓話事項は全て、所定の帳簿に記入し保存していた。毎月曜日の校庭訓話のおりに、学級担任は児童の服装検査をおこない、清潔端正の指導にあたったのである（制服はなく全員が着物だった）。

通学督励＝すでに紹介したごとく、不就学者は減少したが、重・軽被保護児童も多く、また家業の手伝い、子守などが当然とされていたので、欠席を防ぐことが学習進度以上に重要課題であった。出席督励のため、各学級ごとに月ごとの勤怠一覧表を掲示したり、学級担任の競争意識をたかめるために、毎月曜日の朝礼の場で第三位までに精勤旗を授与して表彰した。また通学団ごとに組長に個人別出席簿を預けて出席を督促させた。校長は毎月各級の出席調査表をもとに優劣をつけて校庭に掲示するなど、あの手この手の施策を講じている。学級担任の家庭訪問も欠席対策であったし、その他職員は職員会議で定められた地域分担にもとづき、家庭訪問を続けたのである。無断欠席が一週間以上にわたる場合は学校管理者（村長）に報告した。欠席について今日からみれば稍々みせしめ的な処置さえとり、一方精勤者には賞状・賞品を授与している。

学習評価＝当時は学業検閲と称し、毎月各学級の学業状況を評価した。これは職員の指導上の反省点、成績評価、児童の学習意欲向上などのためにおこなわれた。各学級担任は予め考査問題を選定し、校長の検閲を経てから考査をおこなった。読方・算術の二科目に限られていたが、結果は統計表を作り各教室に掲示した。全校の統計表は別に綴込保存したのである。

児童役員＝役員の決定は年度はじめに、前学期担当の職員が選び職員会で決定のうえ、四月上旬任命式をおこなった。役員をおくことは自治の観念を養成して、諸管理訓育の補助をさせるという、たてまえからであった。役員として⒜正副級長がおかれ男児から選び敬礼・号令の指示その他をつとめ、学校から木綿根緒赤色花形編みの徽章をうけて左胸に着けた。⒝世話掛は男女別に学級に五、六名おき、学級の庶務をつとめ、同じく緑色の徽章。⒞正副組長は男女別に正副を置き、黄色の徽章を着けて級の出欠調査、風紀取締りや出席の督励につとめた。各々役員には辞令書と同時に右の徽章が授与されたのである。

当番＝各学級ごとに掃除当番、整理当番、大掃除当番がおかれた。掃除当番は尋常科二年以上に置かれ、放課後教室掃除をおこなった。整理当番は尋常科三年以上に置かれ、休憩時間に教室の整理、放課後に学級付近の廊下や学級園の掃除をおこなった。毎日、一名宛とし、いわば日直のようなものであった。各当番表は学級担任が作成したのである。

次に特別教育活動ともいえる学校生活について検討しておこう。主なものは勧学祭・成績品展覧及び家庭回覧、学芸会、遠足及び運動会などである。

勧学祭＝毎年入学式の後、菅原道真を祭神とする北野天神社で執行された。学問の神のもとで、敬虔の念を養うことを目的としたものであった。出席者は入学児童とその保護者、入学児童の担任、学校長、学務委員、村長などである。勧学祭の祭主は村長がこれにあたり、神式にのっとり執行され、入学児童に神符が配布された。

学芸会＝開催の目的は既習事項の練習により、発表機能の錬成をはかり、何事にも物おじしない剛毅果敢な気風を涵養するためであった。したがって、月ごとに下旬の頃をえらび一回ずつ開かれていた。開催日は尋常科三年以下が一日、続いて四年以上が一日とし、毎月二日間これにあてていた。学芸会において演じた事項は、学習した諸学科からえられたもの、課外読物からえたもの、創作によるものなどを個人または学級ごとに発表した。題名・氏名は担任より校長に報告の上プログラムを作成し、順次発表をおこなったのである。毎月下旬に開催していた学芸会―発表形式のこころみが、いつ頃に中止となり、年一度の演劇的な学芸会として変貌を遂げたのか、さだかではない。

成績品展覧及び家庭回覧＝主として技能科の成績向上をはかっておこなわれたもので、図画・書き方・綴方・裁縫の四科目であった。裁縫を除く優秀作品を毎月一回家庭回覧を実施し、保護者に対して教育関心をたかめさせたのである。綴方教育は大正・昭和と続けられ昭和七年に『いばら』を発刊した。

展覧会は毎年一回、校舎を公開して三日間にわたり、児童の作品を縦覧させたのである。そのほか展覧会類似の事業として、毎年三月に北野天神社例大祭に際し、優秀な児童作品（図画・書方）を扁額に製して社殿に懸け、一般の鑑賞に供したのである。

遠足及び運動会＝遠足は一週間前に所定の様式で教案を作成のうえ、郡長に報告して、春秋二度実施した。学年の高下により、また前例を参考として実施したのである。競技運動会は毎年十一月二十日に開催することを恒例とした。

校報頒布＝学校と家庭の連絡をこまやかにもち、学習成果向上のために、大正六年四月より毎月一回校報が発刊された。半紙一枚謄写刷りとし、ときには臨時増刊されたこともあった。掲載内容は、学校施設・経営の概況、職員児童の受賞、寄付事項、村の統計的事項、青年団・学齢児童保護会・同窓会、その他家庭からの要望や教育の事項などにわたっている。校報原稿は村長の閲覧後に印刷配布された。校報は児童の家庭のほか、役場吏員・学務委員・校医・駐在巡査・分会長・青年団正副団長などにも届けられた。

大正期における小手指尋常高等小学校の展開は、同七年に「市町村義務教育費負担法」が制定されて、義務教育費の国庫負担制度が成立する前後に、校舎をはじめとして、学校全体の構成が確立したと考えられる。第三期国定教科書の修正も同七年のことであり、しかもこの改訂には、少なからず大正デモクラシーの影響があったのである。小手指尋常高等小学校の組織全体が、右に紹介したように、職員の協議が中核になって運営されるようになり、しかも、そこに職員全体の熱意が滲みでている。国家主義教育体制のもとで、職員が児童全体に目くばりをすすめつつ、集団としての運営に意を尽くしている有様が知られるのである。時あたかも同六年十月、小手指村学齢児童保護会が創設されて、重・軽被保護児童対策が開始されたころであり、その意味からも、大正デモクラシーのうねりの中で、経済的には困難な暗雲のもとにあったが、小学校全体が大きな展開をしめした時代であったといえよう。

陝山小学校を嚆矢とする小手指村域の初等教育の展開は紆余曲折、まことに多難な歴史を経ている。小学校の維持もさることながら、村民子弟の幅広い就学の可能性をさぐる努力は、周辺諸村をして小手指村を「教育村」といわしめたのである。事実いち早く就学率は上昇し、ほぼ邑に不学の戸なき状況となったが、正規の卒業までの在学維持不可能な家庭も、また多数存在した。銀杏の大木を仰いで校門を通った児童が、高等小学校まで在籍し、卒業をむかえる率は、所沢の「町」などに比較できないほどの低さであった。少なくとも就学した児童の通学維持策を、村内共通の課題として持ちたい。そのような意欲から、大正六年十一月十一日創設されたのが「小手指村学齢児童保護会」である。当時の村長は旧忍藩士族鈴木仙太郎、校長古峯周助、学務委員大舘真吉・片居本寅之助・森田七三郎であった。

会則

第一条　本会ハ小手指村学齢児童保護会ト称シ本村学齢児童ノ就学出席ヲ保護奨励シ普通教育ノ普及ヲ図ルヲ以テ

目的トス
第二条　本会ハ本村内ニ居住シ本会ノ趣旨ヲ賛成セル篤志者ヲ以テ組織ス
第三条　本会ノ事務所ハ本村小学校内ニ置ク
第四条　本会ノ事業左ノ如シ
一、就学及出席奨励ノタメ児童ニ学用品ヲ貸与又ハ給与スルコト
一、無告児童ノ就学ヲ保護スルコト
一、生計ノ甚シク困難ナル家庭ノ児童ニハ学用品ノ外被服食物傘履物等ノ費用ヲ全部又ハ一部支給シ若クハ現品ヲ給与スル事
一、其他必要ト認メタル事項
第五条　村会議員及学務委員学校医ヲ顧問トス
第六条　本会ノ役員左ノ如シ
一、総理　一名　村長常任
二、会長　一名　校長同上
三、副会長　三名　学務委員同上
四、幹事　十九名　役場吏員二、学校職員三、以上常任、各区長同上
五、評議員　十四名　各区一　其区ノ互選トシ任期二ヶ年各区
第七条　役員ノ任務左ノ如シ
一、総理ハ会ヲ監督ス

二、会長ハ会務ヲ統督シ　且会ヲ代表ス
三、副会長ハ会長ヲ輔佐シ会長事故アル時若シクハ欠員ノ際其任務ヲ代理ス
四、幹事ハ会長指揮ヲ受ケ庶務及会計ニ従事ス招集ニ応ジ会務ニ関シ主要ナル案件ヲ評定シ且主トシテ被保護児童ノ調査ニ任ズルモノトス
五、評議員ハ会長ガ任命スルモノトス
第八条　会員ヲ分チテ左ノ三種トナス
一、普通会員　毎年金拾銭宛醵金スルモノ
二、特別会員　毎年金二十五銭宛醵金スルモノ
三、名誉会員　毎年金五拾銭宛醵金スルモノ又ハ一時金五円出金者
第九条　本会員タラントスルモノハ申込書ヲ添ヘテ事務所ニ届出ヅルモノトス
第十条　篤志家ノ寄付金品ハ受入ルルモノトス
第十一条　其年度ニ於ケル支出銭余金ハ翌年度ノ予算ニ繰越シ又ハ基本金トシテ蓄積ヲナス
第十二条　本会ノ会計年度ハ四月一日ニ始リ翌年三月三十一日ニ終ル
第十三条　醵出金ノ徴収ハ毎年七月トス
第十四条　会長ハ予算編成ノ為毎年一月評議ヲシテ被保護児童ノ調査ヲナサシム評議員ハ仔細ニ調査ヲ遂ゲ三月限リ第四条所掲右項該当児童ヲ会長ニ報告スルモノトス
第十五条　毎年三月定期総会ヲ開ク　但必要ニ応ジ臨時総会ヲ開ク
第十六条　本会ハ毎年村費補助ヲ村長ニ稟請スルモノトス

第十七条　本会則ノ改廃ハ総テ総会ニ依リテ之ヲ行フモノトス
第十八条　本則ハ大正六年十一月一日ヨリ之ヲ実施ス

全十八か条にわたるこの会則によれば、醵金により就学困難な家庭の児童援助策であることが知られる。自由意志にもとづく会員制により醵金を求めているが、幹事及び評議員は、各区々長と各区より互選された人たちで構成され、この両者が区内から醵金を募る形態であった。地方行政の最末端組織を動員することにより、会を維持し、その目的達成をはかったものである。会の運営と具体的な成果が如何であったか、窺うに足る資料は無い。しかし既述のごとく、大正九年三月二十三日、小手指村学齢児童保護会が、埼玉県知事堀内彦太郎に提出した「補助費下付願」がみられるので、三年後には運営も困難化していたのであろう。知事からの補助費認可の有無も判然としないが、恐らく却下されたのであろう。しかも、この会は、その直後小手指村教育会の発足と同時に解散したと伝えられている。

小手指村教育会会則によれば、就学困難家庭の援助策は残しながらも、一方に、児童や農業補習学校生徒などの表彰規定を強めている。変化の事情を解明できないのが残念である。

各地域における小学校は、大多数の卒業生にとって、最初で最後の学校であった。しかも明治・大正期にあっては、卒業後家業に従い村民として生涯を送るのである。したがって村々における青年会（青年団）処女会は、江戸時代の若者組からの関連もあり、重要な社会教育団体であったといえる。同様に富国強兵策の展開がもたらした在郷軍人会の存在も、考察しなければならないであろう。消防団組織もまた然りである。これらの諸団体は、小学校の発展にとって欠くことのできない基盤であった。小学校の特別教育活動を支え、共催による村民一致の活動が、いかに多かったことか。それは一面からみれば、江戸時代の村落共同体とかかわるものであり、また深く国策の展開に規定されたものであった。社会教育の諸分野についての検討は後日を期したい。

5　実業補習学校より公民学校へ

明治末期から大正期にかけて教育の進展は著しく、とくに義務教育の年限延長や授業料の無償化によって、不就学者もほとんどみられないほどになった。しかし、一方に小学校卒業後の公民教育の分野では、問題が解決されていなかった。もちろん中等学校は存在したが、ここに学ぶ者は極めて恵まれた場合に限られていた。授業料をはじめとして、所謂学費の出費は高額にのぼり、加えて交通は未発達であり、遠方への通学など不可能であった。数少ない中等学校や女学校への進学は、県下各地の豪農商、上級官吏等の子弟・

表32　大正期小手指小学校入学・卒業数一覧

年度		尋小卒	高小入学	高小卒	中学入学	備考
大正元年	男	32	22	15	0	
	女	21	6	5	0	
大正2年	男	28	21	14	3	中学入学2（立川中1）
	女	27	8	5	0	
大正3年	男	36	—	—	—	
	女	23	—	—	—	
大正4年	男	27	20	14	1	川越中入学1
	女	21	6	4	0	
大正5年	男	38	29	18	1	染色学校入学1
	女	33	16	7	3	所沢実科女学入学1
大正6年	男	39	24	17	2	川越中1、飯能須田館1
	女	38	7	5	0	
大正7年	男	31	22	20	5	所沢実務学校5
	女	30	7	10	0	
大正8年	男	36	29	19	0	
	女	33	11	2	1	
大正9年	男	43	27	20	5	
	女	30	6	3	0	
大正10年	男	40	31	20	1	
	女	36	20	8	1	
大正11年	男	51	38	21	1	
	女	42	15	4	2	
大正12年	男	49	39	28	0	
	女	54	20	10	3	
大正13年	男	53	41	30	3	
	女	40	25	9	2	
大正14年	男	58	35	25	3	
	女	46	24	10	3	
大正15年	男	47	41	32	3	
	女	43	17	17	3	

子女が、寄宿舎に入って就学できたのである。

小手指尋常高等小学校卒業生の、進学状況を伝える資料が少ないので、この地域についての正確な事情を知ることはできない。しかし、明治高等小学校時代にも進学者はみられるので、明治末期頃は数年に一、二名は存在したようである。大正期も同様の傾向にあり、普通科の中学校に進学できる児童は稀であった。

大正初年は表32に示したごとく、小手指小学校尋常科卒業後、高等小学校にすすむ男子が七十％前後、高等科を卒業するものは尋常科卒業の五十％弱であった。女子にいたっては高等科入学者は二十％強にすぎず、同様に高等科卒業は十％台である。このような傾向は埼玉県下にほぼ共通であった。各地方において、小学校卒業後の在村者対象の実業教育＝教養学習を含む＝補習教育が必要となった事情を理解できるであろう。

右のような動向のもとで、小手指村の指導層は在村滞留青年者の学習意欲振興のため、実業補習学校設置構想を持つにいたったのである。実業補習学校の具体的な設置認可を提出したのは、大正三年（一九一四）が最初と思われる。すでに明治二十三年（一八九〇）の小学校令には、小学校の一種として、徒弟学校や実業補習学校をあげている。したがって当初は小学校の一種であった。しかし実業補習学校は、その段階で発足したのではなく、同二十六年十一月に改めて制定された「実業補習学校規程」による出発であった。その後、同三十五年四月の改正によって設置がはじめられ、県下では入間郡豊岡町外三か村学校組合立豊岡実業補習学校などが早いものであった（第三部参照）。同年四校が発足しているが、以後県内各地では漸増というに等しく、明治四十年代から大正初年にかけて激増の域に達するのである。小手指村で認可を求めたのは、そのような各地の趨勢のもとにおこなわれたといえる。

大正三年九月二十五日、村長大舘真吉は県知事昌谷彰に設置認可申請を提出した。この書類によれば、小手指高等小学校内におき、設置理由として次のように書き上げている。

本村ハ畑山林ニ富ミ村民皆農ヲ以テ生業トナスト雖モ極メテ其知識ニ乏シク、其発達遅々タリ、従テ之ガ生産ニ及ボス影響多大ナルヲ以テ、茲ニ本校ヲ設置シ農業上ノ知識ヲ開発シ、道徳ヲ進メ併セテ女子ノ為ニ裁縫教授ヲナスハ、極メテ必要ナリト認ム

と述べている。小手指村立実業補習学校は定員百名、職員四名の規模で、予科・本科を設け、予科は一か年、本科は二か年である。教授期間は十二月一日に開始され、翌年三月三十一日を終業日と定め、授業時間は男子は毎日午後六時三十分より午後九時三十分までの夜学であった。女子は午前九時から午後三時までと定めたのである。農閑季節に開校するもので授業料は無償、但し職員四名の給料三十四円（実際三十二円）は村費から支払う計画であった。経費は決算報告によれば、合計五十二円五十銭で済んだのである。

実業補習学校の教科目は表の通りである（表33）。

大正三年に認可をうけて発足した実業補習学校は、当初より内容も弱体であった。教科目も高等小学校のくりかえしが多く、農業の知識をたかめるという趣意書の実現など不可能に近かったのである。補習学校に学んだ生徒からも、あえて夜間通うほどのこともない、と批判される有様だった。

大正五年から同八年まで、埼玉県知事として意欲的な施策をこころみた岡田忠彦は、実業補習学校の全県的設置促進に力をつくしたが、なお内容の充実に配慮すべきことを力説していた。大正七年三月に公布した「実業補習学校施設

表33　小手指実業補習学校の教科課程　（大正３年）

科目	予　　科	本科１年	本科２年
	課　　程	課　　程	課　　程
修　身	勅語の趣旨に基づく道徳等	同	同
農　業	農業一般	普通作物、特用作物、肥料	同、製茶、養蚕
国　語	日常の読方、綴方	同	同
算　術	加減乗除小数	分数、歩合算、珠算	比例、求積、珠算
裁　縫	縫方、裁方、繕方	同	同
家　事	家事の大要	同	同

(注)「埼玉県行政文書」による。

要項」は従来の停滞現象を一掃すべく、教科・年限、その他を改正再編成したものであった。

小手指村ではこの要項にもとづき、大正八年十二月、村長澤田和三郎は、この年七月から着任した県知事堀内秀太郎に「実業補習学校々名並に学則変更認可稟請」を提出したのである。校名は小手指村立農業補習学校と改め、学則も前年岡田県政段階に公布された「要項」にもとづき改正した。修業年限は本科四か年とし、研究科男子は成人まで、同女子は結婚時期到達期までとしたのである。

教科課程も改められ、通常学年のように四月始業、三月終業とした。しかし農業従事者が大半であるから、四月より十一月までを実地指導季節とし、授業は十二月一日より翌年三月三十一日までと定めた。授業日時は本科男子部は毎週五日、夜間三時間とし、同女子部は毎週六日、昼間五時間とした。研究科男子部は毎週三日、夜間二時間とし、同女子部は毎週六日、昼間五時間であった。教科目は本科男子部が修身・公民・国語・算術・農業。同女子部が修身・国語・算術・裁縫・家事であった。授業料は改正前と同様に無償とした。教科課程の概略は表に示

表34　小手指農業補習学校本科の教科課程　（大正9年）

	科目	本科 1年	2年	3年	4年	研究科
男子	修身	道徳の要領	同	同	同	道徳の要領
	国語	読方、綴方、書方	同	同	同	なし
	算術	四則諸算数珠算	同	分数歩合算、珠算	比例求積、簿記	なし
	農業	農業一般	同	同	同	本科専攻、実習
	公民			町村自治一般	同	自治行政一般
	剣道銃操	基本、対敵練習	同	同	同	同
女子	修身	道徳の要領	同	同	同	道徳の要領、作法一般
	国語	読方、綴方、書方	同	同	同	なし
	算術	四則、珠算	同	同	同	なし
	裁縫	裁方、縫方、繕方	同	同	同	本科のほか染色ミシン
	家事	家事の大意	同	同	同	家事の大意
	農業	農業の大意	同	同	同	農業の大意

（注）「埼玉県行政文書」による。

したとおりである（表34）。大正八年十二月に改正認可稟請した実業補習学校は、翌九年一月八日、県知事より承認の指令が出され、小手指村立農業補習学校となり、再出発したのである。経費もこの年より大幅に上昇し、決算書によれば、三百七十九円となった。三百円を越えたのは発足以来はじめてである。

埼玉県における実業補習学校が「施設要項」で改良された頃、政府も実効の薄い補習学校の改革に着手しはじめていた。まず補助金の支出が決定され、弱体な教師陣を補うことに使われた。

ついで文部省は実業補習学校教員養成所令を公布して、専門の教員をつくることになった。大正十年には実業補習学校教員の俸給を、中等学校と同じ程度に引き上げたのである。しかも国庫補助がみとめられた。埼玉県でも国の基準にあわせて、県の「施設要項」を同十年、同十三年と改正を続けた。この十三年二月九日県訓令第六号によって、埼玉県では名称に市町村名を冠し、公民学校の文字を使用することに改めたので、以後、補習学校は公民学校となったのである。

文部省は大正十三年十月、「実業補習学校公民科教授要綱並ビニ教授要旨」を制定したが、県ではすでに大正七年の「施設要項」第七教授訓練、第四条において「町村自治ノ一斑実業ノ情況、民力旧慣等ヲ調査シテ教授ノ資料トナシ、公民的観念ト国民的自覚トヲ体得セシムヘシ」と規定し、これに沿って公民という科目を設けていた。小手指村でも、大正九年の改正により公民科は自治一般を学ぶ科目とされている。国にさきだち公民の科目を設けた埼玉のそれは、あくまでも地方自治、地域の自覚などを求めたもので、それは「民力旧慣を調査して教授の資料となす」という文言に象徴されている。

埼玉県の先駆的な公民教育は、おおまかにいえば大正デモクラシー思潮の伏流があってとり入れられたものであった。しかし、文部省の公民科指導要綱は、最終的には忠実なる臣民育成を意図した国策として展開するものであり、公民教育の差が存在した。

小手指村では大正十三年の県訓令第六号にもとづき、三たび、補習学校の学則の改正に着手した。訓令が国の規準に拠るところが多かったので、村では細部にわたり検討を加え、補助金や優秀な教員配当などをのぞみながら、同十四年三月三十日、村長鹿島常蔵は「小手指公民学校学則」の認可申請を、県知事斎藤守圀に提出した。

この申請書によれば、修業年限は本科前期二年、同後期二年、研究科は二年とした。とくに「農業に従事する者に対し農業に関する知識技能を授くると共に、国民生活に須要なる教育」をおこなう公民学校にしたい、と述べている。学年も二学期制とし、四月〜九月を一学期、十月〜三月を二学期とした。授業日数も、国・県の規定もあるので、一学期にも午後数日間の授業を実施し、二学期は男子は夜間、女子は昼間に授業をおこなったのである。教科課程は表に示した通りである(表35)。全国的に公民学校が国庫補助による教師養成や、給与体系の確立により充実しつつあったが、それは国家が公民の教導、臣民教育に主導権を握る過程でもあった。そして、

表35　小手指公民学校の教科課程　(大正14年)

	科目	前期1年 課程	前期2年 課程	後期1年 課程	後期2年 課程	研究科 課程
男子	修身公民	道徳の要領	同	公民心得	同	同
	国語	講読作文、習字	同	講読、作文、漢文	同	同
	数学	整数、小数、分数比例、珠算	同	応用算術 代数初歩	応用算術 幾何初歩	同
	理科	博物、理化生理衛生	同	なし	なし	なし
	農業	農業大意	同	地方農業適切事項	同	同
	体操	体操、教練、武道	同	同	同	同
女子	修身公民	道徳要領、作法	同	公民心得、作法	同	同
	国語	講読、作文、習字	同	講読、作文	同	同
	数学	整数、小数、分数、歩合算、比例、珠算	同	応用算術	同	同
	家事裁縫	家事大要、裁方、縫方	同	衣食住、育児、衛生	同	同
	農業	農業大意	同	手芸	同	同
	体操音楽	体操、単音唱歌	同	同	同	同

(注)「埼玉県行政文書」による。

実業補習学校の出発時に比して、兼任教師の数や、教科課程の整備が一段とすすんだのも、また事実である。

参考資料

①刊行書

埼玉県教育史・所沢市史近世資料Ⅰ・Ⅱ、所沢市史近代資料Ⅰ・Ⅱ、所沢市史研究、新編埼玉県史近代資料編。

②未刊史料

埼玉県行政文書、岩岡家文書、沢田家文書、町田家文書、大舘家文書、近藤家文書、粕谷家文書、小手指小学校文書、その他。

③資料提供

埼玉県立文書館、所沢市史編さん室。

追記　本編と関連して拙著『近世関東地域社会の構造』（校倉書房　歴史科学叢書）に『江戸近郷社会における庶民教育の展開』と題する論文を発表している。

第二部　近代中等女子教育の展開

遠足・潮干狩（『埼玉県立浦和第一女子高等学校80年史』より）

一　明治期の浦和高等女学校

1　女子中等教育の展開

明治新政府は学制頒布によって「必らず邑に不学の戸なく家に不学の人なからしめん事を期す」と、義務教育制の施行を掲げ、近代社会の発展にとって、教育が果たす役割の重大なことを訴えている。しかしそれは、新政府が目標とした欧米諸列強に伍するための、すなわち「万邦と対峙」しうる国家建設のための、国民教育でなければならなかったのである。

学制頒布による学校建設も、また就学強制も、近代的土地改革を伴わない新政権下にあっては、国民の負担が過重化されることでしかなかった。また女子教育にとっては、男女別学という基本的制約が存在し、その出発点において、二重の制約下におかれたといえよう。しかしながら、近世封建社会のもとで展開した、寺子屋や私塾などの庶民教育の長い伝統をもつわが国民は、営々たる勤勉によって、明治十年（一八七七）代の公教育諸負担を荷い、遂に明治二十年代には、就学率の上昇を維持しうるところとなったのである。

かくして明治二十年代後半より、学齢期に達した児童の就学率は上昇し、三十一年度は六十八・九一％（男八十二・四二％、女五十三・七三％）に達し、さらに急上昇の傾向を示すことになった。これは帝国議会の開設による政治的関心のたかまりや、教育勅語発布にみられる、明治政府の国民教育策の浸透を示すものであった。急激に展開する欧米の資本主義国家に対応し、富国強兵をはかる明治新政権にとって、国家主導の教育は重要な課題であり、とりわけ日清戦争の遂行とともに日本資本主義の新段階に対応するための国民教育が不可欠だったからである。施策の遂行によって児童の就学率は三十三年には八十一・四八％に達し、三十五年には九十一・五七％となり、四十一年には九十七・八三％と上昇し、政府の統計上からは、四十年代にはほぼ児童皆学の体制がつくりあげられている。勿論、明治期の苛酷な地主制を中核とする村落社会にあっては、特に女子児童の就学は困難をきわめ、就学手続きのみの、登校不能児童が相当数みられたのであるから、明治四十年の尋常小学校六年制への移行が実現しても、現実の女子児童教育は容易ならざるものがあった。

埼玉県下においては、第一部において詳述の通り県からの町村教育補助費交付によって就学率も上昇したが、全国的レベルには至らなかったのである。補助費廃止の意見もでた明治三十四年の県会では、根岸議員は次のようにのべている。

本県ノ教育事業ハ全国劣等ノ地位ニ居ツタガ為に、吾々県費縮小ノ議論ヲ執ツテ居タガ、国家ノ進運ト而シテ県民ノ知識ヲ発達サセル上ニ、涙ヲ咽ンデ此県税ヲ支出セナケレバナラヌト云フコトニナツテ来タノデアル、今日迄県税拾万円ヲ補助シテ就学児童数ハ三十二年ニハ六十一人八分三厘デアツタノガ九十五人九分二厘ニ達シ、出席歩合ハ、百人ニ対シ八十人以上ノコトハナカツタガ九十五人以上ニ達シ、誠ニ教育上賀スベキコトデアル、コレハ県税緊縮ノ下ニ廃止スベキモノデハアリマセヌ、廃止論者ハ昨年ノ建議ニ皆同意シタモノデアル、其建議ニ同意シナガラ一年経ザル今日ニ於テ、之ヲ廃ス論拠ハ何所ニアルカ、小学児童ノ為ニ涙ヲ流シテ可愛想ノ次第ト思ヒマス

（『埼玉県議会史』）

町村教育補助金交付に関して、県が報告した資料によれば、埼玉県では明治三十三年就学比率は七十六・二二％（国の統計では前掲八十一・四八％）であったが、翌三十四年に大幅に上昇したのであった（表36）。

かくのごとく一方に児童の就学困難な状況をかかえながらも、上級学校進学志向はたかまり当時郡市町村の地主・

商人、あるいは官衙に職をえたひとたちの、女子中等普通教育を求める声はたかまりつつあった。文部省はすでに明治二十八年一月の高等女学校規程の制定について、「今ヤ高等小学校ヲ卒業シテ、尚ホ高等ノ教育ヲ受ケンコトヲ希望スル女子、年々其数ヲ増シ、高等女子校ノ需要益々多キヲ加ヘタレハ、今ニ於テ之カ制度ヲ定ムルノ必要ヲ認メ」と述べている。ついで明治三十二年二月、勅令第三十一号によって高等女学校令が公布され、ここに女子中等教育の基本線が確立する。全文を示すと次の通りである。

表36　明治33年埼玉県就学比率

郡名	区別	三十四年学令人数（人）	同年就学人数（人）	同年就学比率（%）	三十三年就学比率（未補助ノトキ）（%）	三十四年出席比率（%）
北足立郡	男	一七、〇六九	一六、九三六	九九・二三		
	女	一四、九五三	一四、六六四	九八・〇六		
	合計	三二、〇二一	三一、六〇〇	九八・六九	八〇・〇九	八五・二四
入間郡	男	一七、一三三	一六、九六九	九八・四九		
	女	一五、九二八	一五、〇五七	九六・一八		
	合計	三三、〇六一	三一、九二六	九七・三二	八三・七九	八四・二二
比企郡	男	七、二七八	七、一九四	九八・八五		
	女	六、九六〇	六、五一六	九三・六二		
	合計	一四、二三八	一三、七一〇	九六・二九	八〇・〇三	七九・一一
秩父郡	男	六、六一〇	六、四八九	九八・二三		
	女	六、一九三	五、九六一	九六・二五		
	合計	一二、七九九	一二、四五〇	九七・二八	八〇・四五	八〇・三五
児玉郡	男	五、三四〇	五、二四二	九八・一六		
	女	五、一〇八	四、八六五	九五・二四		
	合計	一〇、四四八	一〇、一〇七	九六・七四	七五・一一	七七・六六
大里郡	男	一一、二七六	一〇、八七四	九六・四三		
	女	一〇、四二五	九、四三六	九〇・三三		
	合計	二一、七二一	二〇、三一〇	九三・五〇	七五・六七	七八・〇七
北埼玉郡	男	一二、三四五	一二、一三五	九八・三〇		
	女	一一、三〇四	一〇、七一二	九四・七六		
	合計	二三、六四九	二二、八四七	九六・六一	七二・三四	八二・四五
南埼玉郡	男	一〇、九五四	一〇、六一九	九六・九五		
	女	一〇、五四〇	九、三七八	八八・九六		
	合計	二一、四九四	一九、九九七	九三・四〇	六五・一六	七八・五三
北葛飾郡	男	八、〇〇七	七、七四七	九六・六九		
	女	七、五四五	六、七四一	八九・三四		
	合計	一五、五五二	一四、四八八	九三・一六	七一・七五	八〇・五四
合計	男	九六、〇〇七	九四、一〇五	九八・〇二		
	女	八八、九七六	八三、三〇〇	九三・六五		
	合計	一八四、九七六	一七七、四三五	九五・五二	七六・二二	八一・四五

（『埼玉県議会史』）

高等女学校令

第一条　高等女学校ハ女子ニ須要ナル高等普通教育ヲ為スヲ以テ目的トス

第二条　北海道及府県ニ於テハ高等女学校ヲ設置スヘシ

前項ノ校数ハ土地ノ情況ニ応シ文部大臣ノ指揮ヲ承ケ地方長官之ヲ定ム

第三条　前条ノ高等女学校ノ経費ハ北海道及沖縄ヲ除ク外府県ノ負担トス

第四条　郡市町村北海道及沖縄県ノ区ヲ含ム又ハ町村学校組合ハ土地ノ情況ニ依リ須要ニシテ其ノ区域小学教育ノ施設上妨ケナキ場合ニ限リ高等女学校ヲ設置スルコトヲ得

第五条　郡市町村立ノ高等女学校ニシテ府県立高等女学校ニ代用スルニ足ルヘキノモノアルトキハ文部大臣ノ認可ヲ受ケ府県費ヲ以テ相当ノ補助ヲ与ヘ第二条ノ設置ニ代フルコトヲ得

第六条　私人ハ本令ノ規定ニ依リ高等女学校ヲ設置スルコトヲ得

第七条　高等女学校ノ設置廃止ハ文部大臣ノ認可ヲ受クヘシ高等女学校ノ設置廃止ニ関スル規則ハ文部大臣之ヲ定ム

第八条　公立高等女学校ノ位置ハ文部大臣ノ認可ヲ経テ地方長官之ヲ定ム

第九条　高等女学校ノ修業年限ハ四箇年トス但シ土地ノ情況ニ依リ一箇年ヲ伸縮スルコトヲ得

高等女学校ニ於テハ二箇年以内ノ補習科ヲ置クコトヲ得

第十条　高等女学校ニ入学スルコトヲ得ル者ハ年齢十二年以上ニシテ高等小学校第二学年ノ課程ヲ卒リタル者又ハ之ト同等ノ学力ヲ有スル者タルヘシ

第十一条　高等女学校ニ於テハ女子ニ必要ナル技芸ヲ専修セントスル者ノ為ニ技芸専修科ヲ置クコトヲ得

高等女学校ニ於テハ其ノ卒業生ニシテ其学科ヲ専攻セントスル者ノ為ニ専攻科ヲ置クコト得

第十二条　高等女学校ノ学科及其ノ程度ニ関スル規則ハ文部大臣之ヲ定ム

第十三条　高等女学校ノ教科書ハ文部大臣ノ検定ヲ経タルモノニ就キ地方長官ノ認可ヲ経テ学校長之ヲ定ム但シ文部大臣ノ検定ヲ経サル教科書ヲ使用スル必要アルトキハ地方長官ハ文部大臣ノ認可ヲ経テ一時其ノ使用ヲ認可スルコトヲ得

高等女学校教科書ノ検定ニ関スル規則ハ文部大臣之ヲ定ム

第十四条　高等女学校ノ教員ハ文部大臣ノ授与シタル教員免許状ヲ有スル者タルヘシ但シ文部大臣ノ定ムル所ニ依リ本文ノ免許状ヲ有セサル者ヲ以テ之ニ充ツルコトヲ得

高等女学校教員ノ免許ニ関スル規則ハ文部大臣之ヲ定ム

第十五条　公立高等女学校職員ノ俸給旅費其ノ他諸給与ニ関スル規則ハ文部大臣ノ認可ヲ経テ地方長官之ヲ定ム

第十六条　高等女学校ノ編制及設備ニ関スル規則ハ文部大臣之ヲ定ム

第十七条　公立高等女学校ニ於テハ授業料ヲ徴収スヘシ但シ特別ノ場合ニ於テハ之ヲ減免スルコトヲ得

授業料入学料等ニ関スル規則ハ公立学校ニ在リテハ地方長官ニ於テ私立学校ニ在リテハ設立者ニ於テ文部大臣ノ認可ヲ経テ之を定ム

第十八条　本令ノ規定ニ依ラサル学校ハ高等女学校ト称スルコトヲ得ス

第十九条　本令施行ノ為ニ必要ナル規則ハ文部大臣之ヲ定ム

付　則

第二十条　本令ハ明治三十二年四月一日ヨリ施行ス

地方長官ハ文部大臣ノ認可ヲ受ケ本令施行ノ日ヨリ四箇年以内第二条ノ設置ヲ延期スルコトヲ得

まさに近代日本の女子教育がここに出発したということができる。第一条にみえる「女子ニ須要ナル高等普通教育」を実現すべく、北海道及び府県に高等女学校を設置すべきことを規定したのである。入学年齢は十二年以上にして、高等小学校第二学年の課程を卒業した者であった。また高等女学校の修業年限は四か年とし、地域の情況により、一か年の伸縮がみとめられたのである。

ついで明治三十四年三月二十二日、文部省令によって高等女学校令施行規則が定められ、各地における女学校の学科課程や設備が整備されたのである。さらに明治四十年七月十八日、勅令第二八一号により、義務教育延長に伴う措置として、入学年齢は十二年以上にして尋常小学校を卒業した者と規定し、修業年限も四か年とし、従来の一か年の伸縮を廃した。この結果同年より三か年の高等女学校は、認めないことになったのである。

その後明治四十三年十月二十六日、勅令四二四号で高等女学校令を改正し、高等女学校に、普通科に加えて実科を設置すること、また実科のみの高等女学校の設置もみとめられたのである。

さて明治二十八年一月の高等女学校規程の制定にもとづき、埼玉県下においても高等女学校設立の機運が高揚し、明治三十年の後半期、埼玉私立教育会は、その先頭に立って行動を開始するところとなった。

2　埼玉女学校の創立

埼玉私立教育会は会頭矢部善蔵が中心となり、県内最初の女学校設立を計画し、明治三十一年（一八九八）一月八日付で「私立学校設置伺」を北足立郡長に提出した。同郡長早川光蔵は翌々十日、これを埼玉県知事宗像政に進達し、同月十七日設置の承認をうけたのであった。

学校設置伺書進達
郡内浦和町埼玉私立教育会会頭矢部善蔵ヨリ、埼玉女学校設置伺書呈出候ニ付、本書及進達候也
明治卅一年十日
北足立郡長　早川　光蔵　印
埼玉県知事宗像政殿
（「埼玉県行政文書」）

私立教育会会頭矢部善蔵が提出した、私立女学校設置伺によれば、校名を埼玉女学校と称した。そして同校は北足立郡浦和町一六〇番地に置かれ、一学年の生徒定員五十名、職員二名の計画で出発したのである。

学校運営にかかわる費用は、創立費の百円をはじめとして、明治三十一年四月より三十二年三月に至る経常費を、次のごとく予算化している。

一金参百参拾六円　職員給
但月俸弐拾円一人、八円一人
一金六拾円　嘱託教師報酬
一金参拾六円　雑給
一金拾八円　備品費
一金六拾六円　消耗品費
一金弐拾四円　雑費
計金五百四拾円

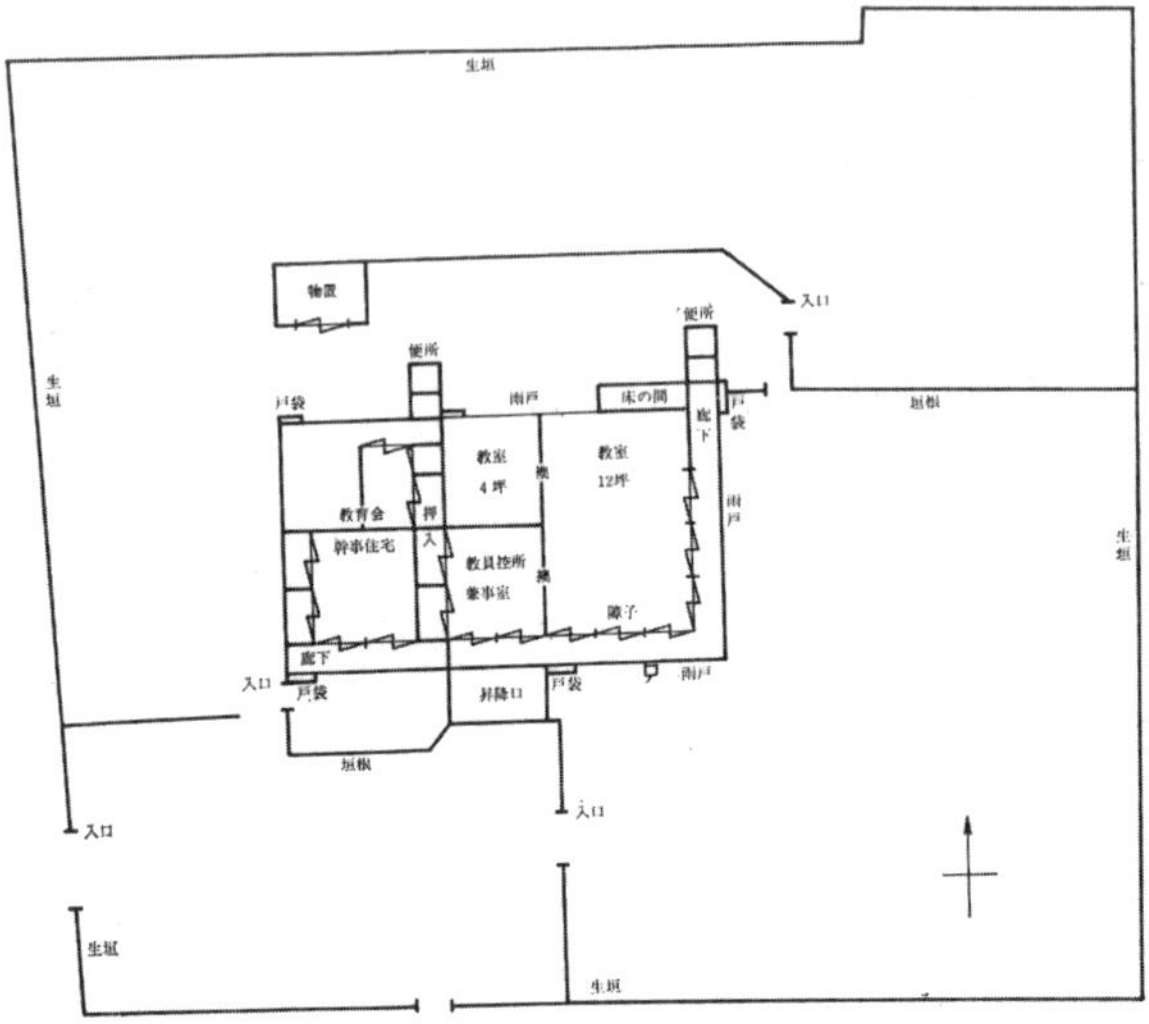

私立埼玉女学校平面図

此収入
一金弐百七拾五円　授業料
一金五拾円　束脩
一金弐百拾五円　補助費
（「埼玉県行政文書」）

私立埼玉女学校は、発足第一年度の経費総額を五百四十円とみ、生徒から徴収する授業料と束脩によって、その六十%をまかなう計画であったことがしられるのである。また私立埼玉女学校の敷地・校舎は、教育会の建造物を併用したものと推定される。当時の略絵図によれば、屋敷地八百四十九坪、瓦葺建家四十二坪五合の規模で、その内訳は教育会幹事住宅と教員控所兼事務室、これに襖をもって仕切られた四坪の教室と、床の間付十二坪の教室がみられる至極簡素なものであった。

3　教育目的

埼玉女学校の教育目的は、同校規則第一条において「本校ハ女子ニ必須ナル高等ノ普通教育ヲ施シ、貞淑ニシテ実用ニ適切ナラシムルヲ以テ目的トス」とみえ、明治二十四年十二月、勅令第二四三号による中学校令の第一四条の、「高等女学校ハ女子ニ須要ナル高等普通教育ヲ施ス所……」をうけ、さらに貞淑にして実用に適切な女性の、育成を企図するものであった。

また同校の学科、修業年限等を検討すると、本科及び技芸専修科が存在し、本科は高等小学校第二年の課程を卒業した者、もしくはこれと同等以上の学力を有し、年齢満十二歳以上と定められ、修業年限を四か年としている。技芸専修科は尋常小学校全科卒業の者、もしくはこれと同等以上の学力を

表37　埼玉女学校本科の教科課程

学科＼学年	毎週教授時間	第一年	毎週教授時間	第二年	毎週教授時間	第三年	毎週教授時間	第四年
修身	二	人道実践ノ方法、作法	一	同上	一	同上	一	同上
国語	五	講読　作文	五	同上	六	同上	四	同上
歴史	一	本邦歴史	二	同上	一	同上、外国歴史	二	外国歴史
地理	一	本邦地理	二	同上	一	外国地理	一	地文
数学	四	筆算、整数分数小数、加減乗除、珠算、加減乗除	三	筆算、同上比例、珠算、同上	三	筆算、比例百分算、幾何初歩	三	筆算、同上、幾何初歩
理科	二	植物、動物	二	同上、礦物	二	物理	二	化学、生理、衛生
家事	一	衣食住	一	同上、家計簿記	一	家事、衛生	二	育児
裁縫	五	運針方、縫方、裁方、繕方	五	同上	六	同上	六	同上
習字	二	楷書、行書	二	楷書、仮名	二	行書、仮名	二	草書、仮名
図画	二	自在画	二	同上	二	同上	二	同上
音楽	二	単音唱歌	二	単音唱歌	二	単音唱歌、復音唱歌	二	同上
体操	三	遊戯、普通体操	三	同上	三	同上	三	同上
教育					二	教育ノ原則、教育ノ方法	二	同上
合計	三〇		三〇		三〇 三二		三〇 三二	

有し、年齢満十二歳以上と定められ、修業年限を二か年としたのである。

埼玉女学校本科の教科は修身・国語・歴史・地理・数学・理科・家事・裁縫・習字・図画・音楽・体操のほかに、随意科として教育科なるものを設けていた。技芸専修科の教科は、修身・手芸・家事・読書・美術・習字・体操の五教科であった。

埼玉女学校の学年暦は、四月一日に始業となり、翌年三月三十一日に終り、毎週の教授時数は三十時間であった。休業日は日曜及土曜午後、大祭祝日のほか皇后陛下御誕生の日であり、夏季休暇は七月二十六日より八月三十一日、冬季休暇は十二月二十六日より一月七日までであった。また定期試験終了後一週間の休暇が定められていた。試験は臨時と定期にわかち、臨時試験は一学年内三回以上実施するものとし、定期試験は毎学年の終りに、その学年間に終了した学科について実施し、平常点を加味して及第落第の判定がなされたのである。

表38　同校技芸専修科の教科課程

学科＼学年	毎週教授時間	第一学年	毎週教授時間	第二学年
修身	二	人道実践ノ方法	一一	同上
手芸	一八	通常衣服ノ縫方、裁方、繕方及編物刺繍其他女工	一八	同上
家事	四	衣食住家計簿記	四	家事、衛生、育児其他一家ノ整理ニ関スル要領
読書		講読、作文		
算術	二	算術、四則応用	三	同上
習字		習字、行書仮名		
体操	二	遊戯、普通体操	三	同上
計	三〇		三〇	

（「埼玉県行政文書」）

4　教科課程

埼玉女学校の本科及び技芸専修科における、当時のカリキュラムは前表の通りであった（表37・38）。みられるように授業時間数は毎週三〇時間で、第一学年においては修身2、国語5、歴史1、地理1、数学4、理科2、家事1、裁縫5、習字2、図画2、音楽2、体操3であった。

各教科の指導内容は、修身が第一学年より第四学年まで、人道実践の方法と作法であり、国語は講読と作文が、同様に四か年にわたって教授されたことがしられ、第一・二学年では五時間、第三学年は六時間、第四学年が四時間であった。歴史は第一・二・三学年が本邦歴史であり、第三学年より外国歴史が加えられ第四学年に及んだ。地理は第一・二学年では本邦地理を、第三学年では外国地理を、第四学年においては地文が加わっている。理科は各学年二時間ずつあり、第一・二学年では植物・動物を、第二学年にはさらに礦物が加えられ、第三学年に物理、第四学年に化学・生理・衛生が教授されたのである。

教科内容からみると、学年ごとに発展段階を明示したものがあり、数学や家事・習字・音楽などをあげることができる。数学は第一学年では四時間配当され、筆算は整数より分数・小数の加減乗除、珠算の加減乗除があった。第二学年も同様であるが、筆算に比例が加わっている。第三・四学年になると筆算の比例・百分率・幾何初歩が学習されたのである。家事は第一・二学年の衣食住よりはじまり、第二学年には家計簿記が加わり、第三学年では家事衛生、第四学年では育児に二時間が配当されている。習字は第一学年の楷書・行書より、第二学年の楷書・仮名、第三学年の行書・仮名、第四学年の草書・仮名へと段階を経ている。音楽も低学年の単音唱歌より、高学年の複音唱歌へと段階づけている。それらに比して裁縫・図画・体操等は、さきに掲げた修身・国語と同様に、段階に応じた内容の相違にふれていないのである。

埼玉女学校は、当時の女子教育の普及とともに、小学校等に進出する女子教員育成の役割もになう意味を有していた。それは第三・四学年に設けられた、各二時間の教育と呼ばれる教科があったことでわかる。この教科内容は「教育の原則」・「教授の方法」であった。女学校の卒業生が小学校の教員となる傾向は、当時一般化したものではなかったが、小学校教員の不足傾向にかんがみ、埼玉女学校の教科に、特に設定されていたものであった。

埼玉女学校の本科と、同時に設けられた技芸専修科は二年制であった。教科は前掲のごとく五教科で、毎週の時間数は合計三十時間であった。修身2、手芸18、家事4、読書・美術・習字3、体操3が配当され、特に手芸が週十八時間も教授されたことは、技芸専修の名にふさわしいといわねばならない。修身は人道実践の方法が教授されたが、これは本科と同じであった。家事は第一学年の衣・食・住と家計簿記から出発し、第二学年では家事・衛生・育児、其他一家の整理に関する要項が教授された。読書は本科の国語にあたり、講読作文が課せられたのである。かくして埼玉女学校は本科・技芸科を擁し、「女子に必須なる高等の普通教育を施し、貞淑にして実用に適」する教育目的を達成せんと試みたのである。

二　浦和高等女学校の創立

1　埼玉県高等女学校の設立過程

明治三十二年（一八九九）二月の高等女学校令の公布にもとづき、同年五月十五日、文部省普通学務局長柳沢政太郎は、埼玉県知事伯爵正親町實正に対して、管下の公私立高等小学校女生徒の学年別及び郡市別人数の調査および、既設高等女学校の学校別各科生徒定員と、学年別現在人数の調査を命じた。なお郡市町村立、または町村学校組合立の高等女学校があれば、その位置・学則・職員俸給・校舎・寄宿舎等についても報告を求めたのである。

一、管内公私立高等小学校女生徒ノ学年別及郡市別員数、既設高等女学校アルトキハ、学校別各科生徒定員及学年別現在人員。

二、代用スヘキ郡市町村立又ハ町村学校組合立高等女学校ノ位置、学則職員俸給額（略）……と。

これは高等女学校令第四条・第五条に照らし、埼玉県下の情況を文部省が把握せんとしたからであった。
また私立埼玉教育会も、高等女学校令の公布をみて、県立高等女学校設置の建議をこころみたのである。

県立高等女学校設置ノ儀ニ付建議

県立高等女学校ノ設立ハ法令上ヨリモ事実上ヨリモ、已ニ其必要ヲ認ム、依テ本県ニ於テモ今ヨリ画策シ、来年度ヨリ実行セラレンコトヲ希望ス

右ハ本会総会ニ於テ全会一致可決致候ニ付、此段建議仕候也

明治三十二年四月廿五日

埼玉私立教育会

会頭　須藤周三郎　印

埼玉県知事伯爵　正親町實正殿

（「埼玉県行政文書」）

以上のごとく私立埼玉教育会は、積極的に県立高等女学校の設置運営に向かったのである。

私立埼玉教育会は、明治十六年に創立された民間の団体であったが、当時県下に唯一の教育団体であり、埼玉県の教育進展の礎を築いていたのであった。明治三十一年十二月、県会において県会議長星野平兵衛は、同会のために年額三百円の補助を次のごとく建議している。

右理由私立埼玉教育会ハ設立爾来茲ニ十六年其間諸般ノ云為ヲ以県下教育ノ為献替扶掖ノ労ヲ執リシモノ摟指スルニ遑アラス且今ヤ更ニ会務ヲ拡張シテ倍ニ大ニ斯業ニ尽ス所アラントス然ルニ該会ハ会員一千名月額金拾銭ノ会費ヲ醵集シテ僅カニ其運命ヲ維持スルモノニシテ到底更ニ斯業ニ尽スヘキ資力ヲ有セス仍チ明治三十二

年度県費ノ中ヨリ年額金参百円ノ補助ヲ与ヘンコトヲ望ム
右本県会ノ決議ヲ以及建議候也

明治三十一年十二月二十一日

埼玉県会議長　星野平兵衛

（『埼玉県議会史』）

この建議案は県議飯野喜四郎より次の通り提案され、論議のすえ明治三十二年度追加予算として、補助金の支出が可決されているのである。このように私立埼玉教育会は、県下の教育を主導する立場にあったといえる。

埼玉私立教育会ハ明治十六年ノ創立デアツテ以後十六年ノ間県下教育ノタメニ尽シ来ツタノデアリマス、其十六年ノ間、此教育会ハ毎月一回雑誌ヲ発行シテ教育者ノ研究に供シ、又県下教育ノ現況ヲ報導致シマスル、或ハ時宜ニ応ジテ或ハ県庁ニ或ハ主務省ニ建議シタコトモゴザイマス、又講習会ヲ開キマシテ教育ノ改良ト教員ノ改造ヲ努メマシタ、又教育展覧会トカ教育懇和会トカヲ開キマシテ一般ノ人民ニ教育ノ事ヲ喚起シタコトモゴザイマス、特ニ廿七八年ノ役ニ当リマシテ義勇ノ誉レト云フ雑誌ヲ発行致テ従軍者ノ兄弟ニ贈与致シマシタリ、金円ヲ募集シテ教員ノ従軍者ノ家族ニ金ヲ送ツテ敵愾心ヲ喚起サセタ事モアリマス、其他学校ノ休ノ時分ニ諸所ニ夏期講習会ヲ開イテ教師ノ充足ニ努メ、又小学校ニ裁縫科ノ普及ヲ計画シテ態々仙台ニ教師ヲ派出シタコトモゴザイマス、又埼玉女子中等教育ヲ普及スル為メニ埼玉女学校ヲ設立シ、現ニ三十名ノ生徒ヲ養成シ月々五六拾円補助シテ居リマス、其他教育幻灯ヲ利用シテ学校ノ生徒ニ或ハ衛生トカ家庭教育ト云フ様ナモノヲ勧誘シテ居リマス、故ニ私ノ考ヘデハ、此埼玉教育会ハ全国ニモ有数ノ教育会デアルト思ヒマス、然レドモ此教育会ノ費用ハ千名ニ満タヌ会員ヨリ一ケ月拾銭宛会費ヲ徴集シテ是等ノ事業ヲ遣リ来ツテ居ル、故ニ誠ニ気ノ毒ノ場合モアリマス、故ニ私ハ箇様ナ有用ナ会ニ県費カラ相当ノ補助ヲ与ヘテ会ノ事業ヲ助ケルノハ相当

デアラウト存ジマス

（『埼玉県議会史』）

県下の中核的な教育団体の県立高女設置建議に対し、県知事は、翌明治三十三年度より、高等女学校令にもとづく県立高等女学校の設置を早速立案して、明治三十二年十一月の通常県会に提出し、予算の承認をえたのである。かくして県知事正親町実正は、明治三十三年三月五日、文部大臣樺山資紀に高等女学校設置について稟申するのである。

本県ニ於テ設置スヘキ高等女学校数ノ儀ハ、将来女子教育ノ発達ニ従ヒ数校ヲ要スル見込有之候得共、当分一校ニ相定度、高等小学校女生徒表相添、此如稟申候也

明治三十三年三月五日　　　　知事

（「埼玉県行政文書」）

このとき添えて提出した小学校女子生徒数は、明治三十二年以来の調査によれば、表36で示したごとき状況であった。各郡ともに三十三年と三十四年の生徒数の変化をみても、当時急激に女子生徒の就学が高まったことが認められるのである。なかでも入間・北足立両郡が圧倒的であった。

しかしながら、県の財政上の問題もあり、当面一校の女学校設置とせねばならなかった。しかも、新たに新校地・新校舎を建設することも困難な有様であり、浦和町稲荷丸の旧師範学校校舎を充当することにしたのであった。知事はこの点についても、文部大臣宛に稟申している。すなわち、

尤同校々地校舎ハ、従来ノ師範学校跡ヲ充用スル儀ニ有之、設置上不完備ノ廉有之候得共、右ハ県経済ニ於テ設立ト同時ニ完整致兼候事情有之、且此機ヲ失候ヘハ設立上困難ヲ生スヘキ虞モ有之、旁以テ此際設立致シ、

追テ其設備ヲ整備致度見込ニ有之候間、特ニ御認可相成度此如稟申候也

明治三十三年三月五日

知事

（「埼玉県行政文書」）

と、特段の認可申請書を添えての出願であった。同稟申によれば、さらに次のごとき内容を知ることが出来る。校名を埼玉県高等女学校と称し、生徒定員は三百名、職員は十九名を予定し、授業料は一か月金五十銭であった。

記

一、名称　埼玉県立高等女学校（立の文字抹消している）
一、学則　本項ハ追テ認可ヲ稟申スヘシ
一、生徒定員　三百人（初年募集生徒百三十人）
一、収入支出予算表　別紙ノ通（明治三十三年度）
一、職員数及俸給額予定　十九人俸給年額六千九百八拾円
一、校舎校地　別紙図面ノ通
但校舎校地ハ従来ノ師範学校跡ヲ充用スルモノニシテ、教室中採光不充分ナルモノアレトモ、此等ハ次年度ニ於テ改良シ、又寄宿舎理科及裁縫教室並雨中体操場ハ、次年度以降ニ於テ建築ノ見込ナリ、尤寄宿舎建築マテハ仮寄宿舎ヲ設ク

明治三十三年度高等女学校費予算表

収入ノ部

授　業　料　　七一五、〇〇〇　　○生徒百三十人一人一ヶ月金五拾銭十一ヶ月分

合　計　　七一五、〇〇〇

支出ノ部

俸　給　二、七一二、〇〇〇

○校長給年額金七百弐拾円
○教員給金千八百円ノ内教諭一人月俸金四拾円・此金四百八拾円、同一人同金参拾円・此金参百六拾円、助教諭二人月俸金弐拾五円・此金六百円、同一人月俸金弐拾四円・此金弐百四拾円、同二人同金拾五円・此金参百六円
○書記一人月俸金拾六円・此金百九拾弐円

雑　費　四五一、七〇〇

○旅費金五拾五円弐拾銭
○舎監手当金七拾弐円
○医師手当金五拾円
○職員賞与金弐拾七円
○生徒賞与金参円五拾銭
○小使給弐百拾六円
○人足賃金拾八円
○備品費金千四百七拾円九拾壱銭
○消耗品金二百八拾壱円
○文具費金拾五円

校　　　費　二、〇四五、七六〇

○印刷費金拾弐円
○郵便税金拾八円
○電信料金弐円四拾銭
○運搬費金弐拾四円
○手数料金弐円四拾銭
○賄費金六拾弐円五銭
○生徒学資金百五拾円

修　繕　費　七二八、三三〇

○裁縫室修繕費金百拾壱円弐拾銭
○寄宿舎修繕費金五百弐拾七円拾壱銭
○小破修繕費金九拾円

退職給与金　二〇、〇〇〇
国庫納金　二七、一二〇
雑　　費　一〇、〇〇〇
　合　計　五、九九四、九一〇

右のごとき申請に対し、文部省は三月十二日に次のように設置を認可したのである。

　埼玉県

本年三月五日三発第三三二号稟申高等女学校設置ノ件認可ス

　明治三十三年三月十二日

文部大臣伯爵　樺山　資紀　㊞

（「埼玉県行政文書」）

また同時に文部省普通学務局長柳沢政太郎は、埼玉県知事伯爵正親町実正に次のような回答を寄せている。

高等女学校々数幷ニ女学校設置ノ件、別紙ノ通指令相成候処、貴県ノ如キハ尚数校ノ増設ヲ要スルモノト認メラレ候得共、先以当分一校ヲ設置セラルヽ儀認メ、指令相成候、将又右女学校ノ設置ハ、卅二年文部省令第五号高等女学校ノ編制及設置規則ニ適セサル廉モ有之候得共、御申立ノ趣モ有之候ニ付、其儘認可相成候条、此旨御了承可成、速ニ設備ヲ完成セラレ度依如及通牒候也。

（「埼玉県行政文書」）

この回答によれば、県下の高等女学校はなお数校必要であろうが、県の経済上の問題にかんがみ、当分一校を設けること。また設備も文部省の定めた編制及び設置規則に満たない点もあるが、将来早急に改善すべきことを条件として、認可されたことがしられるのである。

斯くして県下最初の県立高等女学校が発足することになった。県では、

埼玉県告示第三十三号

明治三十二年勅令第三十一号高等女学校令ニ依リ、高等女学校ヲ北足立郡浦和町ニ置キ、埼玉県高等女学校ト称シ、本年四月ヨリ開校ス

明治三十三年三月十六日

知事伯爵　正親町實正

（「埼玉県行政文書」）

と公示し、本科・裁縫専修科の課程を以て開校することになった。ここにおいて、さきに埼玉私立教育会によって設立されていた、埼玉女学校は閉校となり、その生徒は埼玉県高等女学校に、合併収容されたのである。教育会会頭告森良は次の閉校の届を知事に提出している。

埼玉女学校

右ハ本会ニ於テ是迄設置致置候処、都合ニ依リ本月廿四日限リ閉校仕候間、此段御届申上候也

明治三十三年三月

埼玉私立教育会々長　告　森　良　㊞

埼玉県知事伯爵　正親町實正殿

（「埼玉県行政文書」）

かくして埼玉県高等女学校第一回の生徒募集が実施されるはこびとなった。「埼玉県報」によれば次の要項を全県下に示達したことがしられる。すなわち本科第一学年は約五十名を定員とし、裁縫専修科第一学年が約三十名であった。なお私立埼玉女学校の在校生を受け入れた関係から本科第二学年より第四学年までの生徒、合計七十名を募集したのである。

生徒募集

来四月本校ニ入学セシムヘキ生徒、左記ノ通募集候ニ付、志願者ハ左ノ項々ヲ心得四月十日マテニ願出ツヘシ、

但願書ハ埼玉県内務部第三課へ差出スヘシ

入学試験期日ハ追テ広告ス

明治三十三年三月二十日

埼玉県高等女学校

募集人員

本科
　第一学年　凡五十人
　第二学年ヨリ第四学年マテ　凡三十人
裁縫専修科第一学年　凡三十人

入学志願者心得

一、入学ヲ志願シ得ヘキ者ハ、品行端正身体健康ナル者トス

二、第二学年ニ入学シ得ヘキ者ハ、本年四月ニ至リ年齢十二年以上ニシテ、高等小学校第二学年ノ課程ヲ卒リタル者、又ハ之ト同等以上ノ学力ヲ有スル者トス

三、第一学年ニ入学志願者ノ数募集人員ニ満タサルトキハ、高等小学校第二学年ヲ卒リタル志願者ハ試験ヲ用キス、其他ノ志願者ハ高等小学校第二学年ノ課程ニ依リ読書、作文、算術、日本歴史、日本地理ニ就キ試験ノ上入学ヲ許可ス

前項志願者ノ数募集人員ニ超過スルトキハ、高等小学校第二学年ヲ卒リタル志願者ニ於テハ、読書、作文算術ニ就キ、其他ノ志願者ニ於テハ、前項ノ学科目ニ就キ、高等小学校

表39　教科課程

学科	第一学年課程	第二学年課程	第三学年課程
修身	人倫道徳ノ要旨作法	同上	同上
国語	講読作文	同上	同上
歴史	本邦歴史	同上	外国歴史
地理	本邦地理	同上	外国地理
数学	筆算 整数、分数、小数	筆算 同上 比例	筆算 比例 百分算
理科	植物、動物	物理	化学 鉱物
家事			衣食住
裁縫	縫方 裁方	同上 繕方	同上
習字	楷書	行書	仮名交リ草書
図画	自在画	同上	同上
音楽	単音唱歌	同上	同上 複音唱歌
体操	普通体操 遊戯	同上	同上

表40　成績評価

学科／学科及び学年	修身 学科	修身 行状	何	何	何	何	何	何	平均点	備考
何学校何学年又ハ何科何学年	何点	同	同	同	同	同	同	同	同	学級何人中成績順何番

第二学年ノ課程ニ依リ試験ヲ行ヒ、成績佳良ナル者ヨリ順次入学ヲ許可ス
四、第二学年以上ニ入学シ得ヘキ者ハ、本年四月ニ至リ年齢其学年相当以上ニシテ、其前学年修了ノ程度ニ依リ、左ノ学科ノ試験ニ合格シタル者ノ中、成績佳良ナル者ヨリ順次入学ヲ許ス
五、裁縫専科第一学年ニ入学シ得ヘキ者ハ、本年四月ニ至リ年齢十三年以上ニシテ、高等小学校第二学年ノ課程ヲ卒リタル者、又ハ之ト同等以上ノ学力ヲ有スル者トス
六、入学願書ニハ履歴書、証明書ヲ添ヘ差出スヘシ、其書式ハ左ノ如シ

入学願

私儀貴校（本科第何学年）（裁縫専修科第一学年）ヘ入学志願ニ付、御許可相成度父兄連署ヲ以テ此段相願候也

道庁府県族称
何某何女或ハ姉妹戸籍等

年　月　日　本人　氏　名　印

右父兄族称　氏　名　印

埼玉県高等女学校御中

履歴書

道庁府県族称
何某何女或ハ姉妹戸籍等

氏　　名
生　年　月　日

原　　籍　道庁府県郡市町村番地
現住所　道庁府県郡市町村番地又ハ何某方寄留
戸主職業　何
学業
一、何年何月ヨリ何地何学校ニ入リ又ハ何地何某ニ就キ何学科修業又ハ卒業等
賞罰
一、何年何日何学校ニ於テ何賞又ハ罰
右ノ通候也（略）
七、他ノ高等女学校ノ在学者ニシテ本校ニ転学セントスル者ハ、当該学校長ノ証明セル在学証及試験成績表及履歴書ヲ添ヘ出願スルトキハ転学ヲ許シ、相当ノ学年ニ編入スルコトアルヘシ、
其願書及履歴書ハ前項ニ準スヘシ

明治三十三年に定められた生徒授業料は、一か月金五十銭であった。この額自体は決して高いものではなかったが、女子中等公教育に対する当時の一般的関心からいえば、経済的に上層家庭の子女にのみ開かれた門戸であった。特に寄宿生として県下各地から入学する生徒は、後述のごとく月平均十円の仕送りが必要とされたのであるから、さらに恵まれた子女に限られたといえよう。機会均等には程遠い社会であったのである。

授業料はその後明治三十五年「埼玉県令第八号」によって一か月金七十銭とされたが、諸物価の騰貴などから、

値上げ策が県会で議論されてきたのであった。

埼玉県会は明治三十九年十二月二十七日、県知事大久保利武に対し、授業料修正の意見書を提出している。それには「一高等女学校ノ授業料生徒一人一ヵ月金七拾銭トアルヲ、之ヲ一人一ヵ月金壱円弐拾銭ト修正ス」とあり、知事はこれをうけて文部大臣に授業料増額の稟申をなした。ちなみに明治三十九年度における関東近県の高等女学校の授業料をみると、次のような状況であった。

栃木県	一円五十銭	群馬県	一円五十銭
千葉県	一円	宮城県	二円
岩手県	八十銭	秋田県	一円
茨城県	一円	青森県	一円十銭

みられるごとく本県の高等女学校は最低額で運営されてきたのであった。かくして明治四十年三月五日「埼玉県令第十二号」で、一か月一円二十銭に決定され、諸県なみに値上げされたのであった。その後授業料は、県知事の文部大臣宛稟申によれば明治四十五年四月より一か月金一円五十銭に変更されたことがしられるのである。

2 設立をめぐる県会の動向

県立高等女学校の設置をめぐって、明治三十二年（一八九九）の通常県会において、大作議員は女子教育普及のためには、まず女子教員の養成が必要であろう。女教師の養成について県では如何なる考えであるかと質問している。「高等女学校ヲ置クト云フコトハ賛成デゴザイマスレドモ、兎ニ角、唯今ノ処デ此町村ノ学校ヲ見渡ス処デ、女教師不足ヲ感ジテ居リマス。我ガ隣県千葉ナドデハ、特ニ女子師範学校ト云フヤウナモノガゴザイマシテ、大分、女子教育ノ上ニ、此教育ガ欠乏致シマセヌ、今ノ処ハ本県ハ女子ノ教員ト云フ者ニ欠乏ヲ感ジテ居リマス……何トカシテ此弥縫策（びほうさく）ヲ施ス為メニモ、講習生ヲ置キマシテ、極ク簡易ノ学課ヲ授ケテ年月ヲ短縮シテ、早ク卒業サセテ、此女教師ノ欠乏ヲ補フ」方針が、県にあるのかとただしたのである。それに対して山路視学官は、女学校内に補習科を置き、小学校の正教員を養成し、そのほか技芸専修課を置いて、裁縫職員を養成する方針であると答弁していることがしられる。この事実よりみれば、県は女子教育の向上には女子教員が不可欠であり、当面女学校に補習科を置き、これによって小学校教員の養成にあてることを、考慮していたとみられるのである。

さて県立高等女学校の開設費用は、同年の県会における審議によれば次の通りである。県が提出した高等女学校費は、総計七千九百九十四円九十一銭であったが、修正のうえ五千九百九十四円九十一銭をもって可決された（表41）。

これは県費軽減の機運が強く、議員から「県費緊縮ト云フコトが県下ノ与論トナツテ居ルノデ、原案カラ兎ニ角、弐千円ヲ減額シタイ」との要求が出され修正されたものであった。

しかしその後、県の教育費の増加は著しく、県立高等女学校費のみでも、一覧表にしめしたように、明治三十三年には一万円余であったが、同三十四年以降二万円を超え、同三十九年度より三万円以上となる（表42・43）。

県会において教育費の膨脹を懸念する声は消えず、女子中等教育の出発は容易ならざるものがあった。明治三十二年、はじめて高等女学校費が議案書に計上されたとき、大久保議員は「埼玉県ノ教育費額ハ種々県税縮少トカ何トカ理屈屋ノアルニモ拘ラズ、年々膨脹シテ行キマス、シカルニ本年度ニ於テ第六項（高等女学校費）ヲ掲ゲナケレバナラヌ必要ヲ生ジタノハドウシテカ」、と質問している。それに対して告森書記官は、埼玉県は女子教員も少なく、小学校における女子児童の就学率も低く、ましてや女子に対する高等教育の施設は皆無であった。これは男子に準じて、女子教育を発展させようという国家的要請にもそわないとし、幸い埼玉師範学校の新築に伴い、旧校舎を利用して高等女学校の開校が可能となったことを力説し、次のごとく答弁しているのである。

是ハ全国ニ、画一ニ男子ニ準ジテ女子ノ教育ヲ奨励スル必要ヲ文部省ガ認メテ、高等女学校令ヲ発布ニナツタノデゴザリマス、本県ノ小学校ノ女子教育ノ有様ヲ見マスルト、設備ガ不完全デ、就学児童ノ三分ノ一ニシカ当ラナイノデアル、男子ノ教育ト比較シテ見マスルト余程低イノデアル、是ト云フノモ畢竟是マデノ女子教育ヲ奨励スル道ガナイタメデアル、又一方カラ見ルト女教員ト云フモノガ甚ダ乏シイノデアル、コノ本県ノ状態ニ照ラシテモ、政府ガ勅令ヲ以テ促ガシタ事ニ対シテモ、高等ノ女子教育ノ設備ノナイコトハ如何ニモ残念デアル、ソレデ本年ハ県費多額ノ年柄デアリマスガ、幸ヒ師範学校ノ新築ガ出来マスト校舎ガアクノデ、校舎ヲ新築スル必要ガナイノデ、経費ヲ要スルコト少クシテ、是ガ実現出来ルワケデアリマス

（『埼玉県議会史』）

またある議員は「本県ニハ大里郡以北ニハ中等教育ノ機関ハ一ツモ備ハツテ居ナイニモ拘ラズ、埼玉県ノ中等教育ハ普及シタカラトノ理由デ、高等女学校ヲ置クノハ反対デアル、本項ヲ削除シタイ」と、高等女学校の設置時期尚早を説くものもあったが、さすがに賛成を得るに至らなかったという。

表41　明治32年高等女学校費

俸給	3,480,000	修正	(2,712,000)
雑給	560,700	〃	(451,700)
校費	3,121,080	〃	(2,045,760)
修繕費	728,330	可決	
退職給与金	40,000	修正	(20,000)
国庫納金	34,800	〃	(27,120)
雑費	30,000	〃	(10,000)
計	7,994,910	〃	(5,994,910)

（『埼玉県議会史』）

表42　埼玉県議会における高等女学校費議決一覧　（　）は修正額

	俸給	雑給	校費	修繕費	退職及死亡給与金	国庫納金	雑費	生徒費	付属小学校費	計
明治32年	3,480,000 (2,712,000)	960,700 (451,700)	3,121,080 (2,045,760)	728,330	40,000 (20,000)	34,800 (27,120)	30,000 (10,000)			7,994,910 (5,994,910)
明治33年	4,272,000	931,500	2,556,180	669,000	20,000	50,720		3,200,000		10,699,400
明治34年	6,696,000	1,555,000	3,693,584	1,066,911	50,000	74,960		7,040,000		20,176,465
明治35年	8,136,000 (7,776,000)	1,900,300 (1,796,000)	3,822,605	916,800	80,000 (70,000)	89,360 (85,760)		9,680,000		24,625,065 (23,870,090)
明治36年	8,604,000	1,861,000	3,795,760	680,750	80,000	91,880		9,680,000	2,085,280	26,848,650
明治37年	8,604,000 (8,316,000)	1,861,000 (1,651,000)	3,795,760 (3,005,720)	650,750 (408,550)	80,000	91,880 (89,360)		9,680,000	2,085,260 (2,081,840)	26,848,650 (25,312,470)
明治38年	9,936,000	1,729,000	3,574,950 (3,374,930)	1,231,997	80,000	107,200		9,680,000	2,311,200 (2,281,200)	28,650,347 (28,420,347)
明治39年	10.860,000	1,951,000 (1,927,000)	3,740,073 (3,726,613)	830,320	100,000	115,240		9,680,000	4,075,600	31,352,233 (31,314,773)
明治40年	11,820,000	2,180,000	4,062,342	574,800	100,000	123,640		8,040,000	4,725,920	31,626,702
明治41年	12,840,000	2,524,000	4,618,160	1,016,010	100,000	135,840		10,680,000	5,400,840	37,314,850
明治42年	13,668,000 (13,020,000)	2,630,300 (2,617,400)	10,481,890	931,800	100,000	143,520 (137,040)		12,055,000	5,500,760	45,511,270 (44,843,890)
明治43年	16,846,000	3,540,560	15,428,820	397,000	300,000	166,080				36,680,460
明治44年	20,112,000	4,380,840	10,054,490	522,000	300,000	196,920				35,566,250
明治45年	21,720,000	4,954,400	8,743,570	794,500	300,000	212,400				36,724,870

注　(1)明治32年は高等女学校費　(2)明治33年より明治42年までは、女子師範学校及び浦和高等女学校費
　(3)明治43年より高等女学校費のみ。（浦和・川越・熊谷）、女子師範学校費は師範学校と一括された。（「埼玉県報」「埼玉県行政文書」『埼玉県議会史』より作成）

表43　浦和高等女学校の校費決算一覧

年度	俸給	雑給	生徒費	校費	修繕費	付属小学校費	退職及死亡給与金国庫納金	計
	円	円	円	円	円	円	円	円
明治33年	2,694,265	493,975		1,859,920	871,640		26,942	5,947,742
明治34年	4,265,603	920,970	2,154,515	2,596,589	668,848		70,263	10,676,788
明治35年	6,482,416	1,552,219	6,793,285	3,923,628	1,065,994		88,797	19,906,339
明治36年	7,619,117	1,750,064	9,268,000	3,796,814	916,752	1,341,778	134,837	24,827,361
明治37年	8,097,216	1,431,790	9,146,000	2,996,279	472,917	1,978,781	101,144	24,224,127

（『埼玉県立浦和高等女学校一覧』）

明治三十三年には表42のごとく通常県会に一万六百九十九円四十銭が、女子師範学校及高等女学校費として提案されている。これは高等女学校と女子師範学校併置するために、両校の校費を合わせて計上したものである。この予算審議に関連して、根岸議員は「埼玉ノ教育ヲシテ普及セシムル方針ニツイテ、新視学官ノ方針ヲ承ハリタイ」と質問している。それに対してあらたに赴任した豊岡視学官は、

小学校教育ニ、就学児童ノ歩合ガ少ナイコトハ全国最下位デアリマス、コレハ女子就学ノ歩合ガ少ナイコトガ主ナル原因デアリマス、是ハ種々ナ原因モアリマセウガ、本県ニハ女子教員ガ殆ドイナイ、慥カ栃木県ノ卒業生ガ一名居ル位デセウ、コレガ一ツノ原因デゴザイマセウ、従ツテ女子教員ノ養成ガ急務デアリマス、又其他実業学校設立ニモ将来十分、力ヲ尽サナケレバナルマイト考ヘマス

（『埼玉県議会史』）

と答弁し、高等女学校・女子師範学校の育成をとおして、女子教育の発展を期する方針が確立されるのである。

このような県会の予算審議を経て

高等女学校ハ旧師範学校舎ヲ充用シテ本年四月之ヲ設置セリ、其設備甚タ不完備ニシテ、未タ特別教室・雨中体操場・生徒寄宿舎等ノ設ケナシ、此等ハ皆三十四年度以降ニ於テ建築セサルヲ得サルモノナリ、但現在ハ生徒定員ニ満タサルニ依リ、校舎ノ一部ヲ以テ生徒寄宿舎ニ充テ生徒ヲ寄宿セシム（『埼玉県史料叢書』9）

と、誕生をみるに至ったのである。

次いで翌三十四年には女子師範学校が設置され、「既設高等女学校舎ヲ充用シ、既設高等女学校ハ之ニ併設」することになるのである。これは、旧埼玉県師範学校の校舎であった鳳翔閣を利用して学んでいた高等女学校を併置して、女子師範学校が発足したことを示しているのである。そして同年八月十三日、埼玉県高等女学校は、埼玉県

立浦和高等女学校と改称することになった。

3　女子師範学校設置

県下の女子教育振興の機運が、教育界はもとより県議会の論議にもあらわれると、県当局は女子師範設置を明治三十四年一月に稟申する。

本県ニ於テハ従来師範学校一校ヲ設置シ、男生ノミ養成致来候処、女教員ヲ養成スルノ必要ヲ生シ候ニ付、今般更ニ女子師範学校ヲ設置シ、来四月ヨリ開校致度、尤右校舎等ハ、既設高等女学校舎ヲ充用シ、既設高等女学校ハ之ニ並置スル儀ニ有之候間、御認可相成度此段併テ稟申候也。

（「埼玉県行政文書」）

ついで埼玉県は同年三月八日、設備等について認可を求めたのである。当時の稟申案伺によれば次の通りである。

一校地校舎寄宿舎及附属建物ハ別紙図面及設計ノ通。
一体操場ハ校舎前庭全体ヲ以テ之ニ充ツ。
一校地坪数所有者近傍地形及飲料水ハ、現高等女学校ノ通ニ付之ヲ省略ス。
一女子師範生徒実地授業練習ヲ要スルニ至マテニハ、校地近傍ニ凡四学級ヲ置キ得ヘキ附属小学校等ヲ建築ス。
一寄宿舎自修室寝室兼用トシ、二百人ヲ容ル、見込。

（「埼玉県行政文書」）

また稟申案伺によれば、知事は文部省普通学務局長にあてて、該校地は狭隘であり、しかも拡張に便ならざる所で、やや不充分な点もみられるが、県下教育の機運が稍振興に向かいつつある現状であるから、特に認可されたいと述べている。

文部省では審議の結果、同年三月十八日付をもって、女子師範学校・高等女学校併置を認可し、次の通り埼玉県に示達したのである。

埼玉県

明治三十四年一月九日三発第一号稟申、女子師範学校ヲ設置シ、同校ニ既設高等女学校ヲ併置スル件認可ス

明治三十四年三月十八日

文部大臣　松田　正久　㊞

（「埼玉県行政文書」）

また使用の校舎については、

埼玉県

明治三十四年三月八日発第一号ノ二稟申、女子師範学校々舎建築等ノ件許可ス、但寄宿舎ノ建築設計ハ別紙図面ノ通改ムヘシ

明治三十四年三月十八日

文部大臣　松田　正久　㊞

（「埼玉県行政文書」）

と認可されたのである。文中に指示されたように、特に寄宿舎については設計の変更を命ぜられたのであった。

新築の校舎は、裁縫室兼作法室・寄宿舎・食堂賄所・雨天体操場・理化学教室・石油庫の六棟であった。

4　施設拡充工事

埼玉県議会は苦しい財政の中から、女子教育に関する施策を遂行する。前掲の校費予算のほか、建築費が計上され、明治三十四年（一九〇一）度予算に、女子師範学校及び高等女学校建築費として二万八千十一円三十七銭五厘があらたに可決された。このとき県議会で可決された三十四年度予算案をみると、女子師範学校及び高等女学校の建築費と、各中学校の増改築費を含めて、合計五万一千百五十五円八十七銭五厘が、前年度比の増額であった。さらに学校建築について審議した結果、同年の教育費に高等女学校建築費として追加予算が組まれ、千六百四円五十銭が可決されている。これは高等女学校の、各種施設の改築費に充てるためのものであった。

このように県議会では年々増加する教育費に苦悩しつつも、女子教育の充実に力を入れている。さきにふれた女子師範学校及び高等女学校建築工事は、明治三十四年度以降の予算執行であった。埼玉県は次のように工事請負について公示し、急ぎ遂行にむかった。

工事請負

第一号

一埼玉県女子師範学校及同県立浦和高等女学校寄宿舎及内廊下新築工事

第二号

一同上裁縫室其他各建物新築工事

以上入札保証金各自見積金高百分ノ五以上（円未満切上ク）入札者ハ満二年以上建築工事請負営業ニ従事シ、仍ホ引続キ現ニ該営業ヲ為スモノニシテ、直接国税年額五円以上ヲ納ムルコトヲ郡区市町村長ノ証明セルモノニ限ル右毎号競争入札ヲ以テ請負ニ附ス、請負望ノ者ハ当庁内務部第二課ニ就キ、工事仕様書及図面熟覧ノ上、明治三十三年三月埼玉県令第十号工事入札請負規則ニ依リ、本月十二日午前十一時迄ニ入札保証金相添ヘ入札スヘシ、但即日開札ス

明治三十四年十一月一日　　　　　　　　　　埼玉県

（「埼玉県報」）

以上のごとく、建築工事は第一号が、「埼玉県女子師範学校及同県立浦和高等女学校寄宿舎及内廊下新築工事」であり、第二号が、「同上裁縫室其他各建物新築工事」であった。この工事は共に契約期限が、明治三十五年一月二日より三月三十一日までの間に完成・引渡しを予定されていた。

しかしながら埼玉県議会における質疑事項をみると、この工事は容易に遂行しえず、県当局は請負者から違約金を徴収したことがしられる。まず第一号の寄宿舎その他については、請負金一万千二百八十六円七十五銭八厘であり、契約期限三月三十一日を、請負者の都合・設計変更を要する事態などにより、八月十九日まで延期を認め、ほぼ工事の竣工をみた。しかし寄宿舎に要する古畳九十二枚半の調査などに手数がかかり、八月二十一日より八月二十六日まで、さらに延期を認めたが、工事は十二日間延滞して九月七日に完成し、請負入札規定により、つまり一日延滞ごとに請負金の三百分の一、合計四百五十一円四十七銭の過怠金を徴収している。同様に第二号工事の裁縫室・作法室等の工事は、請負金額一万四千円余で、契約期限は三月三十一日までであったが、請負者側の都合、もしくは工事中止命令・工事設計変更等により、結局八月三十一日まで延期を認めたが、工事は結局九月七日に完成したのであった。同様にして七日間の延滞過怠金が徴収されたと、『埼玉県議会史』は記している。かくして明治三十五年十二月二十三日、県立浦和高等女学校に寄宿舎二棟、ならびに裁縫教室・作法教室一棟及び食堂炊事場一

棟が落成し、引渡されたのである。

ついで明治三十五年の県議会においても、歳出臨時部の予算として、女子師範学校及び浦和高等女学校建築費が、一万九千五百三十円八十二銭計上されている。また教育費の中に、千二百二十八円四厘計上されたが、これは前者は理科教室その他の建築費であり、後者は物乾場の建築を中心とする予算であったと推定しうる。

議会では、物乾場の設計を高櫓とすること、これに要する梯子については「急ナ梯子段トテモ可（よい）イカ知リマセヌガ、兎ニ角、妙齢ノ女子ガ這入ツテ居ル学校デアリマスル以上ハ（略）容易ニ昇降出来ルヤウニ」などの留意事項を付帯して、坪当り単価を金十二円六十一銭二厘余を、金十円に引き下げるとの案が出され、結局千百八十二円七十一銭四厘に修正のうえ可決された。

理科教室などの工事は、明治三十六年一月十三日、県は入札の公示をだし、ただちに工事に着手した。その結果同年六月十三日、特別教室一棟、正門東西の通用門等が落成し、浦和高等女学校に引渡されたのである。

工事請負

一女子師範学校及浦和高等女学校理科教室八ケ廉建築工事
此入札保証金各自見積金高百分ノ五以上入札者ハ満二ケ年以上引続キ現ニ建築工事請負営業ニ従事スル者ニシテ、直接国税年額五円以上ヲ納ムルコトヲ郡区市町村長ノ証明セルモノニ限ル
右競争入札ヲ以テ請負ニ附ス、望ノ者ハ当庁内務部第二課ニ就キ工事仕様書竝ニ図面等熟覧ノ上、明治三十三年三月埼玉県令第十号工事入札請負規則ニ依リ、本月二十一日午前十一時迄ニ入札保証金相添ヘ入札スヘシ但即日開札ス

明治三十六年一月十三日　　埼玉県

（『埼玉県報』）

工事請負

一埼玉県 女子師範 浦和高等 女学校物乾場外五廉建築工事

此入札保証金各自見積金高百分ノ五以上

入札ニ加ハルコトヲ得ヘキ者ハ満二ケ年以来引続キ建築請負業ニ従事シ、仍現ニ其営業ヲ為シ直接国税年額五円以上ヲ納ムル者、又ハ資産及技術者ニ関シ知事ノ承認ヲ経タル者ニ限ル、

入札ニ加ハラントスル請負営業者ニシテ未タ請負経歴書ヲ差出サヽル者ハ其請負経歴書ヲ、又資産及技術者ニ関シ知事ノ承認ヲ受ケントスル者ハ、資産ニ関スル部長ノ証明書技術者ノ学事、竝ニ業務履歴書ヲ入札期日ノ三日以前ニ差出スヘシ、

入札ノ場所ハ県庁構内トス

右競争入札ヲ以テ請負ニ附ス、望ノ者ハ当庁内務部第二課ニ就キ仕様書図面等熟覧ノ上、明治三十六年二月埼玉県告示第四十五号工事請負規程ニ依リ、来ル七月七日午前十一時迄ニ入札保証金相添ヘ入札スヘシ、但シ即日開札ス

明治三十六年六月三十日　埼玉県

（『埼玉県報』）

物乾場の設置については、県議会の修正予算で減額をうけ、明治三十六年六月三十日付で、県は入札の公示をおこない建築に着手したのである。

またこれら諸建造物に付設される電灯工事は、別途に施工されたが、その動向は概ね次のごときものであった。

埼玉師範学校・浦和中学校・女子師範学校・浦和高等女学校の電灯付設工事は、明治三十七年一月十三日、埼玉

県と埼玉電灯株式会社との間に契約が成立し、同月二十五日より工事が始められた。

この工事の契約期間は、当初同年二月二十日迄の三十九日間であったが、二月十二日に工事変更の命が、同月二十日には工事中止の命が内務省より埼玉電灯株式会社に出された。しかし、三月四日になると、工事中止を解くので、至急竣工するように工事を進めてもらいたい旨の通牒が、内務部長より埼玉電灯株式会社取締役社長斎藤珪次あてに出された。

工事中止から再開への経緯は明らかではないが、この通牒をうけ埼玉電灯株式会社より埼玉県知事木下周一あてに、三月十九日迄工事完成を延期してほしい旨の願いが提出されたのである。

延期願

明治卅七年壱月拾参日契約相成候電灯布設工事完成期間ノ義、同年弐月弐拾日ニ有之候処、同月拾弐日工事変更ノ命、及同月弐拾日中止ノ命有之候為メ、本契約完成期間迄ニ完成スル能ザル処、本日該工事完成セシム可命有之候ニ付テハ、来ル参月拾九日迄御延期相成度、此段奉願候也

明治卅七年参月四日

埼玉電灯株式会社
取締役　星野平兵衛 ㊞

埼玉県知事　木下周一殿

（『埼玉県行政文書』）


なお、同日付で埼玉電灯株式会社取締役社長斎藤珪次の辞任届が知事あてに出されている。

同月七日、この延期願が聞き届けられ工事は三月十八日に終了し、埼玉電灯株式会社より届けが出された。

四月十一・十二日、技手久嶋熊雄、同岡武弘の両名によって検査が行われたが、安全器・開閉器の取付け不足、壁面の破損があり同月二十日迄に手直しをするよう命じられている。

復命書

埼玉県師範学校及ビ浦和中学校並ビニ女子師範高等女学校電灯布設工事落成之旨、受負者埼玉電灯株式会社ヨリ届出候ニ付キ、依命一昨十一日午後三時ヨリ十二日午後四時半迄検査仕候処、中学校及師範学校ニ於テ開閉器安全器共取付不足有之、尚施工之際壁面ニ破損ヲ生シタル箇所有之候ニ付キ、来ル二十日迄ニ完成及復旧セシムル様相命置候間、此段復命候也

明治三拾七年四月十三日

技手　久嶋　熊雄㊞

技手　岡　武弘㊞

埼玉県知事　木下周一殿

（『埼玉県行政文書』）

埼玉電灯株式会社ではこの命をうけ、壁修繕二百十二か所（埼玉師範・浦和中学・埼玉女子師範・浦和高等女学校）、スイッチ二個・安全器一個の取付（浦和中学校）、布線直し二か所（埼玉師範学校）、石盤台スイッチ四個の取付け（埼玉師範学校）の手直しを行った。

四月二十日には工事が全て完成し、翌二十一日に「成工届」が知事あてに提出されたのである。

かくして二十二日に再度、久嶋・岡両名によって検査が行われ、「検査ヲ遂クル処不都合ナシ」と認められた。

この電灯付設工事の請負金額は千三百八十五円六十五銭であった。

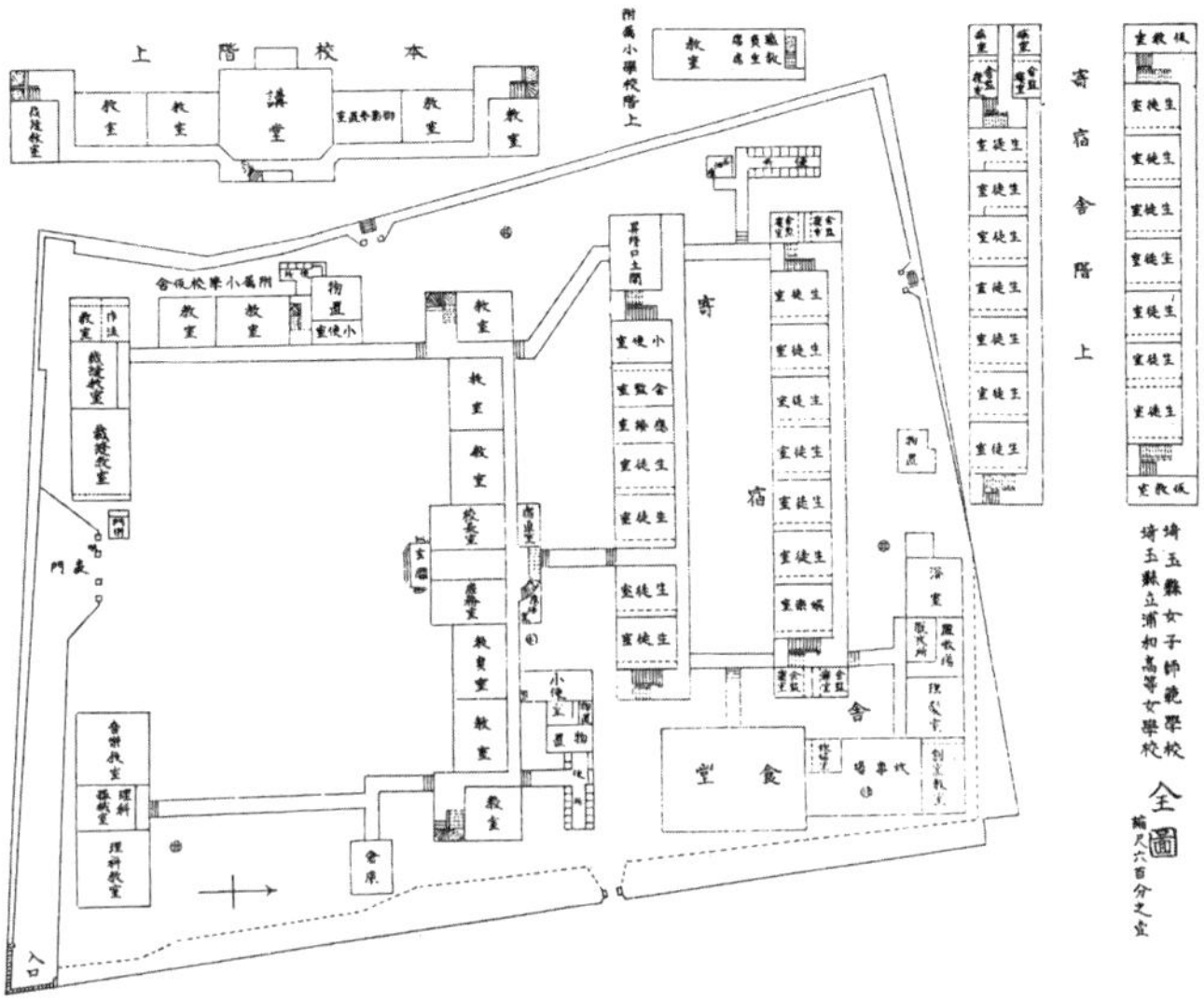

請負額　金壱千三百八拾五円六拾銭
請負人　浦和電灯株式会社（埼玉）
契約期間　自明治卅七年一月十三日　至明治卅七年二月廿日
　三十九日間
着手竣工　明治卅七年一月廿五日着手　明治卅七年三月十九
　日竣功
施工方法　随意契約
検査開始終了日時　明治三十七年四月廿日午後十二時十分
　開始
　明治三十七年四月廿二日午後四時三十分終了
特別記事　明治三拾七年二月廿日竣工期限之
　処三月十九日迄延期許可相成四月十三日竣工検査
　之結果手直シヲ命シ四月廿日完了ス
右検査ヲ遂クル処不都合ナシト認メ茲ニ証明ス
明治卅七年四月廿二日
　検査員技手　久嶋　熊雄　㊞
　技手　岡　武弘　㊞
（「埼玉県行政文書」）

このようにして電灯が付設され、教育活動に充分生かされることになったのである。

旧師範学校校舎を用いた女子師範学校及び浦和高等女学校は、その規模も年々拡張され、また整備された（表44）。明治三十八年頃には敷地二千九百九十六坪の中に、概ね前頁の図のごとき校舎配置となったのである。また建築物は一覧表に示したような状態であった。

表44　建物一覧表（備考　建物ハ建築当時ノ価格ヲ掲グ）（明治三十七年十二月末日調）

	種類	棟数	室数	建坪数	価額	竣工年月
本校校舎	本館（二階建）	一	一五	一三八・〇坪	五、二九〇・〇〇〇円	明治　十一年　九月
	特別教室	一	三	五六・〇	三、八一四・七五三	明治三十六年　七月
	裁縫室兼作法室	一	三	五四・〇	二、三八〇・七六五	明治三十五年十二月
	裁縫室兼通学生控室（二階建）	一	二	五六・五	一、六〇一・四〇〇	明治三十四年十一月
	湯沸場	一	一	二〇・〇	五六七・二六三	明治三十五年　七月
	本館附属職員生徒便所	一	｜	一一・〇	五八〇・五二五	同　前
	土蔵	一	｜	一〇・五	四二・〇〇〇	明治十三年　四月
	門衛	一	｜	二〇・〇	一〇一・四七一	明治三十六年　七月
	渡り廊下	二	｜	二四・〇 二六・〇	一九三・〇四五 三八三・五〇三	明治三十六年　一月 明治三十六年　七月
	小計	一〇	二四	四〇七・〇	一四、九五四・七二五	
寄宿舎	南舎（二階建）	一	一八	一六二・五	一一、〇四〇・〇〇〇	明治三十五年　八月
	北舎（二階建）	一	二〇	一六二・五	一〇、六八二・一八八	明治三十六年　一月
	食堂　炊事場　理髪室　盥嗽場　浴室	一	六	一七七・〇	七、六六八・一〇四	明治三十五年　八月
	寄宿舎生徒便所	一	｜	一二・〇	六二九・二三五	明治三十五年　八月
	石油庫	一	｜	三・〇	二三〇・八一五	明治三十五年　八月
	物置	一	｜	七・五	一七五・七〇〇	明治三十五年　八月
	各渡廊下	五	｜	三三・五	六六四・〇八一	明治三十五年　十月
合計		二一	六八	九六五・〇	四六、〇四四・八四八	

三　浦和高等女学校の確立

1　埼玉県高等女学校規則の制定

明治三十三年（一九〇〇）埼玉県高等女学校の発足により、四月一日付をもって、神奈川県師範学校教諭内藤慶助が校長に就任し、五月五日より授業を開始した。

埼玉県ではそれに先立ち、学校規則の制定を審議し、原案が作成されるとともに、四月二十七日、県知事は文部大臣宛に高等女学校規則の稟申をおこなっている。

本県高等女学校規則別紙ノ通相定度候条、御認可相成度此段稟申候也

明治三十三年四月廿七日　　　　知事

文部大臣宛

追テ本文ノ儀ハ都合有之候間、至急御指令相成候様致度此段添申候也

（「埼玉県行政文書」）

文部省では高等女学校施行規則と照合審議し、翌五月十五日、埼玉県に対して埼玉県高等女学校規則を「明治三十三年四月廿七日付三発第八〇号稟申其県高等女学校規則ノ件認可ス」と文部大臣樺山資紀が認可したのである。埼玉県ではこれによって、五月二十二日に県令第二十九号を以って「埼玉県高等女学校規則」を制定した。この規則は以後明治三十五年一月二十四日付の、埼玉県令第八号による「埼玉県立浦和高等女学校学則」の改定まで、発足時の基本方針をもりこんだ学校規則として、約二年間の学校運営の道標となったのである。次にその概要をみておこう。

埼玉県高等女学校規則は、第一章通則、第二章本科、第三章補習科、第四章裁縫専修科、第五章小学校教員養成及学資補助、第六章寄宿舎、第七章職員職務及び付則であり、全五十八条をもって構成されていた。

この規則によれば、本科・補習科・裁縫専修科の三科よりなることがしられる。本科は修業年限四か年で、入学資格は、年齢十二年以上の者にして、高等小学校第二学年の課程を卒りたる者か、これと同等の学力を有する者でなければならなかった。本科の定員は二百名で、選抜は原則として入試の成績によることが定められた。

補習科は本校の卒業生を対象とし、既修の学科を補習するものであった。なお修業年限四か年の高等女学校の卒業生は、他校からも入学が認められるもので、一か年であった。定員は四十名とした、なおこの規則によれば、補習科は高等女学校四か年の課程を卒業した者を対象としたものであったので、開校と同時に設けられたものではなく、明治三十五年の学則改定に伴って、改めて同年一月二十四日付で、補習科の設置が確定されたのである。したがって補習科第一回の卒業生は、明治三十六年三月二十八日に修了証書を授与されている。

裁縫専修科は修業年限を二か年とし、入学資格は年齢十三年以上にして、高等小学校第二学年の課程を卒りたる者とした。定員は五十名であった。しかしこの裁縫専修科は、明治三十五年三月三十一日をもって廃止されている。

埼玉県高等女学校は、さきに述べた県議会の論議にもみられる通り、本県女子教育の向上をはかるとともに、小学校女子教員の育成にも期待されるものがあった。したがって女子師範学校が、いまだ設立されなかった明治三十三年段階においては、とりわけ教員養成にも力点を置く、高等女学校としての意義を有していたとみることができるのである。

第五章小学校教員養成及学資補助はこの点を明確に示している。すなわち、本科第三学年以上の生徒及び補習科の生徒で、将来小学校教員になろうとする者には、希望者に学資補助として、在学中一か月金五円を給与することとしたのである。また学資補助を受けた者は、必ず寄宿舎に入り、卒業後は受給年月と同年月の間、本県の公立小学校教員に従事する義務を課せられたのであった。

本科の学科課程は、修身が一年次より四年次まで、毎週一時間課せられた。国語は四年次まで毎週四時間であり、歴史は一・二年次において毎週二時間、三・四年次は一時間であった。地理は四年次まで毎週一時間、数学は一・二年次が三時間、三・四年次には二時間であった。理科・習字・図画は四年次まで毎週二時間の配当であり、裁縫は一・二年次が毎週六時間、三・四年次が八時間であった。音楽は一・二年次では毎週二時間であるが、三・四年次に一、五時間となる。体操は一・二年次に毎週三時間であるが、三・四年次は二、五時間となっている。家事は一・二年次には置かれず、三・四年次にそれぞれ一・二時間が配当されている。週時数は一〜四年次まで二十八時間であったが、そのほか三・四年次には、教育と漢文の教科が加えられ、選択教科として各々二時間ずつ課せられている。これは規則第四十三条に「小学校教員タラントスル志望者ハ、本科ニ於テ教育・漢文ヲ修メ、卒業後補習科ニ入リ、補習科ニ於テ其全科目ヲ修メンコトヲ要ス」とみられるように、教員志望の生徒にとっては選択必修の科目であった。

明治三十三年五月二十二日に制定された、埼玉県下最初の高等女学校規則は「県報」九百十一号に次の通り発表されたのである。

埼玉県令第二十九号

埼玉県高等女学校規則左ノ通定ム

明治三十三年五月二十二日　　　　埼玉県知事　伯爵正親町實正

埼玉県高等女学校規則

第一章　通　則

第一条　本校ニ本科ノ外補習科及裁縫専修科ヲ置ク
第二条　学年ハ四月ニ始マリ翌年三月ニ終ル
第三条　学年ヲ分チテ三学期トス
第一学期ハ四月ヨリ八月ニ至リ第二学期ハ九月ヨリ十二月ニ至リ第三学期ハ一月ヨリ三月に至ル
第四条　休業日ハ左ノ如シ
日曜日
大祭祝日
皇后陛下御誕辰
開校記念日
夏季　七月二十一日ヨリ八月三十一日ニ至ル
冬季　十二月二十六日ヨリ翌年一月七日ニ至ル
学年末　一週間
第五条　各学科目受持教員ハ日常ノ課業ニ就キ便宜学業ノ習熟及応用ヲ検定シテ評点ヲ付シ以テ教授上ノ参考ニ資シ併セテ学業調査ノ材料ニ充ツルモノトス
第六条　各学期ノ終ニ於テ前条ノ評点ニ就キ学業ヲ調査シテ其成績ヲ定ム
第七条　評点ハ各学科十点ヲ以テ定点トス
第八条　学年末学業調査ハ第六条ノ学業調査ノ成績ヲ加ヘ三除シテ其成績ヲ定ム

第九条　学年末学業調査ノ成績各学科ノ評点五点以上平均六点以上ノ者ヲ及第トス

第十条　各科最終ノ学年末学業調査ニ於テ及第シタル者ニハ卒業証書其他ノ学年末学業調査ニ於テ及第シタル者ニハ修業証書ヲ授与ス其証書式ハ左ノ如シ

卒業証書

族称

氏名

生年月日

校印

当校本科／補習科／裁縫専修科ノ課程ヲ履修シ其業ヲ卒ヘタリ依テ茲ニ之ヲ証ス

年月日

埼玉県高等女学校長勲位爵氏名印

(割印)

番号

修業証書

族称

氏名

生年月日

当校本科 裁縫専修科第何学年ノ課程ヲ修業セリ依テ茲ニ之ヲ証ス

年　月　日

埼玉県高等女学校

（割印）番号

第十一条　入学ノ期ハ学年ノ始トス但時宜ニ依リ学期ノ始ニ於テ入学ヲ許スコトアルヘシ各科募集ノ人員及入学試験施行ノ期日等ハ予メ広告ス

第十二条　入学志願者ハ左式ノ願書履歴書及証明書ヲ差出スヘシ但当校本科卒業生ニシテ補習科ニ入ラントスル者ハ履歴書及証明書ヲ要セス

入学願

私儀貴校本科 裁縫専修科 補習科第何学年へ入学志願ニ付御許可相成度父兄連署ヲ以テ相願候也（以下省略）

第四十三条　本科第三学年以上及補習科ノ生徒ニシテ小学校教員タラントスル志望者ニハ出願ニ依リ学資補助トシテ在学中一ケ月金五円ヲ給与スルコトアルヘシ

学資ノ補給ヲ受クル生徒ハ授業料ヲ徴収セス（略）

第六章　寄宿舎

第四十九条　入舎セント欲スル者ハ保証人連署ニテ願出ツヘシ

第五十条　保証人ハ生徒在舎中其身上ニ関シ一切ノ責ニ任スルモノトス
第五十一条　退舎セント欲スル者ハ保証人連署ニテ願出ツヘシ
第五十二条　学校長ニ於テ在舎セシメ難シト認ムルトキハ退舎ヲ命スルコトアルヘシ

第七章　職　員　職　務

第五十三条　学校長ハ知事ノ命ヲ承ケ校務ヲ掌理シ所属職員ヲ統督ス
第五十四条　教員ハ学校長ノ命ヲ承ケ生徒ノ教育ニ従事ス
第五十五条　舎監ハ学校長ノ命ヲ承ケ寄宿生ヲ監督シ舎務ヲ処理ス
第五十六条　書記ハ学校長ノ命ヲ承ケ庶務会計ニ従事ス

附　則

第五十七条　本則施行上ニ関スル細則ハ学校長之ヲ定メ知事ニ開申ス可シ

2　埼玉県立浦和高等女学校諸規程

明治三十三年（一九〇〇）に発足した埼玉県高等女学校は、翌年三月十九日、女子師範学校が設置されるにおよんで、これに併置され、同年八月十三日、埼玉県立浦和高等女学校と改称し、県下における唯一の高等女学校として、女子教育の中核となった。

明治三十七年一月二十七日、校内諸設備の整備にともない、学校運営の全般にわたる諸規程を定めた。すなわち、職員服務規程・校務分掌規程・職員服制・成績考査規程・生徒監督規程・公文書取扱規程・物品取扱規程・儀式次第・会議規程・当宿直規程・寄宿舎規則・生徒心得・生徒週番規程・参観者心得などである。

さらに明治三十九年四月十四日、職員研究会規程を定め、ついで同年九月十一日、図書室規則を定めた。また明治四十二年十二月七日には、職員送迎規程を定めたのである。その他、監督当番規程・時事掲示規程・小使及門衛勤務規程なども定められている。

職員服務規程は全て十条からなり、登退校より休業時の届出にいたるまで、勤務の態様が詳細に規制されたのである。

校務分掌規程は全て八条九十六項からなるもので、校務を分けて教務・舎務・事務の三部とし、教務・舎務には各主任を置き、学校長が任命のうえ、各監督・整理の責任者としたのである。教務部は主任のほか学校長が任命する教務係を置き、概ね次のごとき業務を分掌したのである。すなわち、⑴教務に関する諸規定の制定と改廃、⑵教員の教務分担の決定、⑶生徒の募集と入学試験に関すること、⑷生徒の進退賞罰について、⑸臨時休業及び授業時間の伸縮、⑹教科用図書の選定及び改廃、⑺修学旅行の施行に関すること、⑻校外授業の施行、⑼授業時間割を調整し学校長の検閲をうけること、⑽生徒の性行・欠席統計及び学業の成績考査を取りまとめ学校長に提出すること、⑾教授細目の編制に関すること、⑿教授日録を検閲すること、⒀教務に関する経費予算概算を調査し学校長に提出すること、⒁教務に関する表簿書類を整理保管すること、⒂講堂教室及び教具の設備・配当・整理、⒃教務用物品購入・修理の請求と保管の監督、⒄教務に関する通知示達、⒅欠勤教員欠課の補充、⒆教務に関する日誌の記録、⒇授業参観者に関すること、などであった。

一般の教諭・助教諭の分掌は概ね次のような内容であった。⑴教授細目を調製すること、⑵毎日教授した事項を教授日録に記載すること、⑶各授業の時間毎に生徒の出欠席を出席簿に記入、⑷担任学科の成績考査、⑸生徒の賞罰につき意見ある時は教務主任と協議すること、⑹入学試験問題及びその成績等を調査して教務主任に提出、⑺担任学科教授用器具・機械・標本購入修理の請求とその整理保管、⑻担任学科に関する経費予算概算を調査して教務主任に提出、以上の事項であった。

各学級の担任は学校長が教員の中から任命した。担任の分掌は概ね次のような内容であった。⑴担任学級の生徒の学業性行に注意、⑵命令の伝達と実行、⑶学級教室の清潔整頓に注意、⑷日々学級生徒の欠席欠課等を調査し、週の終わりに出席簿に検印して、毎月二日までに前月分の統計表を教務主任に提出、⑸学級生徒の学業成績表を調製し、毎学期末に教務主任に提出、⑹学級生徒の進退・賞罰に関与すること、⑺学級の教授日録を日々調査すること、⑻学級の台帳を調製保管すること、⑼毎日学級の日誌を検閲すること、⑽学級生徒の家庭と生徒携帯簿によって通信をおこなうこと、などであった。

舎務部の任務は概ね舎監の分掌であった。⑴舎務に関する諸規程の制定改廃、⑵寄宿舎・附属舎の修繕、⑶炊婦の進退に関すること、⑷寄宿生の室割や役員の進退に関すること、⑸寄宿生の入舎・退舎・賞罰について、⑹寄宿舎用物品購入・修理、⑺寄宿舎に関する経費予算概算を調査し学校長に提出、⑻寄宿生の性行に注意すること、⑼寄宿舎・付属舎の管理、衛生、警備など、⑽舎監日誌・十日毎の献立表・病類別患者表・学資出納簿・学資一覧表・舎費出納簿・食費決算報告簿の作成、⑾寄宿生の疾病療養・炊事・沐浴・舎費出納などの監督、その他詳細にわたる管理事項が定められたのである。

事務部は庶務と会計に分かち、学校長がこれを任命した、⑴庶務係の分掌するところは、生徒の募集及び入退学の手続きに関すること、⑵卒業証書・修了証書・諸証明書に関すること、⑶庶務に関する諸規程の制定と改廃、⑷諸規程の制定及び変更の審査、⑸校舎内外の衛生・警備、⑹校印の管理、⑺庶務に関する帳簿書類を整理保管すること、⑻文書の受付と発送、⑼庶務に関する文書の起案・浄書、⑽日誌・年報・統計・報告・学校要覧・諸表簿の調製、(11)職員の履歴書に関すること、(12)職員・生徒の諸願届に関すること、(13)生徒の証書・履歴書の保管、(14)生徒の学籍簿・名簿の整理保管、(15)小使門衛の進退と監督、(16)儀式に関すること、(17)命令の伝達と掲示、(18)授業時間の合図を監督すること、(19)学校参観者に関すること、(20)応接室・宿直室の整理、(21)当宿直に関すること、(22)出納簿に関すること、以上の諸点であった。

また事務部のうち会計係の分掌は概ね次の通りである。(1)経費予算概算の編制、決算と流用に関すること、(2)金銭の出納、(3)物品の購入・修理・不用品の売却、(4)校舎その他の修繕に関すること、(5)人夫雇入に関すること、(6)小使門衛の進退と監督、(7)金銭出納に関する帳簿・書類の整理と保管、(8)金銭出納に関する文書の起案・浄書、(9)授業料の取扱、(10)校舎・校地の管理保持、(11)物品出納に関する帳簿・書類を整理保管、(12)物品出納に関する文書の起案・浄書、(13)備品・消耗品の保管と受渡、(14)校舎内外の衛生整備、などであった。

以上は諸規程のうちその一部を紹介したにすぎないが、規程の整備は、すでに開校後数年にして完成したことに注目しなければならない。

3 教育課程と教科書

明治三十五年（一九〇二）一月二十四日、埼玉県令第八号によって改定された県立浦和高等女学校学則によれば、本科は修業年限は四か年、補習科は一か年であった。本科の学科目は修身・国語・歴史・数学・理科・図画・家事・裁縫・音楽・体操のほか、随意科目として外国語及び手芸が加えられていた。補習科は、以上のほかに教育という科目を履習しなければならなかった。補習科が、教員養成の面から設けられたものであったからにほかならない。

本科及び補習科の課程と毎週教授時数は、随意科目を合わせて週三十一時間であった。

各教科の展開をみると、修身は高等女学校令施行規則の「修身ハ教育ニ関スル勅語ノ趣旨ニ基キ、道徳上ノ思想及情操ヲ養成シ、中等以上ノ社会ニ於ケル女子ニ必要ナル品格ヲ具ヘシメンコトヲ期シ、実践躬行ヲ勧奨スルヲ以テ要旨トス。修身ハ嘉言善行等ニ徴シ、又ハ生徒日常ノ行状ニ因ミテ道徳ノ要領ヲ教示シ、又作法ヲ授ケ進ミテハ稍々秩序ヲ整ヘテ、自己、家族、社会及国家ニ対スル責務ヲ知ラシムヘシ」にしたがって道徳の要領に加えて作法が課せられているが、二年次以降はそれを除いたのである。

国語科は「国語は普通ノ言語文章ヲ了解シ、正確且自由ニ思想ヲ表彰スルノ能ヲ得シメ、文学上ノ趣味ヲ養ヒ、兼テ智徳ノ啓発ニ資スルヲ以テ要旨トス。国語ハ現時ノ文章ヲ主トシテ講読セシメ、進ミテハ近古ノ文書ニ及ホシ、又実用簡易ナル文ヲ作ラシメ、文法ノ大要及習字ヲ授クヘシ」という趣旨にもとづき講読文法及作文・習字の三要素を学ぶのであるが、四年次は講読作文に限られる。さらに補習科にすすむと、講読・作文に文学史・詠歌が加えられていた。

歴史・地理は「歴史ハ歴史上重要ナル事蹟ヲ知ラシメ、社会ノ変遷、文化ノ由来ヲ理会セシメ、特ニ我国ノ発達ヲ詳ニシ、国体ノ特異ナル所以ヲ明ニスルヲ以テ要旨トス。歴史ハ我国ノ国初ヨリ現時ニ至ルマテノ重要ナル事歴ヲ授ケ、兼テ外国歴史ノ大要ヲ授クヘシ。地理ハ地球ノ形状、運動竝地球表面及人類生活ノ状態ヲ理会セシメ、我国及諸外国ノ国勢ヲ知ラシムルヲ以テ要旨トス。地理ハ日本地理竝我国ト重要ノ関係アル諸外国ノ地理ノ大要ヲ知ラシメ、兼テ地文ノ一斑ヲ授クヘシ」にしたがって一年次に日本歴史と日本地理を学び、二年次には日本歴史・外国地理が、三年次には外国歴史・外国地理がおかれたのである。四年次に至ると外国歴史と、あらたに地文という教科が加えられたことがしられる。

数学は「数学ハ数量ノ関係ヲ明ニシ計算ニ習熟セシメ、兼テ生活上必要ナル事項ヲ知ラシメ、思考ヲ精確ナラシムヲ以テ要旨トス。数学ハ算術ヲ授クヘシ、又必要ニ応シ代数ノ初歩及幾何ノ初歩ヲ授クルコトヲ得」という規則によって四年次まで算術であるが、補習科はそれに加えて代数及平面幾何の初歩を学んでいる。

理科は「理科ハ天然物及自然ノ現象ニ関スル知識ヲ与ヘ、其ノ法則竝其ノ相互及人生ニ対スル関係ヲ理会セシメ、兼テ日常ノ生活ニ資スルヲ以テ要旨トス。理科ハ重要ナル植物、動物、鉱物ニ関スル一般ノ知識、人体ノ構造、生理及衛生ノ大要、竝重要ナル物理上及化学上ノ現象、及定律器械ノ構造及作用、元素及化合物ニ関スル智識ヲ授クヘシ」にもとづき一年次が植物動物であり、二年次には、それに加えて生理及び衛生の学習が課せられた。また三・四年次は化学及鉱物と物理であったが、補習科では、物理・化学・博物を学んだのである。

実技を伴う教科についてみると、図画は「図画ハ物体ヲ精密ニ観察シ、正確且自由ニ之ヲ画クノ能ヲ得シメ、意匠ヲ練リ美感ヲ養フヲ以テ要旨トス。図画ハ自在画トシ、写生画ヲ主トシ臨画ヲ加ヘ授ケ、又時々自己ノ考案ヲ以テ画カシムヘシ。前項ノ外、幾何画ノ初歩ヲ授クルコトヲ得」という趣旨にもとづき、四年次まで自在画一本であるが、補習科はさらに幾何画の領域を加えたものとなっている。

音楽は「音楽ハ音楽ニ関スル知識技能ヲ得シメ、美感ヲ養ヒ心得ヲ高潔ニシ、兼テ徳性ノ涵養ニ資スルヲ以テ要旨トス。音楽ハ単音唱歌ヲ授ケ、又便宜輪唱歌及複音唱歌ヲ交ヘ、楽器使用法ヲ授クヘシ」によって四年次まで唱歌のみであったが、補習科はそれに加えて、楽器使用法を学んだのである。

体操は「体操ハ身体ノ各部ヲ均斉ニ発育セシメテ之ヲ強健ナラシメ、四肢ノ動作ヲ機敏ナラシメ、容儀ヲ整ヘ精神ヲ快活ニシ、兼テ規律ヲ守リ、協同ヲ尚フノ習慣ヲ養フヲ以テ要旨トス。体操ハ普通体操及遊戯トシ、普通体操ニ於テハ、矯正術、徒手体操、唖鈴体操ヲ授ケ、又便宜球竿体操及豆嚢体操ヲ授クヘシ」と規定されていたので、これにもとづき補習科まで普通体操と遊戯がおこなわれたのであった。

家事は「家事ハ家事整理上必要ナル知識ヲ得シメ、兼テ勤勉、節倹、秩序、周密、清潔ヲ尚フノ念ヲ養フヲ以テ要旨トス。家事ハ衣食住、看病、育児、家計簿其ノ他一家ノ整理、経済等ニ関スル事項ヲ授クヘシ」とあり、三年次より開始された衣食住を学び、四年次には養老及び育児看病・伝染病の予防・整理及び経済等、幅広く学んだのである。また裁縫は「裁縫ハ裁縫ニ関スル知識技能ヲ得シメ、兼テ節約利用ノ習慣ヲ以テ要旨トス。裁縫ハ普通ノ衣類ノ縫ヒ方、裁チ方及繕ヒ方ヲ授クヘシ」にもとづき、一年次より学んだのである。

随意科目の外国語は「外国語ハ普通ノ英語又ハ仏語ヲ了解シ、且之ヲ運用スルノ能ヲ得シメ、兼テ智識ノ増進ニ資スルヲ以テ要旨トス。外国語ハ発音綴字ヨリ始メ、簡易ナル文章ノ読方、訳解、書取、作文ヲ授ケ、進ミテハ普通ノ文章ニ及ホシ、又文法ノ大要、会話及習字ヲ授クヘシ」にもとづき、英語がおかれ、一年次より補習科まで週三時間であった。随意科の手芸は編物と刺繍が課せられており、二年次より補習科まで同じく二時間であった。

以上のような学科目の履習内容は、その後若干の手直しがみられるが、大きな変化はなかった。ところが日露戦争を経て国家意識の昂揚と、一方に戦後の慢性的不況による、社会問題が深刻化するにおよんで、これらに対応する履習内容の変更がこころみられている。

明治四十四年三月十日、埼玉県令第十五号による埼玉県立高等女学校学則によれば、各教科の展開には、大きな変化はみられないが、教育内容に大幅な変質をみるのである。すなわち、修身は一・二年次において、生徒の心得・勅語・道徳の要領、作法を学び、三・四年次には戊申詔書・道徳の要領・我国道徳の特質・作法を学ぶこととなる。特に注目されるのは勅語と我国道徳の特質が加わったことであろう。ともに天皇制国家主義教育が強化されたことを示すものである。

勅語とは勿論「教育に関する勅語」であり、戊申詔書とは、明治四十一年十月十三日に、国民教化のために発布

表45 教科書用図書

学科	図書名	冊数	著作者	発行所	発行年月日	検定年月日
修身	訂正 女子修身教科書	四	井上哲次郎	金港堂書籍株式会社	明治四十年一月九日訂正再版	明治四十年一月十二日
国語	改訂 明治女学読本	一〇	教育学術研究会	国文館	明治四十二年十一月二十五日修正四版	明治四十三年三月一日
	修正 国語綴字法教科書	一	開成館 編輯所	開成館	明治三十五年八月二十五日修正三版	明治三十五年十二月十七日
	中等教育 明治文典	三	芳賀 矢一	合資会社富山房	明治四十年二月十日訂正再版	明治四十年二月十四日
	訂正 高等女学校用 新撰習字帖	四	西脇 静	松邑三松堂	明治四十三年一月二十八日訂正九版	明治四十三年二月一日
	補習科用 女子習字帖	一	西脇 静	同	明治四十二年十一月十五日	明治四十三年一月二十五日
	筆のしをり	一	西脇 静	合資会社吉川弘文館	明治三十四年十一月十五日	明治三十五年一月三十一日
歴史	修正 統合歴史教科書 日本史女学校用	二	斎藤 斐章	大日本図書株式会社	明治四十五年四月三十日訂正四版	明治四十五年五月六日
	統合歴史教科書 西洋史女学校用	一	同	同	明治四十一年二月二十日訂正再版	明治四十一年二月二十日
	統合歴史教科書 東洋史女学校用	一	同	同	明治四十一年二月二十四日訂正再版	明治四十一年二月二十五日
地理	修訂 女子教育 日本地理教科書	一	山崎 直方	開成館	明治四十四年十一月五日修正五版	明治四十五年二月十二日
	普通教育 日本地図	一	同	同	明治四十二年十二月二十五日訂正再版	明治四十二年十二月二十八日
	修訂 女子教育 外国地理教科書	一	同	同	明治四十五年三月一日訂正八版	明治四十五年三月五日
	普通教育 外国地図	一	同	同	明治四十二年十一月十五日	明治四十三年五月六日
	最近 統合地理概説 女学校用	一	山上万次郎	大日本図書株式会社	明治四十五年三月二十六日訂正再版	明治四十五年三月二十九日
数学	女学校用 算術新教科書	三	森 岩太郎	明治図書株式会社	明治四十三年十二月十九日	明治四十四年三月十八日
理科	高等女学校用 生物教科書	二	高等女学校 理科研究会	元々堂書房	明治四十四年十二月十四日訂正七版	明治四十四年十二月二十七日
	高等女学校用 生理衛生及鉱物教科書	一	同	同	同	同
	高等女学校用 化学教科書	一	同	同	明治四十四年十二月二十五日訂正六版	明治四十五年一月十一日
	高等女学校用 物理教科書	一	同	同	明治四十四年十二月二十五日訂正六版	明治四十五年一月十二日

表46　教科用図書配当表

学科＼学年	修身	国語	歴史	地理	数学
第一学年 図書名	訂正 女子修身教科書一	改訂 明治女学読本一、二 修正 国語綴字法教科書 ― 訂正 高等女学校用 新撰習字帖一 ―	修正 統合歴史教科書全 日本史女学校用 ―	修訂 女子教育 日本地理教科書 普通教育 日本地図	女学校用 算術新教科書上
第二学年 図書名	同 二	同 三、四 ― 中等教育 明治文典一、二 同 二 ―	統合歴史教科書 日本史女学校用 ―	修訂 女子教育 外国地理教科書 普通教育 外国地図	同 中
第三学年 図書名	同 三	同 五、六 ― 同 二、三 同 三 ―	統合歴史教科書 西洋史女学校用 ―	同 上 同 上	同 下
第四学年 図書名	同 四	同 七、八 ― ― 同 四 ―	同 統合歴史教科書 同同 東洋史総括女学校用	最近 統合地理概説 ―	同 下
補習科 図書名	―	同 九、一〇 ― ― 補習科用 女子習字帖 筆のしをり	― ―	― ―	―

学科						
図画	新訂 女子毛筆画臨本	九	荒木 十畝	金港堂書籍株式会社	明治四十三年十二月十七日訂正三版	明治四十四年一月二十一日
家事	訂正 新編家事教本	二	塚本 はま	金港堂書籍株式会社	明治四十二年二月五日訂正三版	明治四十二年二月十六日
裁縫	(裁縫教科書)	二	谷田部 順	目黒書店	上巻 明治卅三年十月十日 下巻 明治卅四年九月廿五日	―
英語	ガールス、ランゲージ、リーダー	四	塩谷 栄	開成舘	明治四十三年十一月五日	明治四十三年十二月二十二日
	イージーイングリッシュ、ストーリース	一	津田 梅子	郁文舎	明治三十八年九月十五日	明治三十八年十二月二十五日
	新世紀英習字帖	六	西野 虎吉	開成舘	明治四十二年十二月十八日訂正四版	明治四十二年十二月二十七日
教育	女子 教育学教科書	一	石川 弘	光風舘書店	明治四十一年一月十日訂正再版	明治四十一年一月十三日

理科	高等女学校用 生物教科書	同 上 高等女学校用 生理衛生及鉱物教科書	高等女学校用 化学教科書 —	高等女学校用 物理教科書 —	— —
図画	新訂 女子毛筆画臨本一、二	同 三、四	同 五、六	同 七、八	同 九
家事	—	—	訂正 新編家事教本 前編・後編	同 後編	—
裁縫	裁縫教科書上	同 上	同 下	同 下	—
英語	ガールス、ランゲージ、リーダー一 新世紀英習字帖一、二	同 二 同 三、四	同 三 同 五、六	同 四 —	イージーイングリッシュ、ストーリース —
教育	—	—	—	—	女子 教育学教科書

された詔書で、第二次桂内閣が国民諸階層の協調を求め、一方に奢侈を戒めたものであった。これは日露戦争後の資本主義発展により、社会主義思想の発生や、近代個人主義的な快楽主義の傾向が、さらに増幅されたことに対処するものであった。高等女学校では教育勅語を一・二年次に、戊申詔書を三・四年次に学び、我が国女性道徳の一特質として、良妻賢母教育をはかったのである。また歴史・地理の教育内容に、二年次においてあらたに満州地理が加えられたのは、帝国主義段階に到達した我国が、ポーツマス条約によって、満州へ進出を確実にしたからである。

その他の教科で教育内容が補足されたものに図画があり、従来の自在画のみにかわり、施行規則どおり写生画・臨画・考案画となった。また随意科のうち、英語は一年次に発音・綴方・読方・訳解・話方・作文書取・習字がおかれ、二年次に読方・訳解・話方・作文・書取・習字が、三・四年次に読方・訳解・話方・作文・書取を学ぶように規定されたのである。

なお以上のような授業の展開に用いられた教科用図書と、学年への配当は前掲の通りであった（表45・46）。

四　浦和高等女学校の展開

1　創立期生徒の動向

浦和高等女学校創立期の初期入学生の動向は、必ずしもあきらかとはいいがたい。それは当時の一般的な女子中等教育観からみても、卒業後の進路を意識し、卒業証書や肩書を唯一の目的とするなどの風潮は、全く存在しなかったからである。本人の勉学意欲が薄れたり、一寸した家庭の都合があれば学校をやめていくのが普通であった。明治四十四年（一九一一）亀井校長なども、落第して失望のあまり学校をやめていく傾向を改めねばならないと発言しており、初期の女子中等教育は仲々困難な問題が内在していたのである。

さて、開校当初の入学状況を示したのが「生徒入学前の修業状況表」（表47）である。創立にあたり私立埼玉女学校が

表47　生徒入学前の修業状況表

年別＼学力別	高等小学校二年級修業者	同三年級修業者	同卒業者	他ヨリ転学者	計
明治三十三年一年級ニ入学者	一一	｜	｜	一五	二六
同　二年　同	二	八	九	一九	三八
同　三年　同	｜	二	二六	一八	四六
同　四年　同	｜	｜	三	一九	二二
明治三十四年一年級ニ入学者	一八	六	｜	｜	二四
同　二年　同	｜	七	二	｜	九
同　三年　同	｜	｜	二二	五	二七
同　四年　同	｜	｜	｜	一	一
明治三十五年一年級ニ入学者	三三	五	五	｜	四三
同　二年　同	五	一三	二〇	｜	三八
同　三年　同	四	一一	三	｜	一八
同　四年　同	｜	｜	｜	｜	｜
同　補習科　卒業後入学	｜	｜	｜	｜	一一
明治三十六年一年級ニ入学者	二六	五	一九	一	四一
同　二年　同	｜	七	二五	一	三三
同　三年　同	｜	｜	｜	｜	｜
同　四年　同	｜	｜	｜	一	一
同　補習科　卒業後入学	｜	｜	｜	｜	一〇
明治三十七年一年級ニ入学者	三〇	二一	二八	一	八〇
同　二年　同	｜	｜	｜	二	二
同　三年　同	｜	｜	｜	一	一
同　四年　同	｜	｜	｜	｜	｜
同　補習科　卒業後入学	｜	｜	｜	｜	一一

併合された関係から、四年生が二十二名、三年生が四十六名、二年生が三十八名、これは第一回の生徒募集要項に示された、第二学年より第四学年まで凡そ七十名という規定を、はるかに越えるものであった。

第二回卒業生の橋村達三夫人は「（略）私立女学校の生徒が、そっくり県立女学校の生徒になった訳ですわ。その頃は高等四年まで小学校がございまして、小学校四年から高等一年になり、二年で女学校の方へ行く様になって居りましたが、私は高等科四年から女学校の三年に入りまして、そして第二回の卒業になりましたわ」とこの事情を語っている。

（「学友会誌」十六号）

このように第二学年以上の級に途中入学する補欠募集は、三十六年まで続いている。三十四年には第一学年定員四十名の募集に二十四名が入学し、第二学年より第四学年までに三十七名が入学したのである。明治三十五年は第一学年四十名、第二学年二十名、第三学年二十名の募集（「埼玉県報」）であったが、入学生は第一学年に四十三名、第二学年三十八名、第三学年十八名が入学したのである。三十六年は第一学年四十名、第二学年二十五名の募集であったが、前者に四十一名、後者に三十三名が入学を認められたのである。このような第一学年以外の上級への補欠入学の試みも、明治三十七年以降は中止される。

第一学年生徒募集入学者は前掲のように、三十三年・三十四年の二回生までは、定員の二分の一に過ぎなかったが、三十五・三十六年より定員を越えるようになったのである。

第一学年の募集定員増は、明治三十七年に改められ八十名となった。

同年の「埼玉県報」には次の通り、生徒募集が掲げられている。

○高等女学校生徒募集

来ル四月入学セシムヘキ本校生徒第一学年生凡ソ八十人募集候条、入学志願者ハ四月六日迄ニ出願スヘシ、本校学則及入学願書用紙入用ノ者ハ、其旨申出スヘシ、但郵送ヲ要スル向ハ弐銭ノ郵券ヲ添フヘシ、

明治三十七年一月十九日

埼玉県立浦和高等女学校

志願者心得

一、入学志願者ハ、四月八日午前八時迄ニ最近ノ卒業証書又ハ修業証書ヲ携帯シ、本校へ出頭スヘシ

一、志願者ハ、紙硯墨筆鉛筆小刀弁当等ヲ携帯スヘシ

一、入学期日ハ四月十二日トス、但本校ニ寄宿希望ノモノハ四月十一日午後入舎ノコトヽス

定員増となった三十七年は、志願者がほぼ定員一杯であったとみえ、全員が入学を許され（生徒入学前の修業状況は八十名、入学者及入学志願者郡別表は七十九名）、その後入学希望者も漸増し、競争率も高まっている。明治四十一年には志願者が百二十名にも達し、入学生も九十名を数えるに至ったのである。

以上のごとく明治三十三年に開校され、生徒募集は同三十七年頃より本格的になったといえるであろう。生徒総数も前掲の表のように同年より二百名を越え、同四十三年には三百名に達したのである（表48）。生徒の急増傾向は高等女学校増設運動

表48　明治初期の教員・生徒数（『埼玉県教育史』）

年度	学級数		教員		生徒数		卒業者	
	本	技	男	女				
明治三十三年	四	一	二	四	一二〇	一二	二〇	｜
同　三十四年	五	一	三	八	一二六	一〇	二一	一〇
同　三十五年	五	一	四	五	一七二	一一	三五	一一
同　三十六年	六	一	五	一〇	一八六	九	三二	九
同　三十七年	六	一	三	八	二〇五	一〇	四〇	一〇
同　三十九年	八	一	三	一〇	二二九	八	二七	八
同　四十年	七	一	二	一〇	二五七	六	四七	六
同　四十一年	七	一	二	一〇	二七三	七	三九	七
同　四十二年	八	一	二	一一	二八九	三	五五	三
同　四十三年	七	一	四	九	三〇二	七	五五	七
同　四十四年	八	一	五	九	三二九	一一	七一	一一
同　四十五年	八	一	五	七	三四二	一二	六九	一二

をみるに至るのである。

次にこれら開校初期の生徒について、入学前の修業状況表に整理してみよう。第一学年への入学生は、当初より高等小学校二年級修業者が多く、第二学年以上への入学生は、高等小学校三年級修業者及び同卒業者が圧倒的であった。明治三十七年より、第一学年定員のみの募集となったので、高等小学校二年級修業者は三十八%弱となり、高等小学校三年級修業者及び卒業者が六十一%余となる。この傾向は以後変化なく大正期に移行するのである。

さて明治期の生徒の出身地域について、郡別に検討してみよう。前掲の入学者郡別表(表49)と卒業生郡別表(表50)によれば、圧倒的に北足立郡が多い。ついで北埼玉郡がこれにつぐ。当時の交通事情からみても、浦和周辺の通学可能地が有利な条件にあったことを示すものである。なお卒業生の数値が低いのは、さきにも述べたように、中途で学校をやめる者が少なくなかったからである。

表49　志願者及入学者郡別表

年度		北足立	入間	比企	秩父	児玉	大里	北埼玉	南埼玉	北葛飾	他府県	計
三十七年四月	志願者	三三	七	三	一	二	七	九	五	二	一〇	七九
	入学者	三三	七	三	一	二	七	九	五	二	一〇	七九
三十八年四月	志願者	三二	三	五	｜	五	四	一四	五	四	一一	八三
	入学者	三二	三	五	｜	五	四	一四	五	四	一〇	八二
三十九年四月	志願者	四三	三	三	一	｜	一四	一六	七	六	一八	一一〇
	入学者	三五	一	三	一	｜	八	一四	五	四	一四	八五
四十年四月	志願者	四〇	六	四	一	五	一二	一五	八	一一	一四	一一六
	入学者	三〇	六	三	一	五	八	一〇	六	八	九	八六
四十一年四月	志願者	四五	一二	八	｜	七	六	一三	七	四	一八	一二〇
	入学者	三二	六	三	｜	六	六	一一	七	四	一五	九〇

表50　卒業生郡別表

郡別＼年別	明治三十四年三月	同三十五年三月	同三十六年三月	同三十七年三月	同三十八年三月	同三十九年三月	同四十年三月	同四十一年三月	計
北足立	一一	六	一二	一一	一七	二〇	一八	一九	一一四
入間	｜	一	｜	二	三	七	一	五	一九
比企	一	｜	五	二	一	一	一	三	一四
秩父	｜	二	｜	｜	｜	一	｜	一	四
児玉	一	｜	｜	一	｜	一	｜	｜	三
大里	一	一	一	一	三	三	二	五	一七
北埼玉	二	二	六	六	五	七	二	六	三六
南埼玉	｜	｜	四	｜	｜	四	一	四	一三
北葛飾	｜	｜	｜	三	二	二	｜	一	八
他府県	三	九	七	六	九	二	二	三	四一
計	一九	二一	三五	三二	四〇	四八	二七	四七	二六九

次に第一回卒業生より第八回卒業生までの、すなわち、開校初期の卒業生について、その後の動向をみておこう。第八回の卒業生は総数二百六十九名を数え、家庭にもどる者が最も多く、次は家事に従う者であった。しかし、初期の卒業生のなかから補習科（表51）にすすむ者が多かった点と、私立日本女子大学などの、上級学校に進学する生徒が多数存在したことは、特筆に値するであろう。補習科にすすんだ生徒は、修了後小学校教師になるものが多く、また高女卒業後直ちに小学校に赴任した生徒と合わせると、県当局が、高等女学校設置の一目標とした、小学校の女子教員増員対策は成功し

表51　卒業後経歴一覧表（明治四十一年六月調）

種類＼卒業別	第一回卒業生 三十四年三月	第二回卒業生 三十五年三月	第三回卒業生 三十六年三月	第四回卒業生 三十七年三月	第五回卒業生 三十八年三月	第六回卒業生 三十九年三月	第七回卒業生 四十年三月	第八回卒業生 四十一年三月	計
女子高等師範学校入学	一	｜	｜	三	｜	｜	｜	｜	四
東京音楽学校入学	｜	｜	三	一	二	｜	｜	｜	六
本校補習科入学	二	九	一〇	一一	一〇	一一	九	九	七一
女子師範学校入学	二	｜	一	｜	｜	｜	｜	｜	三
女子高等師範学校附属高等女学校専攻科入学	｜	一	｜	｜	一	｜	｜	三	五
東京府第三高等女学校入学	｜	｜	｜	｜	一	｜	｜	｜	一
私立日本女子大学入学	二	一	三	四	二	二	｜	｜	一四
東京私立女子美術学校入学	｜	｜	一	｜	一	二	｜	一	五
宇都宮私立共和裁縫女学校入学	｜	｜	｜	｜	一	｜	｜	｜	一
横浜フェリス女学校入学	｜	｜	一	｜	｜	｜	｜	｜	一
小学校教員	二	一	四	三	二	四	｜	｜	一六
看護婦	｜	｜	二	一	｜	｜	｜	｜	三
共立女子職業学校入学	｜	｜	｜	｜	｜	二	二	二	六
東京私立大成学舘入学	｜	｜	｜	｜	｜	三	一	一	五
東京私立女医学校入学	｜	｜	｜	｜	｜	｜	｜	一	一
結婚	七	五	六	二	｜	｜	｜	二	二二
家庭ニ従事	二	四	四	七	一九	二四	一五	二八	一〇三
不詳	一	｜	｜	｜	一	｜	｜	｜	二
計（卒業者数）	一九	二一	三五	三二	四〇	四八	二七	四七	二六九

たといえよう。

2 教育の充実

教育の充実は学校における授業のみで達成できるものではない。家庭との密接な連絡を保ち、両者が一体化してはじめてなせるものである。女学校における父兄との懇談会、すなわち、学校参観が開始されたのは、明治三十九年（一九〇六）二月二十四日であった。当時「元来学校教育と家庭教育との連絡は、何れの学校に於いても必要なれども、特に女児の教育に於いては、教育上未定の問題頗る多く、学校は深く家庭の実況を知り、家庭の意見を聞きて方案を定め、互いに一致協力して女児の教育に当たること緊急なり」との配慮があり、開催されるはこびとなった。当日の懇話会の要目は次の通りである。

一、生徒の成績、作品展覧。種類は裁縫、手芸、図画、習字、作文、挿花など

二、各学級担任教員との談話

三、学校長・主席教諭の談話

四、父兄諸氏の懇話

五、余興（蓄音機・無線電線の類）

その後年々懇話会が継続されたが、入学当初は出席率も高いが、高学年になるに従い減少の傾向にあった。明治四十一年度の父兄懇話会への出席率は次の通りである。

学年	生徒	父兄
第一学年	九七名	三二名

第二学年　七四名　二一名
第三学年　六八名　一九名
第四学年　四二名　六名
補習科　　七名　　一名
明治四十二年は十一月二十七日午前九時より女子師範学校講堂で開催された。当日の懇話会の順序は次のようなものであった。
一、各学級授業（授業実施方法を示す）
二、生徒学芸演習（生徒各自が常に習得したる学芸一般、読書、算術、裁縫は勿論講話等）
三、体操遊戯
などを見学の後、正午には父兄に昼食を呈し、午後は次のような催しがなされたのである。
一、学級担任教員の懇話
二、生徒成績物展覧会
三、学校長及び主席教諭の講話
四、父兄講話
以上が終了すると、貞水の講談が演ぜられて、午後三時半散会したのである。ちなみに生徒学芸会の題名を次に掲げておこう。
1　朗読　橘媛（国語）
2　談話　樺太の水産業（地理）

3　唱歌　忍の衣
4　談話　植物と人生（理科）
5　朗読　天のたくみ（国語）
6　唱歌　故郷の小川
7　談話　サラセン帝国（歴史）
8　英詩暗誦（英語）
9　談話　子供の着物（家事）
10　唱歌　深林逍遥
11　二分間体操
12　談話　空気の話（理科）
13　談話　秦始皇帝（歴史）
14　箏　越後獅子
15　英語対話　キングジョンと大僧正（英語）
16　朗読　大原御幸（国語）
17　唱歌　秋のみのり
18　体操
19　遊戯

明治四十二年度は先年来の父兄出席の減少傾向に歯止めをかけようとの、学校の努力もあって、出席率は若干上昇をみた模様である。

なお当日は通常県会が開催中であったので、正午頃になると、小林県会議長を始めとして、三十六人の議員が、高等女学校に臨席し、生徒の状況を視察したのである。県下の女子教育にとって、全議員の来校は最初の行事であり、女子教育の将来に頗る有益になるであろうと、学校当局で話しあったという。父兄の出席は次の通りであった。

学年	生徒	父兄
第一学年	八八名	四六名
第二学年	九六名	二四名
第三学年	六〇名	一八名
第四学年	五六名	一三名

父兄が学校参観によって教育を理解し、生徒の各家庭を教師が理解し、両者ともに相まってよりよい教育効果がえられるものである。浦和高女では明治四十四年より、夏休みを利用して各教職員が、浦和在住の生徒の家庭訪問を実施した。これは懇話会と相乗して、当校の教育を高揚させたと伝えられている。明治四十四年九月十四日、「国民新聞」はこの成果を次のごとく報じたのである。

県立浦和高等女学校にては、暑中休暇中、職員をして浦和在住の一学年生徒の家庭を訪問せしめたるに、家庭と学校との連絡を取る上に於て顕著なる便益を得たれば、十一日、さらに第二学年の家庭を訪問せしめたりと。

また教育の場は学校内に限らず、社会教育の面においても積極的でなければならないのである。当時の教職員の活動の一つに、浦和町の婦人会結成に協力した事実をあげることができる。明治四十五年二月、浦和町の婦人の親睦・協和を計るための機会が、従来皆無であったことを遺憾として、女子師範および高等女学校の職員が相談におよんだ。そして世運に伴い、女子の責任に属する任務を研究し、改良進歩をはからねばならないとの結論に達した。そこで各自授業の余暇を利用し、官公吏や町内有力者の夫人を訪問して賛同を求め、事務所を便宜上、女子師範・高等女学校に置き、発会式を挙げるに至ったという。

創立以来当校の教育は学校内のみならず、父兄・地域と手を結んで遂行され、その成果が日ごとにたかめられていった。各界においても一応の評価をうけつつあった模様で、たとえば、後に述べる新校舎落成を記念して挙行した、運動会なども好評であった。この盛儀に参会した「婦人画報」の記者は、当時世間一般の運動会をみると、女子大などでも人にみせるための運動会が多いのに、浦和高女の運動会は、運動そのものを重視した理想的なものであると評して、浦和の生徒は頭に一点の飾りがない、服装も質素ではあるが軽薄ではなく、規律も非常に正しい。実に都会にはみられないすばらしい校風である（「国民新聞」明治四十三年十一月十七日）と語っている。

しかしながら明治末期の、一般の人々が求める女学生観は、日常的視野でしかなく、新時代に対処し活躍しうる女性の育成は、なかなか困難であった。

また生徒に広く社会的な見聞を体験させようという課外授業があった。その代表は修学旅行である。明治三十四年十月に本科四年と裁縫専修科二年が、江の島鎌倉をまわり、横須賀で軍艦造船所を見学した例は、その嚆矢であろう。

この時参加した生徒は、後年「何しろ泊まりがけで旅行致しますのは生まれてはじめてでしたから、もう嬉しくてうれしくて。江の島・鎌倉・横須賀の軍艦を見て、鎌倉の光明館に一泊致しましたが、嬉しさの余りお床の中で一晩中騒いで、丁度満月でしたが、海辺のお宿でしたから、月が山の端にかくれるのを眺めて興奮したりして、その晩一晩中眠りませんでしたの」（「学友会誌」十六号）と述べている。修学旅行はその後も毎年実施されたのであった。

3　寄宿舎の生活

県内唯一の高等女学校であり、入学希望者は県下各地におよぶほか、毎年数名の他府県出身者が入学した当校では、寄宿舎の設営が不可欠であった。遠方よりの生徒はもとより、家庭の都合から入舎するものもあり、寮の存在は当時の中学校高等女学校では一般的な状態であった。

高等女学校はすでに第一回の入学生より、入寮希望者が十八名あった。以後各学年とも二十名内外が存在し、完成年度以降は高女生のみでも八十名近い寮生が入室し、加えて女子師範学校の生徒四十名が寄宿していたのである（表52）。

第一回の入学生の受入れは、設備がなかったため、新築の寄宿舎が落成するまでの間、私立埼玉教育会の事務所をこれにあて分舎として出発した。明治三十四年（一九〇一）四月九日学校長花田道三郎は、その旨を「新築寄宿舎落成ニ至ルマデ私立埼玉教育会事務所ヲ借リテ仮寄宿分舎トシ、舎監ヲシテ監督ノ任ニ当タラシメ候様致度」と知事に上申し許可を得たのであった。

その後生徒定員の増加と県内各地からの入学希望者の急増に伴い、女子師範学校敷地内の寮も手狭となっていった。そこで浦和高女は、子爵細川利文の所有地四千坪と、家屋百五十坪を借用し、細川家の住居をそのまま寮として使用していたのである（現在地）。

表52　寄宿生通学生内訳

種別		本科 第一学年	本科 第二学年	本科 第三学年	本科 第四学年	補習科	計
寄宿生	女子師範学校寄宿舎	二〇	一四	六	―	―	四〇
	高等女学校寄宿舎	二〇	一八	一五	二一	四	七八
	監督学舎	六	一一	一七	一	―	三五
	計	四六	四三	三八	二二	四	一五三
通学生	自宅	四三	二一	二六	一八	五	一一三
	其他	七	一五	八	三	―	三三
	計	五〇	三六	三四	二一	五	一四六
合計		九六	七九	七二	四三	九	二九九

（明治四十二年三月調）

その後着々と寄宿舎も整備され、明治末期には第四寮まで設けられたのである。すなわち、明治四十年五月に引継がれた第一寮（二階建、百四十・七五坪）、明治四十年八月に引継ぎの第二寮（二階建、八十九坪）、明治四十二年三月引継ぎの第三寮（二階建、百十一・七五坪）、明治四十三年引継ぎの第四寮（二階建、百六・一二坪）があった。その他、平家（二十七・七五坪）、洗濯場（十・五十坪）、土蔵（二階建、十八坪）、門衛所などがあり、寄宿舎総建坪は五百三・八七坪という大規模な構成であった。

寄宿舎に関する規定によれば、その第一条に「寄宿舎ハ家庭ニ代リテ生徒ヲ訓育スル所トス、故ニ又寄宿生活ハ成ルベク善良ナル家庭ニ則ランコトヲ要ス」と、善良なる家庭に代る生徒の育成が求められていた。したがって、服装等も木綿織りの質素なものが要求されていた。勿論、舎内の静粛、清潔や整理整頓はもとより、臨時の買物は舎監の許可が必要であり、なお私的に職員・従業員を使役することは厳禁されていたのである。

寄宿舎の生活は、各室に室長・副室長がおかれ上級生がこれにあたった。なお週ごとに室長・副室長の中から、順番で寮長が定められ、舎監の指揮下で、寄宿舎の事務を補助したのである。なお室長は室生の模範となり、寮内の親密をはかり、下級生の懇切な指導をせねばならなかった。室長は寮内において、室生の礼儀作法をはじめ諸行動の規律を求め、また学校長や舎監の命令・訓示を伝え、その実行を監督した。また外泊生徒の物品処理や、毎夜就寝前に、室生の動静を舎監に報告したり、必要に応じて、寮内の改善事項などを舎監に申し出るのであった。また全室長は毎月五日の放課後、室長会議に出席し、寮内全般の動向を協議し、舎監の指導を仰いだのである。

毎週交代で担当する寮長の任務は、該当期間は自己の室に待機して事務を執り、外出も制限されていた。また寮長は舎監の命をうけて、寄宿舎の預金に関する諸帳簿の下調べと、舎内一切の整頓に関する注意が課せられていたのである。

入寮した生徒は炊事には協力的に従うことが要求された。各室ごとに炊事当番が定められ、十日間ずつこれに従事した。なお炊事当番長が上級生より選出され、十日交代で割烹や使役・その他手伝いを練習した。また当番長は炊事会計の整理もおこない、食品注文伝票・日記帳・仕払（支払）帳・現金出納簿を管理するなど炊事当番長の任務は重かった。まず献立表を作り、前週の金曜日までに舎監の検閲を経てそれを決定すると、献立に応じた物品を購入しなければならなかった。購入予定物品を、品目・数量・価格・納入者に至るまで、食品伝票に記入した上で、舎監の検印をうけ注文し、物品の受納にも立会うのである。そして購入額および消費額を、毎日帳簿に記入し、毎月二十一日に決算を済ませたうえ、舎監に提出する。さらに炊事当番長は、その月分の出納報告を、翌月一日迄に作成し舎監に提出し、舎監は同月三日までに学校長に報告するものであった。

入寮した生徒に関する金銭上の指導も、寮生活には欠かせぬ問題であった。したがって質素倹約を基本に、また預金指導が徹底されたのである。生徒の所有する現金は五拾銭を越えてはならず、五拾銭以上の所持者は舎監に預けておくようにと指導され、なお生徒相互の賃借はこれを禁止したのである。また寮生は学資金銭の預込みおよび払戻しの指導を受け、余分の金銭所持をいましめられた。余分の金銭は生徒預金出納帳に金額を記入し、現金を舎監に提出し、舎監はその都度生徒出納帳に証印したのち、舎監の名を以て銀行に預金したのである。預金払戻は希望の前日までに記帳のうえ舎監に申し出ておこなわれた。この預金より生じた利子は、生徒一同の事業に支出されたのである。生徒は学資の出納にあたり各自簿記法にもとづいて記帳し、月末に舎監の検閲を受け、翌月五日までに、学校長の検閲を経て父兄に報告された。入寮した生徒は、毎月第一日曜日に舎費一人分四十銭を舎監に納めたが、この集金は室長の任務であった。

明治四十四年六月十五日、「国民新聞」は「此の頃の学校生活」と題し、次のように寮生活を伝えている。

目下寄宿舎にあるものが六十人、一寮・二寮・三寮・四寮に分たれ、何れもしょうしゃなる日本建、ただ一寮が六室、二寮・三寮・四寮は階上が三室、階下が三室で、寮生は各家庭的の生活をして居る。三度の食事の献立から洗たく物、その他何から何まで一切寮生の手になり、食物の献立は各順番に拵へるさうである。一室に大抵八・九人宛起臥し、それらは皆年少の者と年長の者とが組合はせてある。月末には自分自身に細かい会計表を作って、父兄の許へ送る事になって居る。初めて寄宿舎に入るものの中には、まだ十一・二歳のいたいけなる少女もある、一入故郷の恋しい時であるから、当初は人知れずシク〳〵と泣くものもあるけれども、年増の生徒が慰めて居る中には、何時しか寮の生活に馴れ、やがては懐郷の念も薄らいで来る……と。

また亀井校長は、入寮生の勉学指導を充分に実施し、学力の向上に意を尽くしていると、国民新聞の記者に語っている。「私は今日まで二十七年教育に従事しています。岐阜師範学校に約十年、奈良に二年、それから本年此方へ参りました。本県は私の生れ故郷です。しかし、女子教育は未だ充分発達して居るとは言へない様です。然し近く熊谷・川越にも女学校の設立を見ましたから、追々女子教育も進んで来るのは喜ばしい現象です。毎学年度に於て殆ど及第の出来ない生徒がありますが、容赦なくこれを落第せしむると、失望して学校を退く傾向がありますから、学校でも出来得る限り面倒を見て遣る様にして居ります……」と。

4　寄宿舎の日課

入寮した室生の日課は概ね次の通りであった。

毎日起床後は寝具を片付け、室内の掃除を済ませ、ついで各自は身づくろい・容儀を改めて登校の準備をなした。清掃は重視され、各室ごとに毎日当番を定めてこれにあたり、なお各室所属の便所も同様に掃除したのである。その他、理髪室・洗濯所・昇降口・寮庭・二階階段は各室ごとに交代で当番を定めて清掃にあたったほか、毎土曜日午後一時より、全寮生が一斉に室内の大掃除を実行していた。

入寮した生徒の衛生は特に重視されていた。当時結核は、各校において、寮が病巣的存在とみなされたこともあって、各室生の所持品の清潔、特に寝具の清潔さが要求されていたという。寝具は最低週一回日光に曝すことが規定されたほか、肌衣や敷布の洗濯が屢々求められたのである。

身体の清潔のために、寮では隔日入浴を励行させ、頭髪は最低月一回、指定の理髪室において、毎週各寮交代で、日曜日午前十時より午後一時までに洗髪するのである。

入寮生が病気で就褥するときは、就褥簿に記入し、舎監の許可が必要であった。授業中の病気帰舎も、舎監の許可がなければみとめられず、欠席の場合は、携帯簿に理由を記し、同様に舎監の許可印を得て、学級担任に提出せねばならなかった。

表53　寄宿舎の日課

事項＼時期	自三月一日 至五月三十一日	自六月一日 至九月三十日	自十月一日 至十一月三十日	自十二月一日 至二月末日
起床	午前五時三十分	午前五時	午前五時三十分	午前六時
朝食	同　七時	午前六時	午前七時	同上
入浴	自午後三時 至同五時	同上	同上	同上
夕食	午後五時	同上	同上	同上
運動	自午後五時三十分 至同六時	同上	同上	同上
黙学	自午後六時 至同八時	同上	同上	同上
就褥	午後八時三十分	同上	同上	午後九時
消灯	午後九時	同上	同上	午後九時三十分

次に掲げる入寮者の日課表（表53）によれば、午後六時より八時までが黙学とされ、休業日の前日以外は、二時間がこれにあてられていた。なお、さらに予復習が終了せざる場合は、消灯後舎監の許可を得、その指示により学習することとされた。また、寮での自由

な学習は制限され、特に社会的関心事や、社会主義的な問題は厳しく禁止されており、学校の許可のない、書籍や新聞・雑誌の閲覧と所持を禁じていたのである。そして毎夜、黙学の後、就寝用意の報が鳴ると、入寮生一同は舎監に挨拶をすませ、机上の片付けや火元に注意して、寝に就いたのである。

寄宿舎に入寮した生徒は、学校で預かった身柄であるから、不注意による事故の発生に、充分留意されたことは当然であった。当時の新聞紙上には、浦和中学校生徒との交際の発覚を報ずるなど、批判的な女学校観の存在したこともあって、外出・帰郷・面会・音信等は厳しい監視下におかれていた。外出にあたっては、常に交際すべき親戚・知人の氏名とその印鑑押印を、外出携帯簿に予め届け出ておき、さらに外出にあたっては、出舎・到着・退出・帰舎の各時間を記録し、外出先の証明をそろえて舎監の検閲をうけるほどであった。なお所定の外出許可日は、祝日・大祭日と日曜日の朝食後より夕食時までと、水・金曜日の放課後より夕食時までであった。なお入寮生の帰郷は普通、夏冬季と学年始めの休業中と、自己または家人の病気などに限られていた。帰郷時も外出と同様、父母または保証人が到着日時を折り返し、舎監に通知するものとされていた。

入寮生の面会や音信も監督下におかれ、面会を許す相手の人名は、予め父兄より届け出たものに限られた。面会に来賓した人物は、住所、氏名、生徒との関係を明記して舎監に提出し、応接室において、授業時を除く夕食時までの面会と定められていた。音信の相手も面会人と同様、予め父兄より届け出たものに限られ、なるべく葉書による交信とされ、発信・受信ともすべて舎監を経由してなされたのである。そして疑問をもたれた音信は、舎監立会のうえで開封された。当時、学生・生徒の男女交際は堕落の根源であるとみなされ、師範学校・中学校・高等女学校の音信交際が、艶文事件などと称して、新聞紙上をにぎわすほどの封鎖的な傾向であったからである。

5　寄宿生の出納

明治三十七年（一九〇四）に、高女三年生で寄宿生として過ごした田中はつは、寮の指導の通り、丹念に金銭の出納を記帳している。煩瑣にわたるがその一部を紹介してみよう。同人は明治三十七年一月分として、十三円を家庭より入金を受け、一月十日に一円を引出し、そのうち七十銭を授業料に納入、五銭を学友会費として同じく納入し、残る二十五銭を持って写真館に行き撮影した。さらに十三日に一円を引出して布裏地を購入し、十七日にも一円を引出して、十八銭のフランネルを購入した。この時点で残高は十円八十二銭である。ついで二十三日の舎費として二十五銭、本代が十八銭、その他五銭の支出があった。二十七日には記念会費として二十銭を納入し、三十一日には三円八十七銭五厘の支出がみられ、都合一月の残金は六円十二銭五厘となっている。二月は十円の入金が届き、合計十六円十二銭五厘で出納がはじまり、一月同様の支出費目で、残金が八円三十七銭一厘であった。三月も入金が十円であり、合計十八円三十七銭一厘をもって諸経費の支払いにあてたことがしられる。支出費目は石けん・羽織紐・襦袢衿・半紙・雑記帳・布地・女学世界・薬代・綿・足袋・箸・学校一覧など、日常用品と学用品が主体であった。出納の金額も正しく、無駄遣いなど全然みられぬ寮生活であったことがしのばれるのである。

なお寮内での金銭貸借は禁止されていたが、生徒相互の借用がおこなわれていたらしく、同人は寄宿生の無心に応じて、若干の貸金をおこなっている。

以上のごとく寄宿生は、家元より毎月十円ほどの仕送りを得て、寮生活を送っていたと推定されるのである。

（埼玉県立文書館所蔵「田中家文書」）

6　寄宿舎で養蚕

寄宿生の教育は単に教科の学習指導と、女性としての日常生活の指導のみではなかった。当時埼玉県は上州養蚕地帯に隣接した、有力な蚕繭生産県であった。そこで寮生に理科教育の実を挙げるとともに、農村生活への共鳴も体得できるような配慮として蚕飼育の実態を体験させたのである。恐らくこれは寮生の多数が、有力商家や豪農・官吏の子女にしめられており、直接土にしたしむことが少なかったからであろう。明治三十九年（一九〇六）六月十日の「埼玉新報」は次のように伝えているのである。

本県女子師範学校及び浦和高等女学校に於いては女子に実業的興味を与えんが為めに、本年其第一着手として、寄宿舎の一室を仮用し、養蚕を試みたり、蚕種は白玉・白姫の二種にして総計四十蛾、四月廿八日を以て掃立てたり、蛾量は一匁五分、主として飼育の任に当りたるは師範二年生四十名にして、其内若干名つゝ交代し、随時他の学級生徒に手伝をなさしめたり、蚕室温度は凡そ華氏七十度を標準として、日々七回つゝ給桑をなせり、掃立後の発育非常に良好にして五月六日初眠、十三日二眠、十九日三眠、同二十七日四眠の順序にて、去る四日悉皆上簇せしが、其収繭量は概略七貫目前後なるべしと言ふ。此実習の為め、同校生徒等が養蚕に関する一般の智識を得たるは甚だ大なるべきなり。

蚕の飼育は女子師範二年生が中心となり、寄宿の高女生もこれに従ったのであった。

五　浦和高等女学校の独立

1　高等女学校増設の動向

浦和高等女学校は明治三十三年(一九〇〇)、浦和町稲荷丸(現埼玉会館周辺)の旧師範学校の施設を用いて開校し、その後女子師範学校が同所に開校されるにおよんで併置されたが、その後両校の発展に伴い、併置上の運営に困難をきたした。

その一は、両校の生徒数の増加であった。教室の不足や寄宿舎の狭隘な状態は、生徒および父兄のみならず、浦和町民の同情を痛くする有様であった。生徒数の増加は高等女学校のみでも、開校後数年にして常時一学年〜四学年で三百名を越えていた。入学希望者はさらに多数存在し、補習科を除く本科の志願者は、毎年百三十名前後で、入学を許された生徒数は、明治三十七年七十九名、三十八年八十二名、三十九年八十五名、四十年八十六名、四十一年九十名、四十二年八十七名、四十三年八十九名、四十四年九十六名となっていたのである。生徒の満杯状態に加えて、施設の共用は、実習科目などに、ややもすれば齟齬をきたすこともあったという。

またその二は、女子師範学校と高等女学校の教科課程や、卒業後の進路の相違などから生じる、有形無形の軋轢であった。併置状況は両校の質的な展開に、ある程度足枷となっていたとみられよう。

第二回卒業生の橋村達三夫人は、女子師範と高女の生徒間の感情について「(略)まだ埼玉会館の所で一緒に勉強して居りました頃、とても仲が悪くて始終睨み合って居りましたのよ。女師の生徒は何となく意張って居りましてね。そうするとこちらは、何だ向ふは学校がおそく出来た癖に、と云ふ気持ちで、本当におかしい位でしたわ」と。

生徒同士にとっては、たあいのない感情であったが、相互の発展にとっては、斯様な過密状態の解決が、すなわち、両校分離が迫られた課題となったのである。

当時こうした難問をかかえて、県当局は財政上の窮乏から苦慮していた。また一方に女子中等教育普及の要求も広汎に展開し、熊谷・川越などからも高等女学校設置運動が起りつつあった。明治三十九年四月十一日、「埼玉新報」は次のような意見をのせ、急遽両校分離発展の方向を強調したのである。

本県の高等女学校設立の当時に於ては、随分賛否の議論があったので、今の女学校の前身は私立教育会の事業とさせられた女学校なのを見ても、県事業とするのが困難であったことは明らかである。然るに一朝県事業として経営せらるるや、入学者は非常に多く、年々収容しきれぬ程の盛況を呈したには驚いた人々もあるようで、今日では熊ケ谷及び川越なぞでも設立しようといふ相談が定まったそうだが、将来の良妻賢母を養成するには兎に角、普通学の必要のあることが県下に於いて認められて来たのである。（略）しかし、熊ケ谷・川越の二ケ所へ高等女学校を設立するのも悪くはないが、其設備を完全にするを得ないとすれば、寧ろ、浦和の女学校の方の設備を完全にすることに致し度思う。現に浦和の方では校舎・校庭も規則通りに設備せられてありませぬ。随って生徒の衛生に就いても、父兄の心配を煩はす事が出来て甚だ宜しくないのみならず、目下は女子師範学校と同居して居る。（略）早く之を分離し独立せしめて、其品行学術の方面に於て競争せしむるに若かずと謂うべしである。私は実際の事実を根拠として此く《ママ》論決する者で、決して理屈から割りだすやうな野暮は言ひません。

このような気運は、明治三十九年十二月十三日の県会でもとりあげられることになった。そして女子師範学校の寄宿舎に、師範生と高等女学校生徒が同居していることについて、教育上支障がないかとの質問が生じた。このとき大城戸事務官は、教育上は別にした方がよいが、やむを得ず混用している旨を答弁し、さらに近い将来に検討を加えたいといっている。続いて十二月二十五日には、大久保知事は浦和高等女学校寄宿舎建築費の追加予算説明の

席上において、

是ハ高等女学校ノ寄宿舎ヲ新築スルト云フ案デゴザイマスルガ、御承知ノ如ク、是迄高等女学校、女子師範学校ノ寄宿舎ガ一ツニナツテ居リマシテ、混合シテ寄宿舎ニ入レテアリマスル為メニ、是ガ取締上甚ダ遺憾ノ点ガ多イノデゴザイマシテ、実ハ今日迄忍ブ可ラザルヲ忍ンデ来タヤウナ有様デアルガ、実ハ取調ヲ重ネマシタ為メニ、提出モ意外ニ後レマシタ（中略）此予算ノ寄宿舎ハ一種特色ノ方法ニ依ツテ設計シタイト申スノハ、別ニ改ツタ新シイ方法デモアリマセヌガ、是迄寄宿舎ト申スト云フト、大キナ一ツノ棟ノ下デ、数十人ノミナラズ百人以上モ一緒ニ合宿シテ居ル有様デアリマスガ、今回提出ノ案ニ於キマシテハ、寄宿舎ヲ成ベク家庭ニ近イ生活ノ出来ルヤウニ設計モ致シマシテ就学生徒ヲ家庭ニ在ツテモ、又学校ニ在ツテモ成ベク同一ノ起居動作、此住居ノ点カラ云ツテモ、衣食ノ点カラ云ツテモ、成ベク家庭ニ近イ生活ノ出来ルヤウニ寄宿舎ヲ設ケタイト考ヘテ居リマス、何分多数ノ生徒ヲ一棟ノ下デ監督教養スルト云フコトガ、女子教育ニ於ケル十分ナル効果ヲ呈スルト云フコトハ出来ヌト思ヒマス（中略）是ハ是迄ノ西洋風ノ構造トハ違ヒマシテ、普通中等ノ家屋風ニ拵ヘマスル積リデ、自然単価モ低廉ニシテアリマスル

（『埼玉県議会史』）

と、最も急を要するといわれた。寄宿舎の増設をあきらかにしたのである。

「埼玉新報」では高等女学校増設よりは、先ず女子師範と高女の分離が先決と主張している。しかし県内各地においては、高等女学校が県下に一校しかない貧困な教育行政のため、県内の女子生徒の進学を充分満たすことができなかったのである。この現状を、打開する方向として、各地で女学校設置の要望がだされてきたのであった。こうした趨勢は県会を動かしはじめていた。明治三十九年十二月二十七日には、来たる明治四十一年を期して、高等女

学校増設をはかるべきであるとの議が県会に提案された。提案議員は、それぞれ次のように発言し、高女増設の急務を訴えたのである。長谷川議員は、

而シテ本県ノ教育上ノ状態ヲ見マスレバ、男子ノ教育ニ於テソレゾレ増設モアリマスルシ、中学校モ余程アリマスルノデ、殆ンドモウ男子中等教育ノ機関ハ備ツテ居ルト云ツテモ宜シイ位デアリマス、然ルニ女子ノ方ニ至ツテハ、此浦和町ニ一校アリマスルノミデアリマシテ、一校デハ何分本県ノ女子ヲ入学サセルコトガ僅ノ少数デゴザイマシテ、是非之ヲ増設シテ、本県ノ女子中等教育ヲ盛ニシタイト云フ希望デアリマス

（『埼玉県議会史』）

と述べ提案者の一人として熱弁をふるったのである。続いて立った綾部議員も、

今後此県下ノ教育機関トシテ不足ノモノハ女子教育ノ外ナイノデアリマス、殊ニ此戦後ノ日本ハ、教育ノ大発展ヲスル必要ガアリマス、我帝国ガ世界ノ大国ト比肩ノ位置ヲ占メタノハ、正ニ教育ノ結果デアルト考ヘマス、此教育ノ意旨ヲ普及スルニハ、ドウシテモ良妻賢母ヲ養成スル機関ガナケレバナラヌ、此機関ハ即チ女子教育ニ外ナラヌト考ヘマス、此女子教育ニ付キマシテハ、都会ノ地ニハゴザイマスガ、地方ヨリ都会ノ他ニ女子ヲ出スコトニ付キマシテハ、随分弊害ガ多々アルコトデアリマスカラ、成ルベク埼玉県下ニ於テ、埼玉県ノ女子ヲ教育スルト云フコトニナレバ、教育ノ上ニ於キマシテモ大変都合ガ宜イコトデアロウト考ヘマス、故ニ県経済ノ許ス限リ、当局者ニ於キマシテハ、明年度ヨリ此高等女学校ヲ県下適当ノ地ニ、順次ニ設立サレンコトヲ希望シテ置キマス

（『埼玉県議会史』）

と、女子教育発展のために、どうしても県立高女の増設が不可欠であると力説したのである。かようにして高女

増設の件は異議なく可決されたのである。その文面によれば、次のごとく教育の目的は男子の知識教養を高めることで万全たるをえない、社会を構成する半面は女子によって保たれ、女性の知徳の進化によってこそ、健全な社会発展を期すことができるのであると説いている。

高等女学校増設ノ建議

社会ノ進運ハ教育ノ発展ヲ促カシ、本県又一ノ高等女学校ヲ以テ足レリトセス、依テ県下ノ情勢ニ鑑ミ、来ル明治四十一年度ヨリ漸次該校ノ増設ヲ望ム

理由

本県夙ニ男子教育ノ須要ヲ認メ四ノ公立、一ノ私立中学校ヲ備ヒ、男女中等教育ノ機関ニ於テハ稍ヤ整備ノ域ニ達セリト雖モ、独リ女子中等教育ニ至テハ一ノ高等女学校アルニ過ギス、抑モ教育ノ目的ハ男子ノ智能教養ヲ以テ足レリトセス、社会ノ半面タル女性智徳ノ進化ト相俟テ、始メテ社会健全ノ発達ヲ期スヘキノミ、故ニ本問題ヲ提出スル理由ナリ。

右本会ノ決議ヲ以テ及建議候也。

明治［三十九］年十二月二十七日

埼玉県会議長　吉田茂助　㊞

（埼玉県会印）

埼玉県知事　大久保利武殿

（『埼玉県行政文書』）

さらに翌明治四十年十二月二十四日の県会において長谷川議員は、県当局が同年八月の水害による多大な県費支出を理由に、昨年度決議事項であった県立高等女学校建設の提案が、なされなかった状況をつき、「ドウカ県当局

ガ見マシテ、適当ト御認メニナル地ニ、来年度ニ於テハ必ズ高等女学校ノ設置案ヲ御提出ニナランコトヲ希望スル次第デス」と提案し、前年同様に綾部議員が賛成演説を行ない、採決の結果可決している。かくして水害のために一年間の遅延はあったが、この意見は知事に採用されることになるのである。

県会における高等女学校増設が可決されるや、県内の女子中等教育推進の気運はいよいよ高揚した。なかでも熊谷・川越はその代表的な町村であった。また県内発行の諸新聞も論説を掲げて、増設の急務を主張したのである。たとえば明治四十一年九月十二日付の「埼玉新報」は、「高等女学校増設に就て」との論説をのせている。同紙は最近十数年間における教育の進歩普及に著しい現象である。わが埼玉県でも日清戦争後四中学と一高等女学校を設立し、その他男女師範学校や私立中学校を含めて、漸々中等教育の形式は整えられたといえる。しかし百万の人口を有するわが県において、一箇の高等女学校の存在では、聊か物足りない感がある。県下に一校では到底中等教育をうけたいという女子を収容することが出来ない。中等教育は男女に拘らず受ける機会が設けられて当然である。したがって、県下に中学校のある所には同数の高等女学校が必要となろう。「我県に於て四箇の中学校に対する一箇の高等女学校あるのみなるは、即ち男女の間に教育の軽重を設くるに均しく、大体に於て教育の普及せる割合に、女子教育の未だ普及せざるを証明するに足る」と。それゆえ川越・熊谷に高等女学校を設ける計画は、さらに粕壁を加えて考慮する必要があろう。県会に高等女学校増設の案を提出するにおいては、以上三校の設置を求め、県下の教育を進歩させねばならない、という主張が発表されているのである。

川越・熊谷両町からも女学校設立運動が展開するにおよんで、浦和町でも独立校舎をもつ女学校を建設すべきとの意見が湧き上がってきた。明治四十一年十月十五日の「国民新聞」には、浦和の町民大会―女学校問題の頭痛鉢巻―と称して、女学校建設運動の町民大会の様子をおおよそ次のごとく報じている。

埼玉県の県立高等女学校は、浦和町なる女子師範学校と併立せる一校あるのみにて、各地方は不便限りなけれど、其子女を浦和に送り修業し居るため、川越町の如きは既に女学校を町立として開校し、熊谷町にても県立女学校設立の請願をなし、其敷地までも寄付せんと運動し居れど、県費の都合上僅かに浦和町の一隅に寄宿舎を増築し、狭隘を忍んで授業し来れる今日、女子師範制度は一ケ年の義務年限延期となり、ここに愈々校舎の狭隘を忍ぶあたはざる事となりたれば本年の県会には、女子師範と高等女学校を分離し、更に女学校の校舎のみを新築すべき予算提出せらるゝ事となりたるに、何れから洩れしか、はたまた当局者の内通ありたるものか、浦和町にては俄にろうばいして、十四日夜同町玉蔵院に町民大会を開く事となり、一般に通告したるに、会する者驚くなかれ僅かに四・五十名、席上には平野町長、大島・田中・畑・会田の各弁護士、また大久保女学校長等来会して、平野町長より、此際浦和町より敷地を寄付せざれば、女学校は川越または熊谷に持ち行かれ、町の盛衰に関すべければ、約二千坪の地所を寄付する条件を以て、県庁へ内願せば県当局者は、相成るべく浦和町へ設立の意向なるを以て、多分これを認可するに至らんと演説し、二・三の質問ありて結局浦和町は金二千円を拠金して、敷地代を寄付することを十五日県会へ回答し、一方には各町の世話人および町会議員を委員として、寄付金を集むる事に決定し散会したるが、此の話を聞きたる前々の希望地たる、熊谷・川越等にては競争もせず、落さがりをなすべしとも思はれず、とに角一問題起るならんと語り居るもの多し。

浦和町では平野町長が先頭に立って、女子師範との分離をはかり、県立高女の独立校舎建設運動をすすめたのである。敷地も二千坪を県に寄付するならば、県もこれを認可するであろう、そのために二千円を（町会では千円以下となる）拠金する必要があると、町民大会で決したのであった。

このような動向をみた熊谷・川越ではすておきがたい事態であると、十月二十六日には綾部代議士や入間郡選出の小林県会議員をはじめ、新井・金子・山内・会田・池谷の各県議と、川越地方の有力者であった星野仙蔵・清水宗徳・発智庄平・小山倉次郎・中村為一郎・坂田一清・喜多欽四郎らを擁して、県庁に出頭し、島田県知事と面会のうえ、県立女学校を川越に設置せられるように、強力に請願したのであった。またこの事態をみて、熊谷町でも県立高女設置の運動が起り、みつどもえの競合になる様相であったと、当時の「国民新聞」は伝えているのである。このような動向は浦和町にとって高等女学校増設が、川越・熊谷に達成されることとなれば、県の財政からみても浦和高等女学校と女子師範の分離独立が不可能となり、浦和は汽車にのり遅れる、という危機感が生じたことを物語っているのである。

熊谷・川越両町への高等女学校増設が論議され、その可能性が窺知されると共に、浦和町では女子師範と高女の分離独立を先行させる運動が展開した。「国民新聞」の報じた町民大会はその一端である。ところで浦和高女の独立は町内での敷地確保が先決問題であった。浦和町で考えられる土地は、すでに高女が寄宿舎の一部として借家していた子爵細川家邸の広大な屋敷地であった。

このようにして浦和高等女学校の敷地問題が起ると、埼玉県では学務課長と高女校長を細川子爵邸に派遣し、細川家所有の宅地と、県所有の三ケ所の敷地との交換を協議したのであるが、問題は進展をみなかった。そこで県は打開策を浦和町役場に求め、町理事者は浦和町会に問題を提起し、町当局より細川家に交渉する段取りとなったのである。

県の希望はなるべく県庁膝元の浦和町に、高女を独立設置すれば好都合であるが、新設要求中の大宮町・熊谷町・川越町・浦和町の四ケ町のうち敷地面積が同じく、かつ地価の安い所に設立したいとの考えであった。浦和町の理事者は同面積で安価とするには、町内の寄付如何にかかわるので、四町の寄付競争を惹起するであろうと苦慮したのである。
浦和町では寄宿舎借家の事実もあり、是非とも細川子爵邸に高女を誘致建設のはこびにこぎつけたかった。幸い当時の町長平野勝明は、細川子爵の家扶（家令の次席）を兼任し、そこに居住していた。まことに平野勝明は浦和町と細川家の協議委員兼務者であったのである。したがって平野町長の斡旋で問題は急速に纏まるかにみえたが、地価の評価について、町側と細川家との間に見解が大きく分かれ、収拾が遅れたのである。町当局は安価に購入し、従来のごとく浦和町に高女を置くべきであると思慮し、一方細川家は東京市付近の地価同様に見積ったからである。ついに両者の相違が解決しえぬまま、結局町当局は県の見積り価格を細川家に提示し、了解を得んとしたが、細川家は承諾しがたい条件であるとして、拒否するに至ったのである。

苦境に立った浦和町は、町会を召集し、これまで順調に運んだ事態が、水泡に帰すことを虞れ収拾策を議した。町会の意向は、さらに細川家と協議を続行し、町当局において見積差額を負担することによって、この暗礁を打開する方向を企図したのであった。このような町会の意見をもって、平野勝明町長は上京し、細川家の委員と懇談に及んだのである。この会談の結果は概ね次の点に集約できよう。すなわち、⑴是迄すすんだ交換問題は中止せず継続すること。⑵両者の見積り価格については町において若干考慮すること。⑶問題点の妥協などについては一切平野委員に一任する。というものであった。平野勝明は細川家からも今後の運営をまかされて辞去し、この結果を町会に報告したのである。

町会では細川家との協調が成立したものと受けとめ、なお万一にも町において県に寄付を要する場合は、町会議員協議のうえ、一千円以下の寄付をおこなうことを決定し閉会した。

細川家屋敷地の交換問題は着々と進捗し、平野勝明は明治三十九年十二月十三日付で、細川家の委任状をうけて処理することになった。当時浦和町の山林・畑地・宅地等の売買は一定した価格が確立しておらず、価格の開きがみられた。市街地を除く畑・田・山林ともに一坪五拾銭〜二円であり、県の見積りも決して安くなく、細川家の見積りも強いて高額というほどではなかったが、細川家にとっては不利な条件であった。

平野町長は細川家代理人としての委任状を受けており、県知事との契約をすませた。細川家に対しては気の毒な事情もあったが、県見積価格で契約終了し登記のうえ、細川家の了承をえて問題は解決された。両者の間に立った平野勝明は、後年この苦衷を次のように述べている。

交換問題ハ絶対公平トハ謂ヒ難ク、実際細川家ニ不利ナリシモ、万一細川家ノ申出ノ如ク交換中止ト成レハ、浦和町へ女学校ヲ新設スルハ不可能トナル関係ニアリ。依テ浦和町長ハ細川家委員ト懇談シ、無理ニ押付、細川家ヲ承諾セシメ、県ノ希望通リ交換問題ヲ解決セシナリ。此ノ如キ脅迫カマシキ行為ハ好マザレドモ、女学校ノ新設ノ運ビニ至ラサレハ、町長ノ立場トシ町民ニ謂訳ナシ。万一此問題、纏マラザレバ町長ヲ辞退スル決心ヲ以テ細川家ニ申込ミ、円満ニ町ノ希望ヲ遂行スルニ至レリ。今迄ノ悪結果モ、反テ双方ノ良結果ト成レリ、総テ県ノ希望条件ヲ以テ解決セシハ、誠ニ悦ブベキ次第ナリ

（「学友会誌」十六号）

すなわち、平野町長は県と細川家の交換が成立せず、県立高女が他町村に移されるようなことがあれば、町長を辞職するという決意で事にあたったのであった。平野氏が細川家の家扶でもあり、委任状をまかされていたこともあって、極めて強引に、脅迫がましいほどの態度でことを押し切ったのであった。

女学校敷地交換問題が解決し、校舎落成の暁には県学務課長大木戸宗城・高等女学校長大久保介寿・浦和町長平野勝明などが相談し、細川邸借用の寄宿舎前に、高さ一間・幅二尺の碑を立てて「子爵細川利文邸跡」と記す考えであると、細川家に伝えたという。

またこの細川邸には子爵の居間の隣りに、檜木造りの加藤清正を祀った神殿があった。これを他に移転する予定であったが、大久保校長の希望により、すなわち「此神殿ハ容易ナル建築ニ非ス。此室ハ其儘ニ置テ貰ヒタシ。是レヲ教育資料トシテ利用シ寄宿舎ノ神殿トシ、永世ニ保存致度シ。（略）此神殿ニハ生徒ノ父母ノ写真ヲ集メ、茲ニ安置シテ父母ニ拝礼スルヲ教ヘ、敬神ノ思想ヲ養成セリ、而シテ毎朝拝礼修了後、神殿ノ掃除清拭等ヲ為シ、清潔ニ保存ヲ為ス習慣」との考えによって、神殿を残しておいたのであった。

2　浦和高等女学校校舎の新築完成

県立高等女学校の増設運動とからんで、急遽展開した浦和高等女学校の独立問題は、浦和町関係者の努力の結果、前述のごとくその敷地を、子爵細川旧邸を中心に確定した。県では早速、文部省にこの旨を稟申した結果、明治四十二年（一九〇九）十一月十六日付で、文部省より認可が下った。すなわち、浦和町の県立女子師範に併置されていた浦和高等女学校の位置を、同町字中丸・下宿砂田・元宿台に変更し、明治四十四年四月より分離開校するというものであった。

埼玉県

明治四十二年十一月十一日学発第二四四号申請、其ノ県立浦和高等女学校位置変更ノ件認可ス

明治四十二年十一月十六日

文部大臣　小松原英太郎　印

高等女学校位置変更稟申

埼玉県立浦和高等女学校ハ従来女子師範学校ニ併置有之候処、右師範学校ハ漸次拡張シ、高等女学校亦生徒増加

シ、校舎狭隘ニシテ到底収容シ能ハザルニ至リタルヲ以テ、同校位置変更致度、左記事項ヲ具シ此段稟申候也
（附箋）
別紙稟申書ハ主務省へ携帯差出候処、御指示ノ次第モ有之、本案通リ改案候也
（『埼玉県行政文書』）

浦和高等女学校にとっては、長年の夢が実現することになったのである。県では早速女学校の新築予算を計上し、入札のうえ建築にとりかかることになった。この新築請負入札は、最初請負師塩原某が数字の位取りを誤り、再度の入札というハプニングがあったが、明治四十二年十一月十二日、県庁において再開され、川越町の関口氏が校舎建物分三万八千二百七十二円で落札したのである。

かくして浦和高等女学校の新築工事は、明治四十三年二月に着工されたが、当初より浦和の町民にとって話題となる出来事であったらしい。新聞記事にも、その進行状況が報じられたほどであった。同年六月二十九日付の「国民新聞」には、既に七・八分通り工事がすすみ、七～八月中には全部竣工する予定であると伝え、坪数も二階建一棟・平屋一棟で合計四百七十六坪五合であると正確に報じている。また建築費総額を六万三千五百七十三円四十銭と記し、二棟の建造物の内部構成を次のごとく列挙している。建築当初の室内配置は、

普通教室九、外に裁縫室二、地理歴史標本室一、閲覧室一、会議室一、応接室一、宿直室一、事務室一、校長室一、教員室一、受付一、生徒昇降口二（以上二階建）、家事教室一、手芸教室一、作法教室二、図画教室一、器械標本室一、準備室一、理科教室一（以上平屋）などにして、竣工後に於て建築すべきは講堂兼雨天体操場（八十四坪）、音楽教室一、練習場一、独奏室一、その他物置・便所等なりと。
（「国民新聞」明治四十三年六月二十九日）

国民新聞の報道のように、工事は着々とすすみ、同年の夏をむかえて突貫工事がおこなわれ完成にむかった。あらたに建築された浦和高等女学校は、五坪の玄関平屋建が一棟、二階建の校舎が一棟で建坪は二百七十七坪五合、平屋建の校舎が一棟で建坪は一九九坪であった。これらの主要建造物は、さきにふれたように明治四十二年十一月十八日に工事契約が結ばれ、同四十三年八月十日に竣工したのである。また付属建造物として正門や中門とともに、小使室や便所等も建設された。小使室は木造平屋建二十二坪で、同年四月二十日に完成し、正門・中門・便所・廊下は同年十一月十四日に完成をみた。かくして、明治四十三年十二月二日、竣工なった新校舎は内務部長より浦和高等女学校校長に引渡されたのである。その詳細は次の通りである。

記

浦和高等女学校新築工事

一金参万八千参百弐拾九円也　　請負高

内訳

一金参百七拾円也　　玄関平屋建　　壱棟

此建坪五坪

一金弐万七千七百五拾円也　　校舎二階建　　壱棟

此建坪弐百七拾七坪五合

一金壱万弐百九円也　　校舎平屋其他　　壱棟

此建坪百九拾九坪　以上

明治四十二年十一月十八日　　契約締結

同　四十三年八月十日　竣功

浦和高等女学校付属小使室其他

一　金九百五拾円也　請負高

内訳

一　木造平屋建　壱棟

此建坪弐拾弐坪

一　井戸其他付属物　壱式

以上

明治四十三年四月二十日　竣功

なお、付属の建造物は同年十二月二十七日、内務部長より校長に引渡されている。その全容をみると次の通りである。

記

浦和高等女学校付属便所其他

一　金弐千六百四拾九円也　請負高

内訳

金九百五拾八円也　便所二ケ所

此建坪拾弐坪　六合

金八百七拾弐円也　廊下四拾四坪

金五拾八円六拾銭也　　井戸屋形一ケ所
金弐百壱円七拾六銭也　井戸屋形一ケ所
金百拾壱円弐拾四銭也　飲水及排水、五拾間五分
金四百四拾七円四拾銭也校舎窓掛及暗幕　百拾五ケ所
右明治四十三年十一月十四日　竣功
浦和高等女学校付属正門及中門其他
一金八百五円也　　　　　請負高
　内訳
金弐百七拾六円也　　表門一ケ所
金四百四拾弐円也　　土堤及生垣、弐百六拾四間
金八拾七円也　　　　中門一ケ所
　　　　　　　　　　　　　以上
右明治四十三年十一月十四日　竣功

（「埼玉県行政文書」）

なお新館完成とともに特設電話の架設も計画された。これは埼玉県師範学校・埼玉県女子師範学校・浦和中学校・浦和高等女学校の各校同時に各一か所ずつ、計四か所に特設電話を架設するものであった。そのため、電話機其他架設費一式の寄付願が、明治四十三年十一月三日付で浦和町有志総代平野勝明及び松沢兵蔵の二名により、埼玉県知事島田剛太郎あてに提出された。

この寄付願は同月七日付で受け入れられるとともに、埼玉県では同月九日、東京逓信管理局長棟居喜久馬あて「浦和郵便局特設電話加入申請書」と「承諾書」を提出した。

そして翌明治四十四年一月二十七日東京逓信管理局長棟居喜久馬は、特設電話加入の件を承認し、特設電話規則第二十四条により平野勝明を総代人と定め、工事設計及び予算調書を交付し、物件提供に関する事項を通知した。なお同年四月二十六日に埼玉県知事島田剛太郎に提出された寄付金額及び人名によれば、浦和町内の五十八名より四百二円が拠金されて実現にいたったのである。

これらの建物のうち、本館は昭和五十四年(一九七九)まで使用されたが、同年六月、学級増による校舎新築工事のため取り壊されたのである。この機会に埼玉県教育委員会は、明治の学校建築として重要な遺構であると考え、解体を前にして調査団を編成し、「埼玉県立浦和第一女子高等学校旧本館校舎調査報告書」を刊行した。次にその一部を抄録し、明治期の代表的な女学校建造物の面影を伝えておこう。

旧本館の設計について

一、平面計画について

明治二十八年に文部省によって編纂された「学校建築図説明及び設計大要」には、尋常師範学校図(省略)の仮想設計がのっている。この尋常師範学校図は、文部省が各県に示した学校建築の模範の一つであるが、旧本館の復原図と比較するに類似性を指摘することができる。尋常師範学校の一階の部屋割り、あるいは階段の扱い方は、旧本館と良く似ている点である。「学校建築図説明及び設計大要」は、第四高等学校や第五高等学校の設計に関わった人として名高い文部省技師久留正道によるものといわれ、彼はまた後述する棟札(省略)にみえる旧本館監督官清水郡一郎並びに副監督官仁井田恒松の出身校である工手学校(現工学院大学)の教師をしていたこともあり、注目される。

この浦和一女の旧本館のもつ校舎の形状及び平面は、既に取り壊された明治二十九年の県立熊谷中学校や明治四十四年の県立川越高等女学校を始めとし、関東大震災以前に建てられた多くの県立中学校や県立高等女学校の校舎の形状や平面とも類似、共通する点が多い。その要点は次で述べるが、第一に事務室、校長室、宿直室等の管理部門の扱い方、第二に裁縫室、図書室等の特別教室の平面に占める割合やその位置などの点である。

⑴　管理部門について

旧本館の平面図をみると、一階の中央部に事務室、校長室、教員室、宿直室が配されており、管理部門が重要視されていることがわかる。管理部門の重視は県立熊谷中学校や県立川越高等女学校についても平面図から窺うことができる（中略）。

⑵　特別教室について

旧本館にある特別教室は一階の図書室及び地歴室、二階の裁縫室である。図書室についてみると今日と違い、管理部門と非常に接近している。これは当初図書館は、「図書標本器械の置場等は教員室内に設けるを要す」と規定されているように、教員用として設けられたことによる。図書室は職員室の近くに配することによって、生徒ではなく教師にとって利用し易いことが要求されたのである。

次いで裁縫室は、平面図からも分かるように他のどの部屋よりも広く、しかも旧本館の中で南の最も良い位置を占めている。明治二十八年「学校建築図説明及び設計大要」の総括には、裁縫室はなるべく三方から採光すべしとあり、自然採光に頼っていたことによって位置が定められたと思われる。当時の女子教育において、裁縫の扱いは極めて重視されていた。このことは、現在の浦和一女の第一学年の毎週授業時数と、明治三十四年埼玉県立浦和高等女学校学則中の毎週授業時数を比較してみても窺うことができる。

創立当初は、選択によっては週当たり時数の実に四分の一を裁縫にあてることになる。第一学年ばかりでなく、四年間を通して裁縫は週当たり七時間をとっている。このような点は補習科も同様である。中学校とは異なり、国家富強のための良妻賢母の育成を目的とする高等女学校における学科目の重点が、裁縫、家事、手芸、教育（育児教育）等であったことは十分に考えられる。

（埼玉県教育委員会『埼玉県立浦和第一女子高等学校旧本館校舎調査報告書』）

さて明治四十三年十一月十五日、埼玉県最初の県立高等女学校は、開校以来十年にしてはじめて独立校舎をえたのである。県及び学校関係者や父母の喜びは勿論、同窓生をはじめとして浦和の町民は、こぞってこの盛事を祝福したのである。まことに教育は地域の人たちと共にあり、父母・学校・地域が一体となってこそ完成されるものである。当時の新聞の報道をかりて、その情況をうかがってみよう。

高女新築落成式―浦和未曾有の盛事、錦上花を飾りし観―盛んなる式典、県立浦和高等女学校新築落成式は既報の如く十五日午前九時より新築校舎運動場に挙行す、早暁晴れ渡りし天候は、式前より漸次雲に鎖されて新寒を覚えしめたるも、幸ひにして雨を見るに至らず、第一鈴にて付属生徒高女師生徒及職員着席、次いで来賓一同着席敬礼の上、君が代を合唱し、大久保校長は恭しく式壇に進みて教育勅語を奉読一同最敬礼の上、生徒奉答の歌を合唱したり、それより校長の祝辞、島田知事の告辞、高橋教頭、平野町長等の祝辞あり、落成式の歌を合唱して式を閉ぢ、知事以下来賓退場の上、校長教諭の案内にて新築校舎を参観したり。（略）

装飾せる各教室、導かれて各教室を見るに、例の百畳敷に生徒の挿したる生花配置よく整列され、階上の教室は各学年生徒の製作品成績品を陳列し、その華やかさ何れも人目を奪ふ許り、階上中央の教室は全国各府県立女学校生徒の成績品を陳列して観覧に供したるが、成績品は習字絵画大部分を占め、右陳列に要したる二教室は廊下迄も占領され居たり、これぞとは当日殊に来賓の注意を惹きたるものの如かりき、続いて同校生徒の成績、さんらん目を奪ふ品陳列場あり。更に進めば同校生徒の、特に丹精籠めて製作せる造化刺繍編物等の売店あり、利益は全部県下水害罹災民に寄贈すべき美しき企てにして、室内には種々なる造花爛漫として咲き乱れ、一時に春夏秋冬の花を眺むるを得て、馥郁の香に身を包まれたる感を起こさしむ、企て既に美にして製作品また光彩あり、来賓皆競うてこれをあがなひ去りたるは故なきに非ず。

花の如き運動会、式後広闊の運動場に、埼玉女子学友会運動会を開く、盛装を極めたる淑女紳士の前に、花の如き幾百の生徒は真摯にして熱誠なる幾十番の競技をなしたり。当日の主なる来賓は県庁・裁判所各高等官、同令夫人、代議士・県会議員・各県立学校長・各郡長・医師・弁護士……無慮五百余名と註せられ、稀なる盛況を極めたり、浦和町各町内毎戸国旗を掲げ、球灯を吊して景気を添ひ、盛装せる男女老幼相往来して頗る雑沓を呈したり。

（『国民新聞』明治四十三年十一月十六日）

なおこの祝賀会において発表された落成式の歌は、川口教諭によって作られたもので、その後当校ではたびたびうたわれるものとなった。

㈠紫生ふる武蔵野の、草のたもとにおきあまる、君がめぐみの露うけて、つかさつかさのいそしみに、礎かたく動きなき、我が学び舎は今日成りぬ。

㈡やよや我が友いまよりは、いよいよ誠の徳を積み、ありしにまさる智を開き、調のやしろの玉垣に、さくや桜の花も実も、かねて千歳ににほはせむ。

かくして埼玉県最初の高等女学校の歴史は、明治最末期に新校地・新校舎をえて、さらに明るい展望を約束されたといえるのである。

第三部　近代中等実業教育の展開

豊岡農業学校創立期の入学生（『創立50周年記念誌』より）

組合立豊岡実業学校創立の一齣

見霽かす秩父嶺の雄姿を仰ぎながら、数多の若人が青春をおくった豊岡高等学校は、一世紀に垂とするのである。大正九年（一九二〇）四月二十七日に、開校を認可された当校の歴史は、我国における教育制度の改編と、この地方の社会的な変化に応じて、幾多の変遷をとげてきたが、ここでは学校誕生に限定し概観してみよう。

近代国家の発展において、教育が果たした役割は大きく、特に維新以後、急激に近代化をすすめた我国の教育政策は、由来、富国強兵の国策によって貫かれた国家主義教育が至上の名分であった。しかし、教育は、国家に忠節をつくす国民の育成のみにあったのではなく、斉民の要術として、殖産に技を得ることが、不可欠の条件であった。明治政府が義務教育の充実と共に、実業の教育に力を入れたことは、明治二十三年（一八九〇）の改正小学校令第二条にみられるが、本格的にすすめられたのは、我国が第一次産業革命期に入る、明治二十六年からである。

当時の文部大臣井上毅は、就任とともに、産業教育の振興に力点をおき、同年十一月二十二日、文部省令第十六号によって、実業補習学校規程全十四条を公布した。実はこの実業補習学校が、本校の誕生に、少なからぬ影響を与えたとみられるのである。そこでまず実業補習学校から検討しておこう。

さてこの規程によれば、入学程度は尋常小学校卒業以上とし、小学校に附属し設置することが認められ、また教員は主に小学校教員をあて、修業年限を三ケ年以内としたのである。ついで明治三十五年一月、この規程が改正され、設置条件が緩和されると、同年四月より入間郡豊岡町外三か村学校組合立豊岡実業補修学校が、同組合立黒須高等小学校に設置されたのである。

これは埼玉県における実業補習学校の嚆矢であった。豊岡実業補習学校は、その学則によれば修業年限二か年とし、「農業・裁縫等ニ要スル知識技能ヲ授クルト同時ニ普通教育ノ補習ヲナス」ことを目的に、前者は男子が夜、後者は女子が昼間に、各々学ぶものであった。この学校の開設は、県内では先駆的な試みであったが、就学者は比較的少なかったようである。初期においては、その趣旨が広く一般に理解されなかったからであろう。加えて町村の経費負担も困難であったので、教育内容充実のために招聘した、国の農業教員養成所卒業生を、教員に採用できなかったほどである。

そこで県では、明治三十五年度歳出臨時部教育補助費より、二百円を県内三校の実業補習学校補助金に割当て、豊岡実業補習学校には五十円が与えられた。また翌三十六年には入間郡が郡費補助規則を公布し、経済的援助を与えたのである。

かくして漸次の改良・移動などをみた豊岡実業補習学校は、大正八年十二月二十二日、校名と学則の大幅な変更を埼玉県に申請し、翌九年一月十二日に許可をうけた。申請者は、ときの町長繁田武平であった。この改革は、新校名を豊岡町立農業補習学校とし、地域の特色と産業の進展に対応した知識を学習させるために、教育内容を充実させることにあった。農業補習学校は、特に本科と研究科をおき、修業年限は前者が四ケ年、後者は成人までとし、男子は夜間、女子は昼間に登校することとした。しかも教授季節を二分し、一を学科教授季節（十一月より三月）、二を実地指導季節（四月より十一月）としたのである。

このような補習学校の改革過程の中で、さらに専門的な教育が必要であるという、強い希望がおこり、ここにおいて、実業学校令にもとづく、中等学校設置への気運が高まったのであった。すでに当時県内には、中等教育を行う実業学校として、県立熊谷農学校・県立川越染織学校その他数校があり、茶業・養蚕の一大中心地であるこの地方にも、専門の教育機関の設立が、要望されつつあったのである。

この推進者は、当時の豊岡町町長繁田武平であった。氏はすぐれた政治的力量をもち、しかもその卓見は、県下に広く聞こえるところであった。当初、中等教育機関の設置については、氏の主張する実業学校と、豊岡町出身の衆議院議員粕谷義三（町会議員兼任）の主張する、女学校説が考えられていたが、豊岡町立農業補習学校を昇格させ、産業教育の振興によって、地域の経済的発展を期すという、繁田説がむかえられたのであった。繁田武平が強く実業学校を推したのは、氏の信念であったことと、なおさきに述べた、町立農業補習学校の経営問題が、念頭にあったからにほかならない。

氏が昭和十三年、往事を回顧して記した『翠軒自伝』によれば、補習学校への入学者が、男女合計十七・八名であり、しかも経費は莫大であった。「管理者として、予は、非常に焦慮煩悶」したと述懐し、「豊岡実業補習学校創立当初より、我が町の経費負担は莫大にのぼり、維持に投ずる金額は、毎年、弐千三四百円程度を上下しつつあった。それで、予は、実業補習教育の現況に眉をひそめながらも、その将来の重要性を憂慮して、町民の血と汗とから成るところの軽からざる物質を、予算に計上すること、三・五年に及んだ。この間、町会議員の反対は激越をきはめ」たと記している。それ故、粕谷義三との懇談のおりも「粕谷君の懐かるる『女子教育の振興』といふことに異議はなかったが、まづもって、自分の足場にひっかかりあるところから、この豊岡実業補習学校を昇格して、実業学校規定に拠る、組合立豊岡農業学校実現の理想を強く主張」したというのである。繁田説は漸次、この地方にむかえられ、「男子実業教育は、女子家事教育よりも必要なり」という意見が強まり、大正九年四月、学校組合を設立し、補習学校より実業学校への昇格を求めることとなった。

『翠軒自伝』は次のように述べている。

粕谷君は、あるとき、予にむかひ、

「将来、郷土に於ける教育はですね、繁田君。私一個の管見としては、先づ、女子の品性を高むるとともに、その環境に即応する知識技能を授くるが必要ぢゃなからうか。地方へも、もっと、女子対象の中等教育機関を増設するが急務と信じますがね」

と、滔々《とうとう》と主張される。予は、

「女子教育の振興といふことには、自分も反対ぢゃないよ。けれども、それは、君が冒頭に指定したとほり、『将来』のこととしてだね。現実喫緊《きっきん》の問題としちゃあ、自分は、やはり、男子対象の教育奨励に力瘤を入れたい。実業教育は忽《ゆる》がせにできんものね」

と応酬した。二人の意見には相当の懸隔があり、互ひに譲らざること、久しきに亘《わた》ってゐた。

かういふわけで、粕谷君は、女子教育振興論をおほいに力説反覆して止まらないばかりか、すくなくとも、我が豊岡町を中心とした入間郡の西部に、その様式は、組合立なると県立たるとを問はぬから、いかにしても女学校を新設せんものと、強く主張してゐた。

予は、予自身の平素の持論よりして、むろん、粕谷君の懐かるる『女子教育の振興』といふことに異議はなかったが、まづもって、自分の足場にひっかかりがあるところから、この豊岡実業補習学校を昇格して、実業学校規定に拠る組合立豊岡農業学校実現の理想を強く主張したのである。そして、つひには、予のはうが勝っちゃった。口にこそ出さなかったが、管理者たる予の意見は、とう〳〵粕谷君に譲らなかったのだ」。

大正九年四月七日、豊岡町長繁田武平・金子村長市村高彦・東金子村長豊泉近蔵・元狭山村長池谷幸太郎・宮寺村長石川八重吉・藤沢村長代理助役石田福太郎・三ケ島村長沖田増五郎・入間村長栗原平治郎・水富村長北野正兵衛・柏原村長長谷川団三は「実業教育の振興並地方産業の開発を図る為め関係町村の協議に依り、学校組合を組織

し、本年度に於て豊岡町に町村組合立乙種農業学校を設立」のために、許可申請を県知事堀内秀太郎に提出し、いよいよ軌道にのせることができたのである。実業補習学校を農業補修学校と改名し、学則変更が認可されてから、僅か三か月後のことであった。

このようにして設けられた、豊岡町外九ケ村学校組合は、十一か条の規約を作成し、学校の設立に着手したのである。規約によれば前記各村は、組合会議員を一名ずつ選出することが定められた。またその任期を四年と決定し、開校への努力をすすめることとし、組合の管理者は豊岡町長があたり、同町の助役・収入役が組合の同職務を兼任した。

学校組合がみとめられると、豊岡町外九ケ村では、各々、組合会議員を選挙し、四月十三日に第一回の組合会議を招集した。この日に出席した組合議員は、各地区において選挙された人々で、金子村長市村高彦・入間村栗原平治郎・柏原村吉田啓治郎・三ケ島村中禹発・藤沢村石田福太郎・東金子村小林隣三・元狭山村細渕為吉・宮寺村石川八重吉・水富村岡野近蔵・豊岡村水村金次郎であった。組合管理者の豊岡町長繁田武平は、午後一時三十分開会を宣言し、抽せんにより各議員の席次を決定し、豊岡町助役諸井清吉・同伊東豊吉の出席を求め、議題の討論及び表決を行ったのである。即ち以下の三項が議決され、開校への大綱をここにみることとなった。

一、組合立乙種農業学校設置ニ関スル件。

本件ハ満場一致ヲ以テ設置ヲ可決シ、豊岡町外九ケ村学校組合立豊岡農業学校ト校名ヲ附スル事ニ議決。

二、組合立乙種農業学校学則案。

本案ハ三番ヨリ（中禹発議員＝筆者注）第十条ノ表中学科目ニ「英語」一時間ヲ加ヘ、又第十三条中「満十五歳以上」トアルヲ「満十四歳以上」ニ修正ノ動議出テ賛成アリ、議題トシ可決。

三、大正九年度組合立乙種農業学校歳入歳出予算案。
本案ハ原案可決。

こうして第一回の組合議員会議は、午後五時終了散会したのである。

さて第一議題において決定された、乙種農業学校というのは、明治三十二年に公布された実業学校令にもとづく、農業学校規程によって定められたものである。甲種とは工業学校規定と同様に、修業年限を三年とし、高等小学校卒業以上の本科と、高等小学校二年終了（のちに尋常小学校卒業と改正）の予科に分けていた。これに対し、乙種は、修業年限三ケ年以内、入学資格は十二歳以上、尋常小学校卒業以上である。組合立豊岡農業学校は乙種の申請であったが、入学資格を甲種と同じ高等小学校を卒業したもの、又十四歳以上にしてこれと同等以上の学力を有するもの、としているので、修業年限を当初二ケ年としたことから、乙種として出発することになったのであろう。しかし同年十二月に、改正実業学校令が公布され、甲種乙種の称が廃止されたので、当校もそれに従ったのである。

第二議題の学則案は八章三十四条にわたるものであるから、ここに全文を紹介しえないが、第一条に、「本校ハ乙種農業学校ノ程度ニ依リ、農業ニ従事スル男子ニ必須ナル智識技能ヲ授ケ、併テ其徳性ヲ涵養スルヲ目的トス」とあり、農業後継者の知識・技能・徳性の向上を、目的とするものであった。定員は本科八十名・研究生若干名である。また教科目授業時数をみると、年間授業日数を四十週とし、主たる科目は農業各論と理科・数学であった。文科系の教養を主題とする教科は、僅かに必修の修身と国語・英語の若干時数であった。なお農業科目の中で、作物各論の他に、養蚕・茶業・園芸などが独立していたことは、地域の特性を重視したものである。

第四章の入学・退学の項によれば、入学希望者は国語・算術・理科の選抜試験によってえらばれ、所定の試験（学期・学年）合格者が進級・卒業を許されたのである。第二十四条によれば「試験ノ評点ハ各学科百点ヲ満点トシ、五十点以上ヲ得タル者ヲ合格トス、但シ各学科ノ内、五十点ニ充タサルモノアリト雖モ、総テ平均六十点以上ナルトキハ、特ニ合格トシテ認定スルコトヲ得」となっている。入学生は、毎月授業料を納入せねばならないが、組合町村出身者は月額一円、組合外の入学生は、月額二円と決定されたのである。

　第三議題の予算案は、大正九年度の歳入歳出、及び大正十一年度までの同見込書が検討された。次の表（表54・55）は大正九年度の予算概要である。なお十年度の予算見込みは九千八十八円、十一年度は一万三千四百七十八円を計上することになっている。かつ校舎校地完成後は、年間九千九百十九円によって運営される、とみていたようである。

　大正九年四月二十八日の開校にあたっては、校舎は建築されていなかったので、同月十三日に、すでに仮教室として借受契約の成立していた、豊岡町立小学校において一教室（無料・四月二十日より九月三十一日まで）、また黒須の蚕業講習所において

表54　組合立農業学校歳入の部　（大正九年）

科目	予算額	附記	
第一款　使用料及手数料	四四〇円		
第一項　学校授業料	四四〇円	生徒授業料一ケ月一円、四十人十一ケ月分	
第二款　雑収入	一〇〇円		
第一項　生産物払下代	一〇〇円	生産物払下代	
第三款　郡補助金	一、〇〇〇円		
第一項　学校費補助	一、〇〇〇円	郡補助金	
第四款　町村分賦金	四、九九九円		
第一項　豊岡町	一、九五五円	前年度直接国税県税額	二六、〇九九円
第二項　東金子村	二四八円	同	六、七七三円
第三項　金子村	四一五円	同	一一、三五二円
第四項　元狭山村	二六四円	同	七、二二九円
第五項　宮寺村	二八八円	同	七、八七七円
第六項　藤沢村	二〇四円	同	五、五八七円
第七項　三ケ島村	四五九円	同	一二、五四一円
第八項　入間村	二九五円	同	八、〇六八円
第九項　水富村	五一三円	同	一四、〇一三円
第十項　柏原村	三五八円	同	九、七九六円
合計	六、五三九円		

建家一棟を月額五円で借受契約（十月一日より大正十一年三月三十一日まで）を結び、此処において授業を行うこととなったのである。

当初、大正十一年度までの予算見込書を検討したのは、校舎建築完成の計画年度をそこにおいたからであろう。敷地八百八坪・校舎坪数百十七坪二合五勺（階上二十一坪）、普通教育三、特別教室一、その他納屋・鶏舎に至る十五室（舎）が計画されていたのである。

かくて審議なった学校設置案は、設置認可申請書となり、翌四月十四日附を以て、埼玉県入間郡豊岡町外九ケ村学校組合管理者・豊岡町長繁田武平より、文部大臣中橋徳五郎宛に提出されたのである。このとき申請書に添えた、設置要項第八綱に、「設置区域内ニ於ケル当業実業ノ状況」として、次の如き報告がみられる。

「本農業学校設置区域内ハ、戸数五千四百四十三戸ヲ有シ、内農業ヲ営ムモノ四千三百戸ニシテ農ヲ以テ主要ナ

表55　組合立農業学校歳出の部　（大正九年）

科目	予算額	附記
第一款　組合役場費	五五円	
第一項　雑給	三二円	事務取扱者手当
第二項　需用費	二三円	筆墨紙代
第二款　会議費	四〇円	
第一項　議員費用弁費	四〇円	組合議員費用償
第三款　教育費	六、三六四円	
第一項　給料	二、三一〇円	校長兼教諭一人一、二〇〇円 教諭二人平均五十円、十一ケ月分
第二項　雑給	六九八円	嘱託その他
第三項　臨時手当	一、五五八円	職員臨時手当
第四項　国庫納金	二六円	国庫納金
第五項　需用費	一、二三七円	備品費、消耗品費、その他
第六項　仮校舎使用料	一五五円	借家料と修繕費
第七項　実習費	七五円	借地料畑四反歩
第八項　雑費	一三五円	人夫費六〇円、肥料七五円
第九項　賞与費	一七〇円	生徒賞与、職員賞与
第四款　予備費	八〇円	予備費
第一項　予備費	八〇円	
合計	六、五三九円	

ル生業トシ、之ニ若干ノ商業及工業ヲ加へ、其地積ハ水田弐百六拾一町歩余、陸田三千三百四十六町歩余、山林二千六百七十町歩余ニシテ、農家一戸平均水陸両田ヲ合セテ約八反歩ヲ有スル割合ナリ、而シテ斯業ノ状態ヲ言へハ、一般作物ノ収量ニ、農家ノ副業ニ、生産物販売ニ、山林開墾ニ、其他宅地利用、若クハ園芸ニ、改良進歩ヲ要スヘキ余地頗ル大ナルモノアリ、之カ欠陥ヲ充シ其発展ヲ期セムニハ、其根本策トシテ斯種農業教育ノ施設ヲナスニアリ、是レ本校設置ノ理由ニシテ、当該実業ノ概況ト共ニ併セテ茲ニ簡叙ス」と述べている。

農業学校の設立を急務とする理由は、地域の農業改革、地域の生産的発展を期待することにほかならなかったのである。

この申請書は入間郡長より「基礎確実ニシテ、而モ地方産業進展上ノ根本策トシテ、適切有効ナル施設」と認められ、県知事に提出された。知事は、

「乙種農業学校設置認可申請書進達副申、

管下入間郡豊岡町外九箇村ニ於テ、今般乙種組織ニ依ル農業学校設置ノ為メ学校組合ヲ設ケ、別紙ノ通リ、学校設置認可申請書提出候ニ付調査ノ処、同地方ハ近来各種産業発展ノ趨勢ニシテ、斯種教育ノ普及ハ最モ必要ト認メラレ候」としたため、

四月十九日付、文部大臣に進達したのである。さきに述べたように、文部大臣より認可されたのは、その後一週間余りを経た、四月二十七日のことであった。

豊岡町外九ケ村組合立農業学校は、こうして開校されたのである。繁田武平は

「潰して【補習学校のこと＝筆者注】しまえ、といふ声があったときから、十年ぐらゐはかかったやうに思ふ。これが、豊岡町を中心とした、完全な組織に拠る中等教育の、そもそもの濫觴であった」。

と往事を偲んでいるが、設立者の苦悩はなみなみならぬものであったと思われる。また発足後も経営は困難を極め、所属組合村の中からは、生徒を僅か二・三名を入学させるに過ぎないのに、年間五、六百円の支出は堪えられないので、学校組合を脱退したいという意見が絶えず起こっていた。しかし、

「管理者としてはずゐぶんいろいろな煩悶辛苦に遭遇したが、監督官庁に於てはその維持方法につき、かなり峻厳な態度で臨み、『一般の決議に基くにあらずんば、組合脱退を許さぬ』といふ規定のもとに注視をつづけてゐた。随って、組合立学校の事務は完全に遂行することが出来た。表面はそれで進んでいったけれども、しかしその背後の実情として、組合町村の負担額を徴集する際には非常な困却迷惑が伴ふので、予は、断然、強い信念をもって実行に当ってゐた」。

と『翠軒自伝』にみえる。実に苦難の道程をすすんだのである。

ときの町長繁田武平は、当時を回想して、次のようにのべている。

「われわれは『組合立』に成功したけれども、農業学校だけでは範囲が狭いから、ゆくゆく、日頃の主張に従って、『実業』といふ名称に引き直し、その内容には、将来、さらに進んで、工業までをも採り入れようとの理想を主張してゐた。が、当時の文部当局の意見として、『実業』といふ名称は、はっきり、教育内容を指示するものではない。農業は農業、商業は商業、工業は工業といふふうに冠らして、一読、ただちに、その目的を知り得るやうにせぬと、監督上、困り入る。随って、実業といふ名称は許されぬ」とあった。それゆえ、最初は、目的どほり、農業学校として経営してゐたが、おひおひ、時代も、周囲も、眼醒めて来たし、組合立学校への入学者も、ただ増加の一途を辿る気運が醸成されて来た。われわれのやった仕事は、そこまでである。予は大正拾四年五月十八日、町長を辞した。ついで、助役より昇進した、野村平吉君が町長に就任した。

もう、時世が、一回転してゐた。二年や三年の短時間で、思春期の青年を、完全に指導しうるわけがない。中等教育は、宜しく五ケ年たるべし、となって、昭和二年八月二十八日、かねて、提出中の、二種以上の実業学課を置く学校に関する規定に拠る学則変更の件が認可となり、同年九月十五日、校名を、『豊岡実業学校』、と改称するの件も認可となって、ここに、修業年限五ケ年、定員二百五十名、農商科兼修の、画期的昇格が出来上がった。（略）やはり、望蜀に類するが、実業学校に昇格するや、こんどは、県立移管の問題が、新らしく擡頭して来た。動機は、経費負担の苦悶が主流をなしてをったと想はるる。これは、既に（昭和拾五年四月廿九日）我が豊岡町を魁けとして、組合関係村の輿論をなしてゐる。遠からぬうちに、その実現も見られることと思ふが、もう、年も経ってゐることであるから、ほんとうのことを話しておかう。嘗て、昭和三年一月十五日、新校舎落成並びに昇格祝賀式を挙行したをり、時の知事、宮脇梅吉君も臨席せられたが、式が終って、楼上で祝宴が開かれ、たまたま、宮脇埼玉県知事閣下と陪席の栄を得たので、予は卒直に、『宮脇さん、豊岡実業学校を県に移管することは、組合町村民の総意なのですから、ぜひ、閣下にも、目的貫徹のため、お骨折り煩はしたく考へます。武蔵野鉄道沿線に、唯一の県立中等教育機関の存在することは、埼玉県として、必要と思ひますから』、と言ったものである。また、一般の列席者中からも、同様の趣旨を、滔々と、希望、懇請するところがあった。宴、果てて、知事が、将さに、その席を離れんとしたとき、或る人が、予に、熱烈な論鋒で迫って来た。

『この地方に、いまもって、県立中等教育機関が存在しないのは、繁田君が、政党にさっぱり熱がないからだ。すくなくとも、繁田君が、政友会に入党し、政党の力をもって県会を動かせば、一つの中等学校の県立昇格ぐらゐ、期して俟つべし。なんぞ、頓首再拝して、お骨折りを懇請するの醜態を学ぶの要あらんやサ』。

予は、覚えずギクリとした。と、居合はした県会議員の市村高彦君も、これに共鳴して、強く、予に、政党の力に拠るやう、慫慂するしまつで、攻撃の矢は、殆ど予の一身に蝟集するけはひとなって来た。が、その日は、結論にいたらずして、散会した。

『政友会に入党して、県会を、動かせ。されば、県立昇格は、易々たるのみ』の一語は、今でも、予の頭に、ちゃんと残ってゐるが、しかし、自分としては、『一中等教育機関を、県立に昇格さすために』といふやうな、薄弱な地方的根拠から、政党人になることは、どうしても、自分の矜持も許さないし、自分の理想にも合致せんので、話は、遂に、そのままになってゐた。

ここに、予一個の考へを申すなら、現在としても、将来としても、県立昇格を望むことに於て、もちろん、いささかの動揺変化もないが、しかしながら、教育の真髄は、その内容に存して、この外形に在るに非らず。たとひ、一中等学校をして、国に委せ、県に移したとしても、その地方特有の郷土色を、教育内容に盛ること、忘らるるにいたれば、もはや、その創立の使命の大半の意義は、没却されたものと観てよかろう。これ、大いに研究しなければならない心理問題なりと、予は固く信ずるのである。

予は、地方の実業教育は、飽くまで、特色のある校長によって、指示経営され、その地方地方に適応する人間を作出するを最大の目的に置くべしと高唱する。名づけて、『教育の実際化・実業の教育化』と呼ぼうと思ふ。

豊岡実業学校県営移管の成否は、代々の学校組合長のあたまを痛める問題であって、近く、県会議員、豊岡町長西沢庸作君の努力にて、これが実現さるることを疑はぬが、よし、県立になったとしても、この最大目的だけは、肝に銘じて、実行されて欲しいと考へる……」と。

このような当校の創立管理者繁田武平の卓見、理想と信念が、衆議院議員粕谷義三の推挙をえて「日本最初の農商兼修校の豊岡実業学校」となったのである。

注　文中の「　」は原文の引用である。資料を提供された繁田良一氏、及び県立文書館に深謝する。また、『埼玉県教育史』（第四・五巻）、『翠軒自伝　下』（『入間市史調査集録』第５号）を参照した。

あとがき

本書は筆者にとって避けることのできない、それぞれの機会にうまれた文章です。すなわち第一部は卒業した小手指小学校の百周年記念誌に執筆した原稿。第二部は埼玉県立浦和第一女子高等学校八十周年記念誌に執筆した原稿です。第三部は埼玉県立豊岡高等学校五十年記念誌に執筆した原稿です。このたび、それらの文章をもとに訂正加筆して『学校誕生』という本をつくりました。

私事にわたりますが、小手指小学校は祖父母も父も卒業した学校であり、百周年記念誌作成に携わる機会を与えられ、とくべつ興味深い体験を致しました。浦和第一女子高等学校と豊岡高等学校の記念誌は、勤務中の職務として執筆したものです。第三部が短文なのは同誌がパンフレット仕様のため簡略になりました。後日の詳述を期しておりましたが未完成に終わり、心残りが致します。

これらの執筆に際会して、国策の教育云々は問わず、地域のひとたちの、教育にかける真摯・無垢な情熱に心うたれ、それが素朴で、真面目な国民性を形成する原点であることに感動を覚えました。

末筆乍ら本書の執筆にあたり快く資料を提供された所蔵家・関係の諸機関の皆様、また本書の刊行に御骨折り下さいました、さきたま出版会星野和央様はじめ同社の皆様に深甚の謝意を申し述べ擱筆いたします。ありがとうございました。

大舘　右喜

二〇一五年八月

大舘　右喜（おおだち・うき）

1933 年　埼玉県に生まれる

博士（歴史学）元帝京大学文学部教授

主要著書

『幕末社会の基礎構造』（埼玉新聞社 1981）

『幕藩制社会形成過程の研究』（校倉書房 1987）

『近世関東地域社会の構造』（校倉書房 2001）

学校誕生《がっこうたんじょう》

2015 年 12 月 20 日　初版第 1 刷発行

著　者　　**大舘　右喜**

発行所　　株式会社さきたま出版会

〒 336-0022　さいたま市南区白幡 3-6-10
電話 048-711-8041　　振替 00150-9-40787

装　幀　　フィールドサイド　田端克雄

印刷・製本　　関東図書株式会社・キタダ印刷

UKI OODACHI © 2015　ISBN978-4-87891-423-2 C1037